安徽省质量品牌促进会标准合集
2018 年—2024 年

安徽省质量品牌促进会　编

中国建设科技出版社有限责任公司
China Construction Science and Technology Press Co., Ltd.
北　京

图书在版编目(CIP)数据

安徽省质量品牌促进会标准合集 2018 年—2024 年/安徽省质量品牌促进会编. --北京:中国建设科技出版社有限责任公司,2025.7. -- ISBN 978-7-5160-4445-2

Ⅰ.F279.23-65

中国国家版本馆 CIP 数据核字第 2025JA1214 号

安徽省质量品牌促进会标准合集 2018 **年—**2024 **年**
ANHUISHENG ZHILIANG PINPAI CUJINHUI BIAOZHUN HEJI 2018NIAN —2024NIAN
安徽省质量品牌促进会　编

出版发行:中国建设科技出版社有限责任公司
地　　址:北京市西城区白纸坊东街 2 号院 6 号楼
邮　　编:100054
经　　销:全国各地新华书店
印　　刷:北京雁林吉兆印刷有限公司
开　　本:880mm×1230mm　1/16
印　　张:28.25
字　　数:970 千字
版　　次:2025 年 7 月第 1 版
印　　次:2025 年 7 月第 1 次
定　　价:118.00 元

本社网址:www.jskjcbs.com,微信公众号:zgjskjcbs

本书如有印装质量问题,由我社事业发展中心负责调换,联系电话:(010)63567692

本书编委会

目　次

一次性使用儿童口罩 …… 1
普通防护口罩 …… 8
口罩用聚丙烯熔喷法非织造布 …… 15
安徽省高速公路服务区放心消费服务规范 …… 24
安徽省高速公路服务区放心消费示范单位评定规范 …… 32
埋地用有机合金增强增韧管材 …… 42
埋地用有机合金增强增韧缠绕结构壁管材 …… 54
消费体验馆评价规范 …… 65
安徽特色伴手礼评选规范 …… 77
民宿服务消费纠纷多元化解工作指南 …… 88
国有企业质量管理小组活动规范 …… 93
工业刷 抛光盘刷技术规范 …… 112
工业刷 清洗辊刷技术规范 …… 119
口罩用聚丙烯熔喷法非织造布过滤性能试验方法 …… 126
口罩过滤效率测试用熔喷法非织造布标准样品 …… 134
放心消费示范单位认定规范 …… 138
工业刷 抛光辊刷技术规范 …… 151
工业刷 清洗盘刷技术规范 …… 158
刷制品通用术语 …… 165
绩溪徽菜　胡适一品锅 …… 171
绩溪徽菜　干锅炖 …… 177
绩溪徽菜　刀板香 …… 182
绩溪徽菜　绩溪炒粉丝 …… 187
绩溪徽菜　豆腐圆子 …… 192
绩溪徽菜　板桥肚丝汤 …… 197
绩溪徽菜　火腿笋丝 …… 202
绩溪徽菜　小炒黄牛肉 …… 207
绩溪徽菜　石耳炖石鸡 …… 212
绩溪徽菜　金银蹄鸡 …… 217
绩溪徽菜　富贵如意鸡 …… 222
绩溪徽菜　燕笋炖老鸭 …… 227
绩溪徽菜　羊排臭鳜鱼 …… 232
绩溪徽菜　冬瓜烧鱼 …… 237
绩溪徽菜　清蒸臭鳜鱼 …… 242
绩溪特色小吃　水馅包 …… 247
绩溪特色小吃　拓粿 …… 252
绩溪特色小吃　绩溪浇头面 …… 257
绩溪特色小吃　绩溪点心 …… 262
绩溪特色小吃　笋焖饭 …… 267

乘用车标准车头质量评价规范 …… 272
乘用车售后服务满意度评价规范 …… 280
质量管理小组活动指南 …… 286
8D质量问题解决法实施指南 …… 298
工业用吲哚-2-甲酸 …… 313
偏苯三酸三(2-丙基庚)酯 …… 318
工业用S-吲哚啉-2-羧酸 …… 323
苯甲酸-2-乙基己酯 …… 328
工业用邻苯二甲酸二异壬酯(DINP) …… 333
环保复合型增塑剂 …… 338
工业用四氯苯酐 …… 343
工业用L-八氢吲哚-2-羧酸 …… 352
己二酸二(2-丙基庚)酯 …… 357
电钻清洁刷 …… 362
埋地用防脱防渗有机增强增韧管材 …… 369
防脱防渗全包覆不锈钢卡箍装置(哈夫结构) …… 379
诚信经营企业评价管理规范 …… 385
装配式PP/PVC内壁钢筋混凝土排水管 …… 398
氨解法副产氯化铵 …… 416
硝基氯苯间位低油 …… 423
草甘膦副产亚磷酸溶液 …… 429
排水排污用聚乙烯(PE)置换管材 …… 434

ICS 59.080.30
CCS W 55

团　体　标　准

T/AQB 1—2020

一次性使用儿童口罩

Disposable children mask

2020-04-02 发布　　2020-04-02 实施

安徽省质量品牌促进会　发布

前　言

本文件按照GB/T 1.1—2020《标准化工作导则 第1部分:标准化文件的结构和起草规则》的规定起草。

请注意本文件的某些内容可能涉及专利。本文件的发布机构不承担识别专利的责任。

本文件由安徽省质量品牌促进会和安徽省纤维及纤维制品标准化技术委员会提出并归口。

本文件起草单位:安徽农业大学、安徽省质量和标准化研究院、安徽元琛环保科技股份有限公司、安徽红爱实业股份有限公司、安徽省产品质量监督检验研究院、安徽省纤维检验局、安徽省食品药品检验研究院、合肥海关技术中心、吉祥三宝高科纺织有限公司、安徽康巴迪实业有限公司、安徽乐康卫生材料有限公司、安徽新利清洁用品有限公司、合肥菲氏医疗器械科技有限公司、安徽草珊瑚生物科技有限公司、合肥百凯因生物科技有限公司、合肥迅达南山药业有限公司、合肥康睿服饰有限公司、天长市康特美防护用品有限公司、安徽忠旭雨衣制造有限公司、安徽联科水基材料科技有限公司。

本文件主要起草人:张文秋、杜兆芳、曹建、王文利、纪扬扬、胡跃民、徐爱红、欧阳睿、雷振、马士永、蔡丰富、郑文贤、武谷、马晓飞、陈起锐、郭玉凤、葛茂金、王辉堂、唐思思、周翱琼、赵俊明、涂美琴、翟晓玮。

一次性使用儿童口罩

1 范围

本标准规定了一次性使用儿童口罩(以下简称口罩)的术语和定义、分类与规格、要求、试验方法、检验规则、标志、包装、储运。

本标准适用于3—14岁儿童在日常生活中佩戴的用于阻隔飞沫、花粉、微生物等颗粒物传播的口罩。

本标准不适用于带有呼吸阀的口罩。

2 规范性引用文件

下列文件中的内容通过文中的规范性引用而构成本文件必不可少的条款。其中,注日期的引用文件,仅该日期对应的版本适用于本文件;不注日期的引用文件,其最新版本(包括所有的修改单)适用于本文件。

GB/T 2828.1—2012 计数抽样检验程序 第1部分:按接收质量限(AQL)检索的逐批检验抽样计划

GB/T 2912.1 纺织品 甲醛的测定 第1部分:游离和水解的甲醛(水萃取法)

GB/T 7573 纺织品 水萃取液pH值的测定

GB 15979—2002 一次性使用卫生用品卫生标准

GB/T 17592 纺织品 禁用偶氮染料的测定

GB 18401—2010 国家纺织产品基本安全技术规范

GB/T 23344 纺织品 4-氨基偶氮苯的测定

GB/T 26160 中国未成年人头面部尺寸

GB/T 29865 纺织品 色牢度试验 耐摩擦色牢度 小面积法

GB/T 31702 纺织制品附件锐利性试验方法

GB/T 32610—2016 日常防护型口罩技术规范

YY 0469—2011 医用外科口罩

YY/T 0969—2013 一次性使用医用口罩

3 术语和定义

下列术语和定义适用于本文件。

3.1

颗粒物 particle

悬浮在空气中的固态、液态或固态与液态混合的颗粒状物质,如粉尘、烟、雾和微生物。

[GB/T 18664—2002,定义3.1.15]

3.2

过滤效率 filter efficiency

在规定检测条件下,过滤元件滤除颗粒物的水平。

[GB 2626—2019,定义3.13]

3.3

细菌过滤效率 bacterial filtration efficiency;BFE

在规定流量下,口罩材料对含菌悬浮粒子滤除的百分数。

3.4

通气阻力 air penetration resistance

在规定条件下,气流穿透口罩罩体的阻力值。

4 分类与规格

4.1 分类

口罩按形状分为平面型和折叠型。

4.2 规格

口罩按尺寸大小分为小号(适合3—6岁)、中号(适合7—12岁)和大号(适合13—14岁)三种规格。

5 要求

5.1 基本要求

5.1.1 口罩原材料不应使用再生料、含高毒性、致癌性或潜在致癌性物质以及已知的可导致皮肤刺激或其他不良反应的材料,不得经过有氯漂白处理,与皮肤接触层材料应柔软舒适,其他限制使用物质的残留量应符合相关要求。

5.1.2 口罩应能安全牢固地护住口、鼻及下颌,应有良好的面部贴合性,不应遮挡正常视线。

5.1.3 口罩应便于佩戴,不应有儿童可拆卸小部件。口罩带不应使用系带式、套头式和皮筋紧勒式。口罩在佩戴过程中无明显的压迫感或压痛现象,对头部活动影响较小。

5.2 外观

5.2.1 外观应整洁,不应有破损、油污斑渍、变形及其他明显的缺陷。

5.2.2 口罩与皮肤直接接触材料不应染色。

5.3 尺寸与偏差

口罩尺寸宜按GB/T 26160设计,口罩应符合设计尺寸,小号口罩最大偏差为±5%,中号、大号口罩最大偏差为±3%。

5.4 鼻夹

5.4.1 配有鼻夹的口罩,鼻夹应由全塑性材料制成。

5.4.2 鼻夹应居中放置,长度应不小于60mm。

5.5 内在质量

应符合表1的规定。

表1 内在质量

项目	要求
甲醛含量/(mg/kg)	≤20

续表

项目	要求
pH 值	4.0～8.5
耐干摩擦染色牢度[a]/级	≥4
异味	无
可分解致癌芳香胺染料[a]	禁用
环氧乙烷残留量[b]/(μg/g)	≤10
细菌过滤效率(BFE)/%	≥95
颗粒物过滤效率(PFE)/%	≥90
通气阻力/(Pa/cm^2)	≤30
口罩带及口罩带与口罩体连接处的断裂强力/N	≥10
附件锐利性	不应存在可触及的锐利尖端和锐利边缘
[a]仅考核染色和印花部分。 [b]仅考核经环氧乙烷处理的口罩。	

5.6 阻燃性能

口罩应采用不易燃材料，口罩离开火焰后燃烧时间应不大于 5s。

5.7 微生物指标

应符合表 2 的规定。

表 2 微生物指标

项目	要求
细菌菌落总数/(CFU/g)	≤200
大肠菌群	不得检出
绿脓杆菌、金黄色葡萄球菌与溶血性链球菌	不得检出
真菌菌落总数/(CFU/g)	≤100

6 试验方法

6.1 外观

随机抽取 3 个样品，在标准光源箱或北向光线下目测。

6.2 尺寸与偏差

随机抽取 3 个样品，用分度值不低于 1mm 的量具分别测量每个样品，按公式(1)计算尺寸偏差：

$$D=(L_1-L_0)/L_0\times 100\% \quad (1)$$

式中：D——尺寸偏差，单位为%；

L_1——实测样品的尺寸，单位为毫米(mm)；

L_0——样品标称的尺寸，单位为毫米(mm)。

6.3 鼻夹

随机抽取 3 个样品，检查材质并用分度值不低于 1mm 的量具测量其长度。

6.4 内在质量

6.4.1 甲醛含量

按 GB/T 2912.1 的规定执行。口罩如有染色应包含染色部位。

6.4.2 pH 值

按 GB/T 7573 的规定进行。试样在口罩与人面部接触层裁取。

6.4.3 耐干摩擦染色牢度

按 GB/T 29865 的规定进行。

6.4.4 异味

按 GB 18401—2010 中 6.7 的规定执行。

6.4.5 可分解致癌芳香胺染料

按 GB/T 17592 和 GB/T 23344 的规定进行。

注:一般先按 GB/T 17592 的规定检测,当检出苯胺和/或 1,4-苯二胺时,再按 GB/T 23344 的规定检测。

6.4.6 环氧乙烷残留量

按 GB/T 32610—2016 中 6.6 的规定执行。

6.4.7 细菌过滤效率(BFE)

用 3 个样品进行试验,按 YY 0469—2011 中附录 B 的规定执行。

6.4.8 颗粒物过滤效率(PFE)

按 GB/T 32610—2016 中附录 A 的规定执行。

6.4.9 通气阻力

按 YY/T 0969—2013 中 5.6 的规定执行。

6.4.10 口罩带及口罩带与口罩体的连接处断裂强力

按 GB/T 32610—2016 中 6.9 的规定执行。

6.4.11 附件锐利性

按 GB/T 31702 的规定执行。

6.5 阻燃性能

按 YY 0469—2011 中 5.8 的规定执行。

6.6 微生物指标

按 GB 15979—2002 中附录 B 的规定进行。

7 检验规则

7.1 检验分类

产品检验分为出厂检验和型式检验两类。

7.2 出厂检验

7.2.1 检验项目:出厂检验的检验项目为本标准的 5.2、5.3、5.4 及表 1 中颗粒物过滤效率、口罩带及口罩带与口罩体连接处的断裂强力。

7.2.2 组批:同一原料、工艺、规格的数量不超过 5 万只的产品为一批,如果产量不足 5 万只,则以 7 天的产量为一批。

7.2.3 抽样及判定:出厂检验按 GB/T 2828.1—2012 的规定进行,采用一般检验水平Ⅰ正常检验一次抽样方案,检验水平为 S-2,AQL 值取 6.5。

7.3 型式检验

7.3.1 有下列情况之一时,应进行型式检验:

a) 新产品或老产品转厂生产的试制定型鉴定;

b) 正式生产后,如结构、材料、工艺有较大变动,可能影响产品性能时;

c) 正常生产时,对批量产品进行抽样检验,每 12 个月至少 1 次;

d) 产品停产超过 6 个月,恢复生产时;

e) 出厂检验结果与上次型式检验有较大差异时。

7.3.2 检验项目:为本标准第 5 章的全部项目。

7.3.3 抽样:应从经过出厂检验合格批中,每批任意抽取足够数量的产品。

7.3.4 判定规则:全部项目合格判定该批产品合格。

8 标志、包装、储运

8.1 标志

产品最小销售包装应有检验合格证,明显部位应附有清晰可辨的标识,包括但不限于下列信息:

a) 制造商名称、地址及联系方式;

b) 产品名称;

c) 主要原材料(内层、外层、过滤层);

d) 执行标准编号;

e) 产品类别、规格、尺寸和适用年龄;

f) 使用说明(正反面、上下识别、佩戴方法、注意事项等);

g) “一次性使用”字样或符号;

h) 生产日期、推荐使用时间(小时)及贮存期;

i) 如采用消毒处理,应标明消毒方法。

8.2 包装

产品包装应能防止机械损坏和使用前的污染。

8.3 储运

产品在储运中应保证密封、不破损、不沾污、不受潮,注意防火、防雨、防酸、防碱、避免强光直射。

ICS 59.080.30
CCS W 55

团 体 标 准

T/AQB 2—2020

普通防护口罩

Normal protective mask

2020-06-03 发布　　2020-06-08 实施

安徽省质量品牌促进会　发布

前　言

本文件按照 GB/T 1.1—2020《标准化工作导则 第1部分:标准化文件的结构和起草规则》的规定起草。

请注意本文件的某些内容可能涉及专利。本文件的发布机构不承担识别专利的责任。

本文件由安徽省产品质量监督检验研究院提出。

本文件由安徽省质量品牌促进会和安徽省纤维及纤维制品标准化技术委员会归口。

本文件起草单位:安徽省万联标准化研究中心、安徽省产品质量监督检验研究院、利辛县腾宇纺织科技有限公司、安庆市康明纳包装有限公司、滁州爸爸的选择科技有限公司、安徽省桐城市雅格卫生材料有限公司、安庆市花蕾纺织有限公司、合肥洁诺无纺布制品有限公司、安徽省质量认证咨询中心、元一医疗器械有限公司、安徽汉达防护用品设备有限公司、安徽省维密医疗器械有限公司、太湖维尔康医疗科技有限公司、安徽艾芙特实业有限公司、安徽鸿润医疗用品科技有限公司、安徽环美刷业有限公司、安徽锦安旭医疗器械有限公司、安徽省锦瑞汽车部件有限公司、安徽中太科技有限公司、安徽省东华医药科技有限公司、桐城市康宝防护用品有限公司、利辛逸安医疗器械有限公司、安徽惠友防护用品有限公司、太湖博兰卫生用品有限公司、太湖光华劳保用品有限公司、安徽丰瑞医疗科技有限公司、安徽新晨曦医疗科技有限公司、安徽诚凯医疗器械有限公司、安徽金仕盾劳保用品有限公司、合肥瑞佳塑料制品有限公司、安徽钟南人防工程防护设备有限公司、安庆鹤立医疗科技有限公司、滁州优立光学眼镜有限公司。

本文件主要起草人:成清、方逐昌、汪少敏、程士润、龚孝燕、汪雨濛、张德满、汪小检、刘梅、王菲菲、张仕辉、俞靖雯、刘明君、余唐诗、舒长汉、王华中、甘世坤、胡瑜、徐焰苗、徐松苗、李召、钱立胜、徐宏杰、黄玉兰、沈永生、陈玲玲、李斌、龙淑娟、李传宝、刘勇、余卫萍、徐小明、张雷、储成刚、张鹤、杨栋。

普通防护口罩

1　范围

本标准规定了普通防护口罩的术语和定义、分类和规格、要求、试验方法、检验规则、标识、包装、运输和贮存。

本标准适用于以熔喷无纺布或织物为主要原料制成的，用于在日常生活中滤除粉尘、花粉、柳絮和阻隔鼻腔或口腔呼出或喷出飞沫等污染物的口罩。

本标准不适用于缺氧环境、水下作业、逃生、消防、医用及工业等特殊行业用呼吸防护用品以及年龄在36个月及以下的婴幼儿使用的口罩产品。

2　规范性引用文件

下列文件中的内容通过文中的规范性引用而构成本文件必不可少的条款。其中，注日期的引用文件，仅该日期对应的版本适用于本文件；不注日期的引用文件，其最新版本（包括所有的修改单）适用于本文件。

GB/T 2912.1　纺织品　甲醛的测定　第1部分：游离和水解的甲醛（水萃取法）

GB/T 7573　纺织品　水萃取液pH值的测定

GB/T 14233.1—2008　医用输液、输血、注射器具检验方法　第1部分：化学分析方法

GB/T 14233.2—2005　医用输液、输血、注射器具检验方法　第2部分：生物学试验方法

GB 15979—2002　一次性使用卫生用品卫生标准

GB/T 17592　纺织品　禁用偶氮染料的测定

GB 18401　国家纺织产品基本安全技术规范

GB/T 18886　纺织品　色牢度试验　耐唾液色牢度

GB/T 29865　纺织品　色牢度试验　耐摩擦色牢度　小面积法

GB 31701　婴幼儿及儿童纺织产品安全技术规范

GB/T 32610—2016　日常防护型口罩技术规范

3　术语和定义

下列术语和定义适用于本文件。

3.1

颗粒物　particle

悬浮在空气中的固态、液态或固态与液态混合的颗粒状物质，如粉尘、烟、雾和微生物。

［GB/T 18664—2002，定义3.1.15］

3.2

颗粒物过滤效率　particle filtering efficiency

在规定检测条件下，口罩材料滤除颗粒物的能力，用百分数表示。

4 分类和规格

4.1 按口罩形状分为平面型和折叠型。

4.2 按口罩过滤等级分为Ⅰ级、Ⅱ级、Ⅲ级。

4.3 按口罩尺寸大小，规格分为大号(L)、中号(M)、小号(S)，主体规格表示为：长度×宽度，其中长度、宽度均用厘米表示。

5 要求

5.1 基本要求

5.1.1 口罩应能安全牢固地护住口、鼻及下颌。

5.1.2 口罩原材料不应使用再生料，含高毒性、致癌性或潜在致癌性物质以及已知的可导致皮肤刺激或产生其他不良反应的材料，其他限制使用物质的残留量应符合相关要求，无异味。

5.1.3 口罩不应存在可触及的锐利角和锐利边缘，不应对佩戴者构成伤害。

5.1.4 口罩应便于佩戴和摘除，在佩戴过程中无明显的压迫感或压痛现象，对头部活动影响较小。

5.2 外观

外观应整洁，不应有破损、油污斑渍、变形及其他明显的缺陷。

5.3 结构与尺寸

应符合设计的尺寸，最大偏差应不超过±5%。

5.4 内在质量

口罩内在质量要求见表1。

表1 内在质量指标

项目		要求
鼻夹[a]/cm		应采用可塑性材质，长度≥6.0
口罩带与口罩体的连接处断裂强力/N		≥10
颗粒物过滤效率(非油性)/%	Ⅰ级	≥90
	Ⅱ级	≥80
	Ⅲ级	≥70
吸气阻力/Pa		≤75
呼气阻力/Pa		≤50
pH值[b]		4.0～8.5
甲醛含量/(mg/kg)		≤20
可分解致癌芳香胺染料[c]/(mg/kg)		禁用
耐摩擦色牢度[d]/级	干摩	≥3-4
	湿摩	≥3
耐唾液色牢度[d]/级	变色	≥3-4
	沾色	≥4
环氧乙烷残留量[e]/(μg/g)		≤10

续表

项目		要求
微生物指标[f]	大肠菌群	不得检出
	致病性化脓菌[g]	不得检出
	真菌菌落总数/(CFU/g)	≤100
	细菌菌落总数/(CFU/g)	≤200

[a] 仅考核有鼻夹的口罩；
[b] 仅考核口罩与人体面部接触的部位；
[c] 仅考核染色和印花部分；
[d] 仅考核非一次性使用的口罩与人体面部接触的部位；
[e] 仅考核经环氧乙烷灭菌处理的口罩；
[f] 标注“无菌”或“灭菌”产品应无菌，微生物指标只考核非无菌产品；
[g] 致病性化脓菌指绿脓杆菌、金黄色葡萄球菌与溶血性链球菌。

5.5 其他要求

口罩的纺织物部分应符合 GB 18401 或 GB 31701 的规定。

6 试验方法

6.1 外观

随机抽取 10 个样品进行试验。目视检查，日光灯照度不低于 400lx。

6.2 结构与尺寸

随机抽取 10 个样品进行试验。用分度值不低于 1mm 的通用或专用量具测量口罩长度和宽度，测量部位见图 1，其他类型口罩可参照测量。

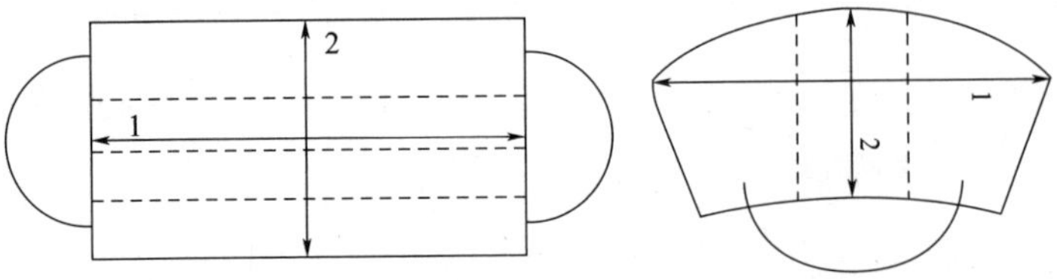

a) 平面型　　b) 折叠型

说明：
1——口罩长度；
2——口罩宽度。

图 1　口罩尺寸测量示意图

6.3 内在质量

6.3.1 鼻夹

随机抽取 3 个样品进行试验。取出鼻夹，检查鼻夹材质并手试弯折，以分度值不低于 1mm 的通用或专用量具测量鼻夹长度。

6.3.2 口罩带与口罩体的连接处断裂强力

按 GB/T 32610—2016 中 6.9 的规定执行。

6.3.3 颗粒物过滤效率(非油性)

按 GB/T 32610—2016 中附录 A 的规定执行。

6.3.4 吸气阻力

按 GB/T 32610—2016 中 6.7 的规定执行。

6.3.5 呼气阻力

按 GB/T 32610—2016 中 6.8 的规定执行。

6.3.6 pH 值

按 GB/T 7573 的规定执行,试样在口罩与人体面部接触层裁取。

6.3.7 甲醛含量

按 GB/T 2912.1 的规定执行,在口罩罩体上取样进行测试,如有染色应包含染色部位。

6.3.8 可分解致癌芳香胺染料

按 GB/T 17592 的规定执行。

6.3.9 耐摩擦色牢度

按 GB/T 29865 的规定执行,试样在染色或印花部位上裁取。

6.3.10 耐唾液色牢度

按 GB/T 18886 的规定执行,试样在口罩与人体面部接触层裁取。

6.3.11 环氧乙烷残留量

按 GB/T 14233.1—2008 中第 9 章的规定执行。

6.3.12 微生物指标

按 GB 15979—2002 附录 B 的规定执行,无菌按 GB/T 14233.2—2005 中第二章的规定执行。

6.4 其他要求

按 GB 18401 和 GB 31701 的规定执行。

7 检验规则

7.1 组批

按同一工艺、同一原材料和同种规格的为一组批。

7.2 取样

按交货批号的同一品种、同一规格(型号)的产品作为检验批。从每检验批产品中按测试要求随机抽取相应数量的样品。当同一交货批的交货数量大于 10 万个时,抽样数量加倍。

7.3 检验分类

7.3.1 出厂检验

出厂检验项目为外观、结构与尺寸、鼻夹、口罩带与口罩体的连接处断裂强度。

7.3.2 型式检验

有下列情况之一时,应进行型式检验:

——初次投产或者转产生产时;

——结构、材料、工艺发生变化,影响产品性能时;

——正常生产时，每十二个月至少一次；
——产品停产六个月后恢复生产时；
——用户提出进行型式检验要求时。

7.4 判定

7.4.1 外观质量和结构尺寸按6.1、6.2检测，8个及以上试样符合5.2、5.3，判定合格，否则判定不合格。

7.4.2 内在质量、其他要求符合5.4、5.5，判定合格，否则判定不合格。

7.4.3 外观质量、结构尺寸、内在质量、其他要求全部合格，判定该批产品合格，否则判定该批产品不合格。

8 标识

口罩最小包装应有清晰的中文标识，标识至少应包括下列信息：

a) 产品名称；
b) 主要原材料(各层材料)；
c) 规格尺寸；
d) 生产日期(或灭菌日期)；
e) 制造商名称、地址和联系方式；
f) 本标准编号及过滤等级；
g) 使用说明(包括正反面识别、使用方法及使用限制等)；
h) 贮存条件；
i) 一次性使用口罩应注明有效期及“一次性”字样；
j) 无菌产品，应标明“无菌”字样及灭菌方式。

9 包装、运输和贮存

口罩的包装应该能够防止机械损坏和使用前的污染。产品运输不得损坏外包装，防止雨淋日晒。贮存按标识中规定的贮存条件执行。

ICS 59.080.30
CCS W 59

团 体 标 准

T/AQB 3—2020

口罩用聚丙烯熔喷法非织造布

Polypropylene melt-blown nonwoven fabric for mask

2020-07-24 发布 2020-07-28 实施

安徽省质量品牌促进会 发布

前　言

本文件按照GB/T 1.1—2020《标准化工作导则 第1部分:标准化文件的结构和起草规则》的规定起草。

本文件由安徽省产品质量监督检验研究院提出。

本文件由安徽省质量品牌促进会、安徽省纤维及纤维制品标准化技术委员会归口。

本文件起草单位:安徽长信安昌健康医疗大数据科技有限公司、合肥杰事杰新材料股份有限公司、界首市天鸿新材料股份有限公司、安徽一鸣塑胶有限公司、安徽电气集团股份有限公司、宣城广能非织造有限公司、安庆市嘉欣医疗用品科技股份有限公司、安徽天元电缆有限公司、安徽星际生物科技有限公司、金寨新纶科技有限公司、安徽云尚拼医疗器械科技有限公司、安徽众润新材料科技有限公司、安徽华容药品包装有限公司、安徽元琛环保科技股份有限公司、安徽倍朗新材料科技有限公司、安徽佳叶医疗科技有限责任公司、安徽米兰士装饰材料有限公司、安徽省锦瑞汽车部件有限公司、安徽利尔环境科技有限公司、安徽省真照卫生材料有限公司、安徽红爱实业股份有限公司、安徽省产品质量监督检验研究院、安徽省食品药品检验研究院、安徽农业大学、清华大学合肥公共安全研究院、合肥海关技术中心、芜湖市食品药品检验中心、安徽省万联标准化研究中心、安徽省安全防护用品协会。

本文件主要起草人:成清、陈静、魏伟伟、黄葆华、后萍、何银地、李继丰、刘小勇、龚孝燕、梁华庭、郭玉凤、张飞、马刚、汪雨濛、俞靖雯、张立海、杨桂生、李汪洋、王永峰、曹勇、胡道广、汪秀春、王江海、巩了进、王冰、汪六一、张林森、方庆海、梁燕、胡琳、昊奇龙、叶云峰、方铖琛、钱立胜、王太照、梁健、夏威、丁振华、朱双四。

本标准为首次发布。

口罩用聚丙烯熔喷法非织造布

1 范围

本标准规定了口罩用聚丙烯熔喷法非织造布(以下简称熔喷布)的术语和定义、产品分类、代号牌号、技术要求、试验方法、检验规则、包装、标识及储运。

本标准适用于以聚丙烯为主要原料,经熔喷法制得,用于口罩生产并起过滤作用的非织造布。

2 规范性引用文件

下列文件中的内容通过文中的规范性引用而构成本文件必不可少的条款。其中,注日期的引用文件,仅该日期对应的版本适用于本文件;不注日期的引用文件,其最新版本(包括所有的修改单)适用于本文件。

GB 2626 呼吸防护 自吸过滤式防颗粒物呼吸器

GB/T 4666 纺织品 织物长度和幅宽的测定

GB 15979—2002 一次性使用卫生用品卫生标准

GB 18401—2010 国家纺织产品基本安全技术规范

GB 19083 医用防护口罩技术要求

GB/T 24218.1 纺织品 非织造布试验方法 第1部分:单位面积质量的测定

GB/T 24218.3 纺织品 非织造布试验方法 第3部分:断裂强力和断裂伸长率的测定(条样法)

GB/T 30923 塑料 聚丙烯(PP)熔喷专用料

GB/T 32610—2016 日常防护型口罩技术规范

GB/T 38880 儿童口罩技术规范

FZ/T 64078 熔喷法非织造布

YY 0469 医用外科口罩

3 术语和定义

下列术语和定义适用于本文件。

3.1

防护型口罩用熔喷布 Polyropylene melt-blown nonwoven fabric for protective mask

用于防护型口罩,起过滤、净化吸入人体空气作用的熔喷法非织造布。

3.2

卫生型口罩用熔喷布 Polyropylene melt-blown nonwoven fabric for hygiene mask

用于卫生型口罩,细菌过滤效率不低于95%的熔喷法非织造布。

3.3

其他型口罩用熔喷布 Polyropylene melt-blown nonwoven fabric for other mask

供需双方约定专项技术要求和对应检测方法的口罩用熔喷布。

3.4

滤材阻力 Resistance of filter material

规定面积规定气流通过熔喷布时产生的阻力，单位为帕(Pa)。

4 产品分类

产品按用途不同可分为：防护型口罩用熔喷布、卫生型口罩用熔喷布和其他型口罩用熔喷布。

5 代号和牌号

5.1 代号

5.1.1 熔喷布类型

防护型口罩用熔喷布、卫生型口罩用熔喷布和其他型口罩用熔喷布，分别用 F、W 和 Q 代替。

5.1.2 分切宽度或幅宽

分切宽度或幅宽单位为 mm，用分切宽度或幅宽的实际数值表示其代号。如分切宽度为 260mm，代号为 260。

5.1.3 单位面积质量(克重)

单位面积质量单位为 g/m^2，用单位面积质量的实际数值表示其代号。如单位面积质量为 $25g/m^2$ 的熔喷布，代号为 25。

5.1.4 过滤效率等级

5.1.4.1 防护型口罩用熔喷布分为 KN 系列(过滤盐性颗粒物)、KP 系列(过滤油性颗粒物)、KNKP 系列(过滤盐性和油性颗粒物)，各等级对应代号为其分级名称。

——KN 系列分 4 个等级：KN90、KN95、KN99 和 KN100；

——KP 系列分 3 个等级：KP90、KP95 和 KP100；

——KNKP 兼具系列分 3 个等级：KN90&KP80、KN95&KP95 和 KN99&KP99。

注：如 KN90 型熔喷布，代号为 KN90。

5.1.4.2 卫生型口罩用熔喷布分 3 个等级：B95、B98 和 KN90&B95，各等级对应代号为其分级名称。

注：如 B95 型熔喷布，代号为 B95。

5.1.4.3 其他型口罩用熔喷布过滤效率等级以过滤介质加实际数值表示其代号，过滤介质分为盐性颗粒物、油性颗粒物和细菌，代号分别为 KN、KP、B。

注：如盐性颗粒物过滤效率为 80%的熔喷布，其代号为 KN80。

5.2 熔喷布牌号

熔喷布牌号由熔喷布类型、分切宽度、单位面积质量、过滤效率等级和制造商标记(字母简写)组成。

示例：表示××公司生产的防护型口罩用熔喷布，其分切宽度是 260mm、单位面积质量是 $25g/m^2$、过滤效率等级是 KN90&KP80，其标记为：F-260-25-KN90&KP80/××。

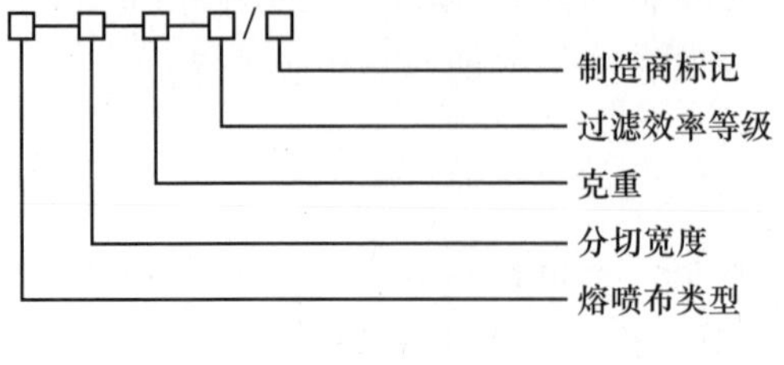

6 技术要求

6.1 原料要求

原料应符合 GB/T 30923 聚丙烯(PP)熔喷专用料要求。

6.2 外观质量

外观质量应符合表 1 的规定。

表 1 外观质量要求

项目		要求
布面外观		均匀、平整，无明显折痕和死折，切面整齐
破洞		不允许
针孔(个/100cm²)	不明显	≤10
	明显	不允许
晶点(个/100cm²)	面积<1mm²	≤10
	面积≥1mm²	不允许
飞花		不允许
异色纤维		不允许
异物		不允许
注 1：晶点是指布面存在的点状聚合物颗粒； 注 2：飞花是指布面存在的已固结的由飞絮/飞花形成的纤维块或纤维条，表面有凸起感。		

6.3 内在质量

6.3.1 基本项技术要求

基本项技术要求应符合表 2 的规定。

表 2 基本项技术要求

项目		单位面积质量(g/m²)		
		≤20	≤50	≤100
分切宽度或幅宽偏差(mm)		−1～+3		
单位面积质量偏差率(%)		±8	±7	±5
单位面积质量变异系数(%)		≤7		≤6
断裂强力(N)	横向	≥2	≥6	≥10
	纵向	≥4	≥9	≥15
断裂伸长率(%)	横向	≥15		
	纵向	≥10		
微生物		符合 GB 15979—2002 表 1 中对普通级口罩的相关规定		
异味		符合 GB 18401—2010 的相关规定		

6.3.2 专项技术要求

防护型口罩用熔喷布和卫生型口罩用熔喷布依据过滤效率不同分为 13 个等级，其专项技术要求过滤效率和滤材阻力应符合表 3 的规定。其他型口罩用熔喷布的专项技术要求由供需双方约定。

表 3 专项技术要求

<table>
<tr><th colspan="2" rowspan="3">种类</th><th rowspan="3">等级</th><th colspan="3">过滤效率(%)≥</th><th rowspan="3">滤材阻力(Pa)≤</th></tr>
<tr><th colspan="2">颗粒物过滤效率</th><th rowspan="2">细菌过滤效率</th></tr>
<tr><th>盐性颗粒物</th><th>油性颗粒物</th></tr>
<tr><td rowspan="10">防护型口罩用熔喷布</td><td rowspan="4">KN 系列</td><td>KN90</td><td>90</td><td rowspan="4">不适用</td><td rowspan="4">不适用</td><td>160</td></tr>
<tr><td>KN95</td><td>95</td><td>200</td></tr>
<tr><td>KN99</td><td>99</td><td>230</td></tr>
<tr><td>KN100</td><td>99.97</td><td>240</td></tr>
<tr><td rowspan="3">KP 系列</td><td>KP90</td><td rowspan="3">不适用</td><td>90</td><td rowspan="3">不适用</td><td>160</td></tr>
<tr><td>KP95</td><td>95</td><td>200</td></tr>
<tr><td>KP100</td><td>99.97</td><td>240</td></tr>
<tr><td rowspan="3">KNKP 兼具系列</td><td>KN90&KP80</td><td>90</td><td>80</td><td rowspan="3">不适用</td><td>160</td></tr>
<tr><td>KN95&KP95</td><td>95</td><td>95</td><td>200</td></tr>
<tr><td>KN99&KP99</td><td>99</td><td>99</td><td>240</td></tr>
<tr><td colspan="2" rowspan="3">卫生型口罩用熔喷布</td><td>B95</td><td colspan="2" rowspan="2">不适用</td><td>95</td><td rowspan="2">45</td></tr>
<tr><td>B98</td><td>98</td></tr>
<tr><td>KN90&B95</td><td>90</td><td>不适用</td><td>95</td><td>30</td></tr>
<tr><td colspan="7">注:防护型口罩用熔喷布的过滤效率、滤材阻力测试方法见 7.7.1.1 和 7.8.1;
卫生型口罩用熔喷布的过滤效率、滤材阻力测试方法见 7.7.1.2、7.7.2、和 7.8.2;
其他型口罩用熔喷布的过滤效率、滤材阻力测试方法由供需双方约定。</td></tr>
</table>

7 试验方法

7.1 基本要求

7.1.1 原料检验

按 GB/T 30923 的规定执行。

7.1.2 外观检验

按 FZ/T 64078 的规定执行。

7.2 分切宽度或幅宽偏差

按 GB/T 4666 的规定执行。

7.3 单位面积质量偏差率和单位面积质量变异系数

按 GB/T 24218.1 的规定执行。

7.4 断裂强力和断裂伸长率

按 GB/T 24218.3 的规定执行。

7.5 微生物

按 GB 15979—2002 附录 B 的规定执行。

7.6 异味

按 GB 18401—2010 第 6.7 条款规定执行。

7.7 过滤效率

7.7.1 颗粒物过滤效率

7.7.1.1 防护型口罩用熔喷布颗粒物过滤效率按 GB/T 32610—2016 中附录 A 的规定执行。

7.7.1.2 卫生型口罩用熔喷布颗粒物过滤效率按 YY 0469 的规定执行，取最小值作为测试结果。

7.7.2 细菌过滤效率

按 YY 0469 的规定执行。

7.8 滤材阻力

7.8.1 防护型口罩用熔喷布按 7.7.1.1 测试过滤效率的同时记录初始阻力值，取最大值作为测试结果，单位为帕(Pa)。

7.8.2 B95、B98 两个等级卫生型口罩用熔喷布按 YY 0469 压力差规定执行；KN90&B95 等级卫生型口罩用熔喷布按 7.7.1.2 测试过滤效率的同时记录初始阻力值，取最大值作为测试结果，单位为帕(Pa)。

8 检验规则

8.1 组批

同一批原材料按同一工艺在同一条生产线、同一时间段生产的为一组批。

8.2 取样

按交货批号的同一品种、同一等级的产品作为检验批。外观质量的取样：从一批产品中随机抽取 1 卷；内在质量的取样：距头端至少 5 米随机抽取，其尺寸应满足所有的性能试验。

8.3 质量判定

外观质量、内在质量均合格，则该批产品合格。

9 包装、标识及储运

9.1 包装

小包装宜用缠绕膜、热收缩膜或其他包装形式紧密捆绕包装；大包装宜采用瓦楞纸箱或合适的包装箱，每个包装箱应有合格证。产品包装材料应保证产品质量不损坏，便于运输。

9.2 标识

9.2.1 产品最小包装上应有下列标识：

——生产单位名称、地址；

——产品名称、牌号；

——产品执行标准；

——产品规格(卷长、卷重)；

——生产批号；

——生产日期、保质期。

9.2.2 产品的大包装应有下列标识：

——生产单位名称、地址；

——产品名称、牌号；

——产品执行标准；

——产品规格（卷长、卷重）、卷数、重量；

——生产批号；

——生产日期、保质期。

9.2.3 检验合格证上应有下列标识：

——生产批号；

——检验日期；

——检验员代码；

——检验合格专用章。

9.3 运输

产品运输过程中应避光、防水、防潮、防污染、防破损和防挤压，运输要求按订货合同规定。

9.4 贮存

产品应存放在干燥、通风、避光和洁净的环境中，远离火源、热源。

附 录 A
(资料性)
不同等级熔喷布适用口罩类型推荐

本附录将本文件中的不同等级熔喷布适用的口罩类型进行推荐。

表 A.1 不同等级熔喷布适用口罩类型推荐

熔喷布等级	适用于口罩标准、型号
KN90	GB 2626:KN90
KN95	GB 2626:KN95;GB 19083:1 级;GB/T 38880:儿童防护口罩(F)
KN99	GB 19083:2 级
KN100	GB 2626:KN100;GB 19083:3 级
KP90	GB 2626:KP90
KP95	GB 2626:KP95
KP100	GB 2626:KP100
KN90&KP80	GB/T 32610:Ⅲ级
KN95&KP95	GB/T 32610:Ⅱ级
KN99&KP99	GB/T 32610:Ⅰ级
B95	YY 0469
B98	YY 0469
KN90&B95	GB/T 38880:儿童卫生口罩(W)

ICS 03.080
CCS A 10

团体标准

T/AQB 4—2020

安徽省高速公路服务区放心消费服务规范

Services specification on reassuring consumption for expressway service area in Anhui Province

2020-10-13 发布　　2020-10-15 实施

安徽省质量品牌促进会
安徽省消费者权益保护委员会　发布

前　言

本文件按照 GB/T 1.1—2020《标准化工作导则 第1部分：标准化文件的结构和起草规则》的规定起草。

本文件由安徽省消费者权益保护委员会提出并归口。

本文件起草单位：安徽省消费者权益保护委员会、安徽省万联标准化研究中心、安徽省驿达高速公路服务区经营管理有限公司、安徽省国路高速公路有限公司、安徽省质量认证咨询中心。

本文件主要起草人：吴瑞卿、盛波、赵玉婧、杨群山、龚孝燕、张路明、何修勤、乔家忠、俞靖雯、陈妍妍。

安徽省高速公路服务区放心消费服务规范

1 范围

本文件规定了安徽省高速公路服务区(以下简称“服务区”)放心消费服务的总体原则、基本要求、组织建设、设施与环境、质量与安全管理、信息与宣传、服务改进。本文件适用于服务区放心消费服务管理工作。

2 规范性引用文件

下列文件中的内容通过文中的规范性引用而构成本文件必不可少的条款。其中,注日期的引用文件,仅该日期对应的版本适用于本文件;不注日期的引用文件,其最新版本(包括所有的修改单)适用于本文件。

GB 9663 旅店业卫生标准

GB/T 10001.1 公共信息图形符号 第1部分:通用符号

GB 14934 食品安全国家标准 消毒餐(饮)具

GB/T 15566.1 公共信息导向系统 设置原则与要求 第1部分:总则

GB 20815 视频安防监控数字录像设备

GB/T 24616 冷藏、冷冻食品物流包装、标志、运输和储存

GB/T 25068.3 信息技术 安全技术 网络安全 第3部分:面向网络接入场景的威胁、设计技术和控制

GB/T 27306 食品安全管理体系 餐饮业要求

GB 50140 建筑灭火器配置设计规范

CJ/T 94 饮用净水水质标准

SB/T 10591 加油站服务技术规范

DB34/T 3577 公筷公勺服务规范

3 术语和定义

下列术语和定义适用于本文件。

3.1

放心消费 trustworthy consumption

高速公路服务区运营主体和经营者主动履行相应法定义务,积极承担社会责任,采取切实措施,从安全、质量、服务、价格、维权等维度为消费者提供优质的商品和服务,提升消费者满意度的行为和过程。

3.2

高速公路服务区 expressway service area

设在高速公路沿线的专门为驾乘人员提供停车、休息、就餐、购物、如厕、加水、加油(加气、充电)、维修车辆等的设施、建筑及场地。

4 总体原则

坚持品质安全、服务至上、信守承诺、共建共享的经营理念。

营造安全放心、质量放心、价格放心、服务放心、维权放心的消费环境。

5 基本要求

5.1 安全设施设备配置齐全、运行良好，符合国家相关规定。

5.2 服务区经营者经营证件齐全，经营商品和服务符合国家相关规定，无违法经营情况。

5.3 明码标价，公平、诚信经营，规范出具正规发票。

5.4 配套包含免费停车场、公厕、开水供应和消费等基本服务设施。

5.5 各类标识标牌规范悬挂，服务质量监督公示清晰、醒目，维权通道畅通。

5.6 服务区内的员工应经过培训，合格后方可上岗，餐饮、便利店、客房员工应持有健康证。

5.7 拒绝餐饮浪费，倡导文明消费，符合附录A要求。

5.8 不应采购、加工、销售国家法律法规明文禁止的食品和原辅材料。

6 组织建设

6.1 组织保障

6.1.1 服务区运营主体应有领导机构、职能部门，负责服务区放心消费服务管理工作。

6.1.2 服务区运营主体领导机构、职能部门放心消费的服务管理职能职责应完整清晰。

6.1.3 服务区运营主体应建立进区经营者招商与管理制度，确保进区经营者满足相关要求。

6.1.4 服务区内应建立经营者自治组织，发挥自律与监督作用，营造良好的放心消费群众基础。

6.2 制度保障

6.2.1 服务区应将诚实守信、依法经营、货真价实、公平竞争、明码标价、价质相符等放心消费诚信承诺纳入经营者自律管理。

6.2.2 服务区运营主体应建立消费维权工作机制、诉调对接机制、消费纠纷和解和社会监督工作信息报送等制度。

6.2.3 服务区运营主体应建立环境卫生管理规章制度，明确对各类经营场所的要求，对环境维护、卫生保洁等进行管理；宜建立文化与诚信环境管理制度，营造良好的放心消费软环境。

6.2.4 服务区运营主体应制定放心消费服务管理专项经费使用管理办法，用于服务区放心消费创建、设备设施(包括安全方面的)配备、人员教育培训等。

6.2.5 服务区运营主体应建立对服务区、经营者定期或不定期监督检查制度，检查结果应公开、公示，并根据检查结果实施奖惩，以促进放心消费服务落地。

6.2.6 服务区经营者应建立包括但不限于：餐饮，宾馆，加油(气)、充电站，商业服务，零售，汽车维修等方面的管理制度体系，以确保国家政策、技术规范和主管机关要求得以全面、有效贯彻实施。

6.3 人员要求

6.3.1 服务区运营主体应配备适宜的、具备相关业务能力的管理人员，其能力包括但不限于：服务区基础建设、服务区运营、放心消费创建与管理以及本文件相关要求。

6.3.2 服务区运营主体应配备相应的质量监督员、价格监督员、安全管理员、卫生管理员、消费维权调解员等，并明确其相关职能职责；各岗位人员应通过系统的业务培训，掌握并熟练运用相关知识和技能；消费维权调解员还应具有耐心细致、善于协调、积极引导、热心公益的品德。

6.3.3 服务区经营者其员工上岗应经过健康检查，符合要求方能上岗从业，如餐饮、便利店员工等从事食品相关行业的持有效健康证上岗；相关人员应通过系统的职业能力培训，获得相关资格方能上岗，如电工、汽车修理工、消防管理、驾驶等实施资格管理的岗位。

6.3.4 服务区应建立放心消费维权培训机制，对服务区经营管理人员、经营户及从业人员等开展放心消费知识、理念培训。

6.3.5 服务区运营主体和经营者，其各类人员的配备应能满足岗位需求和工作任务要求。

7 设施与环境

7.1 基础设施环境

7.1.1 服务区区域设置合理，区划、条线清晰，道路畅通。

7.1.2 服务区内应设置公共信息导向系统，设计符合 GB/T 15566.1 的要求，图形符号符合 GB/T 10001.1 的要求。

7.1.3 服务区内整体环境整洁，无异味，无污水、污物，无乱建、乱堆乱放现象。

7.1.4 服务区安全设施设备、卫生间、开水间、加油(加气、充电)站、停车区、客房、餐厅、特色产品专柜等配备齐全，设计、布局合理，功能有效，符合相关标准、规范要求。

7.1.5 宜在醒目位置公示证照和消费者投诉指示牌，应规范使用“放心消费”标识和提示语。

7.2 经营场所

7.2.1 经营环境整洁，照明良好，空气清新，温度适中。

7.2.2 应建立完善餐饮经营管理制度，餐饮经营卫生符合 GB 14934 的要求，饮用水符合 CJ 94 的要求。

7.2.3 应建立完善零售服务管理制度，零售商品存储、销售符合 GB/T 24616 的要求。

7.2.4 应建立完善汽修管理制度，其废弃物贮存场所和容器应能防止二次污染，必要时应有隔离、防护措施。

7.2.5 应建立完善加油(加气、充电)服务管理制度，符合 SB/T 10591 的要求。

7.2.6 应建立完善客房(应急客房)管理制度，符合 GB 9663 的要求。

7.3 文化服务

7.3.1 宜将放心消费融入服务区文化元素，营造良好的文化氛围。

7.3.2 应利用广场、服务中心、购物中心、书屋、宾馆、餐厅以及娱乐礼堂等场所，开展放心消费服务成果展示等活动。

7.4 员工服务行为

7.4.1 应使用岗位文明礼貌用语，做到“来有迎声，走有送声”。

7.4.2 服务行为热情主动、面带微笑、文明规范。

7.4.3 工作期间着统一工装、佩戴工牌，仪容仪表整洁、姿态端正。

7.4.4 工作期间不应聚众聊天、玩手机等与工作无关的行为。

7.4.5 应熟悉所经营商品的属性和功能，引导消费者放心消费。

7.4.6 无围追兜售、强买强卖、违规会销等不良消费现象。

7.5 诚信环境

7.5.1 服务区经营者应亮证亮照经营，落实商品质量安全、进货查验、索证索票等规定，不制售假冒伪劣商品和过期商品；明码标价，公平计量，无虚假宣传等商业欺诈行为。

7.5.2 服务区运营主体应建立价格价签使用管理制度。

7.5.3 零售类的便利店和商铺需规范使用价签，开展促销时，需公示原价和现价，做到明码标价；零售类商品价签需按商品条码，做到“一货一签”。

7.5.4 汽修厂常规维修服务项目的工时费和零部件售价需做到明码标价；中修以上项目需规范签订维修

协议单，做到先签协议后维修。

7.5.5 服务区经营者应积极参与“放心消费诚信承诺”活动，落实消费服务和售后服务承诺。

7.5.6 所销售的农特产品源头可溯，特色产品供货来源渠道优先选自放心消费单位厂家。

7.5.7 服务区运营主体应建立退货管理制度，对无理由退货、有条件退货进行规定和管理。

8 质量与安全管理

8.1 质量管理

8.1.1 服务区经营者应制定餐饮，零售，汽车维修，加油(加气、充电)，客房服务等服务规范。

8.1.2 服务区经营者应建立进货验收及储存保管制度，以免变质损坏和遗失。

8.1.3 服务区经营者应遵守商品质量承诺制度、不合格商品退市制度。

8.1.4 服务区经营食品类商品的经营者应落实索要证票制度。

8.1.5 所销售的食品药品、日用品、服装鞋帽等日常消费品应符合有关标准，不应有假冒伪劣、变质和“三无”产品。

8.2 安全管理

8.2.1 建立健全安全管理制度，落实目标责任，实施责任追究制度。

8.2.2 应配置安防监管系统，并运行有效，符合 GB 20815 的要求。

8.2.3 建立健全食品安全管理标准，食品采购、运输、生产、销售应符合 GB/T 27306 的要求。

8.2.4 信息服务畅通有效，符合 GB/T 25068.3 的要求。

8.2.5 各类安全应急制度完善，有效，处置机制健全，能妥善处置安全突发事件及车流突然增多、恶劣天气等突发情况。

8.2.6 服务区能协调、配合公安、消防、交警、卫生等职能部门，建立安全隐患排查治理联动机制，定期开展治安、消防等应急处置演练。

8.2.7 服务区安全设施配置齐全，如：防火灭火消防设施、安全防护设备器具、紧急出口、视频监控系统、预警与报警装置、安全警示标志与应急广播等；消防器材应符合 GB 50140 的要求。

8.2.8 服务区应具备食品安全、群体投诉、消费过程中受到人身伤害等消费事件的应急处理机制。

8.2.9 服务区安全员、质量监督员等应及时上报区内有关违规生产经营行为。

8.2.10 食品和药品的经营者应落实生产、加工、流通、销售全过程的质量安全追溯体系。

9 信息与宣传

9.1 信息管理

9.1.1 服务区运营主体应建立信息收集、受理与处理制度。

9.1.2 服务区建立信息公开制度，消费投诉信息应及时公示。

9.1.3 服务区宜建立服务区“放心消费扫一扫”二维码系统，应在经营场所醒目位置、购物环保袋、宣传材料上标注“放心消费扫一扫”二维码。

9.1.4 服务区消费场所应向社会公示放心消费等级、承诺书等内容。

9.1.5 服务区在司乘人员集中区域宜设电子信息发布平台，提供信息查询和主要服务活动信息。

9.2 标识管理

服务区应建立放心消费公示与宣传制度，使用统一的放心消费标识，并展示于收银台、监督公示栏等处。

9.3 用户信息管理

9.3.1 建立信息处理平台，协助质量监测、行政约谈、消费调查、公开点评、社会曝光、行业规范等措施的落实。

9.3.2 应在广场、各类消费场所醒目位置公布消费维权投诉电话；公示消费维权工作人员姓名、联系电话。

9.3.3 建立消费者投诉信息快速处理机制。消费者可通过手机APP、微信公众号、投诉举报热线电话和咨询中心等渠道投诉。

9.3.4 应培育放心消费建设义务监督员和维权义工，参与对经营者的动态信息监测。

9.3.5 应定期或不定期对放心消费单位和无理由退货承诺单位进行动态实地回访，建立日常监督检查制度，监督检查结果可纳入放心消费评价信息档案。

9.3.6 应对经营者开展包括上一年度亮证、质量、价格、计量、投诉、服务、监督等情况的后评价工作，评价结果应予以公示，接受社会监督。

9.4 宣传管理

9.4.1 应定期通过广播、邮箱、微信群、政务公开栏、电子政务等途径，开展放心消费政策宣传，及时发布消费动态和消费警示等相关信息。

9.4.2 在服务区经营场所、广场、电商平台等，通过张贴宣传画、发放宣传册、悬挂标语等方式开展放心消费宣传。

10 服务改进

10.1 建立内部考核机制

10.1.1 定期收集、采纳司乘人员及相关第三方的建议和意见，采取设置意见簿、意见箱、网上收集等方式收集信息。

10.1.2 实时开展服务区放心消费服务检查与考核，包含定期检查、不定期抽查、专项检查等方式进行内部评价，并形成检查报告。

10.1.3 每年开展不少于1次的服务满意度测评，向司乘人员发放满意度调查问卷，有效问卷不得少于100份，并形成分析报告。

10.1.4 宜邀请相关专家或第三方专业机构，对放心消费服务进行评价。

10.2 持续改进

10.2.1 通过召开工作例会、专题会等相关会议，进行沟通交流，查找问题，分析原因，及时制定整改措施。

10.2.2 服务区日常工作中发现问题应及时上报相关部门，及时制定整改措施，形成整改验收报告。

10.3 考核结果使用

10.3.1 考核结果纳入经营者信息档案，并在服务区醒目位置进行公示。

10.3.2 考核结果作为对经营者实施奖惩的依据，对考核结果较差的经营者应予以清退出服务区。

附　录　A
（规范性）
拒绝餐饮浪费基本要求

A.1　服务区运营主体应充分利用网站、电子屏、墙贴、宣传单等载体，刊播制止餐饮浪费等公益提示，加强爱粮节粮宣传教育，倡导文明用餐、适量点餐，营造浪费可耻、节约为荣的氛围，引领文明、科学、理性、健康的消费理念。

A.2　服务区运营主体应积极督促服务区餐饮服务经营单位在餐厅醒目处张贴（餐桌上标识、菜单上提示）“文明餐桌”“光盘行动”“适量点餐”等温馨提示。

A.3　服务区运营主体应采取有效措施，建立长效机制，对坚决制止餐饮浪费行为相关要求落实不力的服务区餐饮服务经营单位进行提示、约谈，督促整改，对涉嫌违法的取消服务区经营资格。

A.4　服务区餐饮服务经营单位应主动按 DB34/T 3577 的规定执行，提供“分餐制、公筷公勺制、双筷制”等服务方式，实行“点菜提醒”，及时主动提示消费者根据用餐人数合理点菜、适度消费，餐后主动提示打包。

A.5　服务区餐饮服务经营单位不应设置最低消费，应提供“半份、半价、小份、适价、可选择套餐、N-1 及 N-2 等点菜模式”等服务方式，方便消费者适量点餐。

A.6　服务区餐饮服务经营单位应在菜单上清晰公示菜品的主辅配料、口味、分量等信息，方便顾客选择，以避免因点餐误解与信息误导造成食品浪费。

A.7　服务区餐饮经营单位应规范加工行为，细化加工方法，合理使用原材料，最大效能地发挥食材的使用率，避免因加工不合理而造成食材浪费；规范建立餐厨废弃物处置台账，详细记录餐厨废弃物的处置时间、数量等信息；建立健全节约用餐制度。

ICS 03.080
CCS A 10

团　体　标　准

T/AQB 5—2020

安徽省高速公路服务区放心消费示范单位评定规范

Evaluation specification on Demonstration unit of reassuring consumption for expressway service area in Anhui Province

2020-10-13 发布　　2020-10-15 实施

安徽省质量品牌促进会
安徽省消费者权益保护委员会　发布

前　言

本文件按照 GB/T 1.1—2020《标准化工作导则 第1部分：标准化文件的结构和起草规则》的规定起草。

本文件由安徽省消费者权益保护委员会提出并归口。

本文件起草单位：安徽省消费者权益保护委员会、安徽省万联标准化研究中心、安徽省驿达高速公路服务区经营管理有限公司、安徽省国路高速公路有限公司、安徽省质量认证咨询中心。

本文件主要起草人：：吴瑞卿、盛波、赵玉婧、杨群山、龚孝燕、张路明、何修勤、乔家忠、俞靖雯、陈妍妍。

安徽省高速公路服务区放心消费示范单位评定规范

1 范围

本文件规定了安徽省高速公路服务区(以下简称“服务区”)放心消费示范单位评定的评定原则和方式、评定等级、周期、流程与管理、扩展原则。

本文件适用于服务区放心消费示范单位的评定。

2 规范性引用文件

下列文件中的内容通过文中的规范性引用而构成本文件必不可少的条款。其中,注日期的引用文件,仅该日期对应的版本适用于本文件;不注日期的引用文件,其最新版本(包括所有的修改单)适用于本文件。

GB/T 19038 顾客满意度测评模型和方法指南

T/AQB 4 安徽省高速公路服务区放心消费服务规范

3 术语和定义

下列术语和定义适用于本文件。

3.1

高速公路服务区 expressway service area

设在高速公路沿线的,为司乘人员提供停车、休息、就餐、购物、如厕、加水、加油(加气、充电)、维修车辆等服务的设施、建筑及场地。

3.2

颁证机构 certification institution

能够受理服务区示范单位评定申请,并根据评定结果向申请单位颁发《高速公路服务区放心消费示范单位》证书或授予类似称号的第三方权威机构。

注:如消费者权益保护委员会。

4 评定原则和方式

4.1 评定原则

公平、公正、公开、专业。

4.2 评定方式

评定采用专家评审与第三方机构评价相结合的方式:

a) 组织专家组或委托第三方机构评价,专家组成员应不少于 3 名,并熟悉服务区相关业务;

b) 委托第三方机构开展对司乘人员满意度测评。

4.3 评定指标构成及计算

4.3.1 放心消费评定体系指标构成

4.3.1.1 评定指标分为现场评定项和加分项，见表 1 和表 2。

4.3.1.2 评分细则见附录 A。

表 1 现场评定项

评价项目	评价分值	权重占比	评定方式
消费安全	300	80%	专家评审
消费质量	400		
消费价格	100		
消费服务	100		
消费维权	100		
司乘人员评价	1000	20%	第三方机构评价

表 2 加分项

评价指标	评价内容	评价分值
荣誉、奖励	荣获国家级奖项、荣誉称号	20
	荣获省、部级奖项、荣誉称号	15
	荣获省交通行业主管部门、省辖地市级奖项、荣誉称号	10
	荣获县级、县级市级奖励、荣誉称号	5

4.3.2 顾客满意度测评

4.3.2.1 申请放心消费示范单位，应提交颁证机构指定单位或第三方机构出具的满意度测评报告。

4.3.2.2 满意度测评按 GB/T 19038 的规定执行。

4.3.2.3 满意度调查问卷见附录 B，总分 1000 分。

4.3.2.4 各等级服务区规定最低得分线：AAA 级 600 分；AAAA 级 700 分；AAAAA 级 800 分。

4.3.3 评定总分计算方式

评定总分按式(1)计算：

$$W = P \times 80\% + M \times 20\% + E \tag{1}$$

式中：W——评定总分；

P——专家评审得分；

M——满意度测评得分；

E——加分项得分。

5 评定等级、周期、流程与管理

5.1 评定等级

按评定总分值划分三个等级：AAAAA(≥950 分)、AAAA(≥900 分)、AAA(≥800 分)。

5.2 评定周期

宜三年一次，期间可安排一次监督抽查。由评定颁证机构确定。

5.3 评定程序

5.3.1 服务区开展放心消费自我评价。自我评价应按照 T/AQB4 的规定，提交系统的自我评价报告；按附录 A 进行评分，提交评分表，填写申报表。

5.3.2 服务区运营主体对服务区提交的自我评价报告、评分表及相关证据材料进行审核，符合要求后，在申报表上签署意见，向颁证机构申报。

5.3.3 颁证机构接到申请后，对申报材料的完整性、符合性进行书面审查，经初步审查符合要求后，组建专家组或委托第三方机构实施评审。

5.3.4 颁证机构对符合放心消费示范单位（对应等级）服务的服务区向社会公示，包括但不限于：评定颁证机构、被评示范单位及其主管单位官网。

5.3.5 公示结束后，对符合等级认定的示范单位颁证。

5.3.6 评定流程图见图 1。

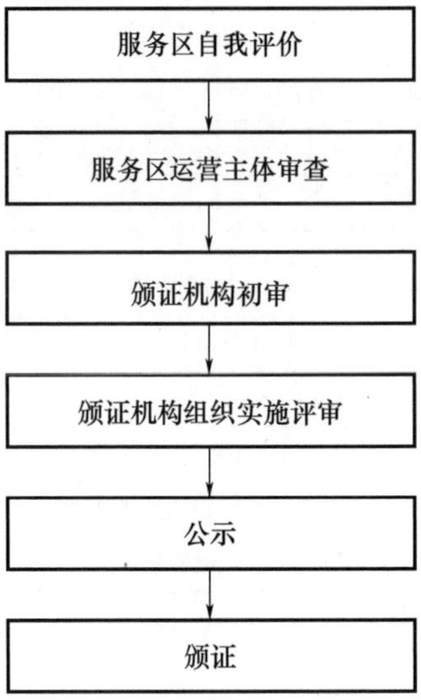

图 1 放心消费示范单位申报与评定流程

5.4 评定管理

5.4.1 服务区放心消费示范单位证书有效期为 3 年，自颁发证书之日起计算。有效期满后，如需继续保持示范单位，应在有效期届满前 6 个月内申请复评，复评通过的，重新颁发证书。

5.4.2 在有效期内，颁证机构适时安排监督考核、收集相关方舆情和信息，发现以下情况的将取消证书，并向社会公示，2 年内不受理申报：

a) 发生恶性服务质量事件的；

注：如群体性中毒事件、重大安全生产责任事故、粗暴待客、严重损害消费者权益等。

b) 被新闻媒体曝光，影响恶劣，并查实的；

c) 申报、认定中弄虚作假、隐瞒情况或提供虚假情况的；

d) 因未尽到经营者法定责任导致商品质量、服务质量、食品安全等重大安全责任事故，产生社会不良影响的；

e) 因严重侵害消费者权益行为被行政处罚或追究刑事责任的；

f) 消费纠纷投诉频发且处理不主动、不及时的，发生重大或群体性消费投诉事件影响社会稳定的；

g) 因失信违法行为被列入有关部门“黑名单”的；

h) 破产、注销或被吊销营业执照、许可证的。

6 扩展原则

6.1 评定内容可根据政策环境和社会关注点进行适当扩展，扩展内容不应与已有内容冲突。

6.2 评价周期可根据需要调整。

附 录 A
（规范性）
服务区创建放心消费示范单位考核评分细则

服务区名称：　　　　　　　　　　　　　　　　考核日期：

序号	考评内容	标准分值	扣分标准	得分
	一、消费安全	300		
1	无重大安全生产责任事故（否决项）	100	发生无伤亡的安全生产事故，一次扣50分；发生有人员伤亡的安全事故一次扣100分	
2	成立安全领导小组，划分安全区域责任人，明确安全职责，制定了安全事故紧急预案	20	未成立领导小组扣10分；安全区域责任人及安全责任不清晰（酌情扣5～10分），未制定预案扣10分；其他情况酌情扣分	
3	安全活动每月不少于1次，活动形式为：传达安全会议精神、安全检查、演练活动、隐患治理、安全培训、安全教育、安全讲评、事故分析	10	未开展活动扣10分，开展活动但效果不充分，酌情扣分	
4	安全保卫组织人员落实，职责明确，工作区域明确	10	未落实安全保卫人员扣10分；岗位职责不清晰、区域界限不明，1例不符合扣5分	
5	严格落实岗位安全日查、周查、月查，检查记录完整	10	1例不合格扣5分	
6	保安人员24小时值班巡逻；安全保卫记录详细准确	10	1例不合格扣5分	
7	各类消防器材配备齐全，有配备情况记录，位置摆放正确合理	10	1例不合格扣5分	
8	安全制度归档齐全，安全收发文及时，及时完成公司安全相关工作布置	10	发现1处问题扣1分	
9	灭火器、消防栓等消防器材，按周定期检查，并按要求记录	10	无检查记录，扣10分	
10	消防器材定期送检、更换药粉及充压；均在有效使用期内且能正常使用；其他安全设施完好可正常使用	20	消防器材1例不合格扣10分；其他安全器材1例不合格扣5分	
11	安全防火重地无易燃、易爆等危险物品，安全通道畅通，安全通道标识使用规范，应急逃生路线指示图清晰准确	10	发现1处问题扣5分	
12	汽修区域规范配置灭火器材，有防止高压胎充气过程中钢圈飞出的安全控制措施	10	不合格扣10分	
13	安全防火重地无易燃、易爆等危险物品	10	不合格扣10分	
14	各类电路（线）无老化、裸露现象，配电盒有防护，无私拉乱接乱捆电线现象；宿舍、办公室等区域无使用大功率电器，无用电安全隐患	10	发现1处问题扣2分；发现一起私拉乱接电线行为，一次扣5分	
15	恶劣天气情况下，应急措施规范到位	10	1例不合格扣5分	
16	从事食品相关的人员均要办理健康证，并要醒目处公示	20	发现1处扣2分；健康证过期，发现1处扣5分	
17	各种食（商）品、调料、配料质量合格，无发霉、污染、变质、过期等现象，产品外包装符合相关规定；餐饮、小吃等制作严格遵循食品安全管理要求，不加工、售卖霉变、过期原辅材料	20	发现此类问题，该项得分为0，即扣20分；产品外包装不符合相关规定，每发现1处扣2分	

续表

序号	考评内容	标准分值	扣分标准	得分
二、消费质量		400		
18	服务区内各单位经营证照齐全，并规范进行公示	50	未办理经营证件扣50分；经营证件办理不全，每少一例扣20分；经营证件公示不规范每例扣10分	
19	落实食品安全主体责任，确保销售商品质量；规范公示食品安全管理和卫生管理制度与创建承诺	30	1例不合格扣10分	
20	营业时间公示；正常供餐时间外，能提供简单餐饮服务；餐饮特色化，多样化；菜品摆放整齐，注意荤素色泽搭配；有防蚊蝇、饭菜保温措施	20	1例不合格扣5分	
21	食品生产经营从业人员保持良好的个人卫生习惯，餐饮打菜柜台和小吃的售卖人员要采取佩戴手套、口罩等防范措施，厨师工作时要佩戴帽子	20	1例不合格扣5分	
22	按规定做好食品留样、餐具消毒工作	20	1例不合格扣5分	
23	严把餐饮原辅材料采购关，食材进货渠道符合餐饮业相关法规，实行索证和台账管理制度。无超期储存、有异味、腐烂、变质以及无假冒伪劣食品和商品	20	1例不合格扣5分	
24	生产、加工间原辅材料生熟荤素分开存储摆放，设施设备摆放整齐清洁，地面无积水、无油渍，无蟑螂、苍蝇，防蝇、防鼠设施齐全有效	20	1例不合格扣2分	
25	冷藏设施要及时除霜除冻，按时保养，日常管理无油污、污垢	20	1例不合格扣5分	
26	垃圾桶需套袋含盖操作；垃圾桶及时倾倒、洗刷，无异味；垃圾不过沿	20	1例不合格扣5分	
27	后厨案板、刀具储藏按生、熟、荤、素分区管理；冰箱(柜)食品分隔存放	20	1例不合格扣5分	
28	商品种类丰富，商品陈列饱满、生动；按照规定做好特殊陈列和自有品牌商品陈列管理	20	1例不合格扣5分	
29	商品须符合相关国家法律法规及公司规章制度要求，不得销售假冒、伪劣、过期、变质商品	20	1例不合格扣5分	
30	仓库内商品摆放有序，先进先出，不得出现有库存未陈列现象；残次品统一放置于处理区，并进行标识管理	20	1例不合格扣5分	
31	客房每天全面整理一次，客用品齐全，及时更换、消毒，做到“一客一换一消毒”	20	1例不合格扣5分	
32	严格入住登记手续，凭有效身份证件入住，做到“一客一登记”	20	1例不合格扣5分	
33	客房住宿登记信息需与地方公安机关联网管理，入住记录完整，定期存档，客户资料不得外泄	20	1例不合格扣10分	
34	服务区汽修厂需提供一般零件更换，维护维修，充气补胎，更换轮胎，更换机油等服务	20	1例不合格扣10分	
35	服务区汽修需规范公示维修人员及值班负责人的名单、从业资格证书、照片、服务电话和监督电话	20	1例不合格扣5分	
三、消费价格		100		

续表

序号	考评内容	标准分值	扣分标准	得分
36	公平交易,无低价高卖、虚假宣传、虚假促销等价格欺诈行为	20	1例不合格,扣10分	
37	诚信经营,无以次充好、以假乱真、强买强卖现象等违法经营行为	20	1例不合格,扣10分	
38	服务区内各经营单位在结算时,均须规范出具正式发票	20	1例不合格,扣10分	
39	合理制定餐饮价格,所有菜品做到明码标价	10	1例不合格,扣5分	
40	客房、应急用房对外经营时需做到明码标价	10	1例不合格,扣5分	
41	零售类的便利店和商铺需规范使用价签,开展促销时,需公示原价和现价,切实做到明码标价;零售类商品价格签需按商品条码,做到“一货一签”	10	1例不合格,扣2分	
42	汽修厂常规维修服务项目的工时费和零部件售价需做到明码标价;中修以上项目需规范签订维修协议单,做到先签协议后维修	10	1例不合格,扣5分	
四、消费服务		100		
43	规范建立服务标准,积极提升服务技能水平,切实履行放心消费服务示范创建职责	10	1例不合格,扣10分	
44	示范单位须规范设置顾客咨询台,高峰时段需有专人负责顾客引导和咨询服务	10	1例不合格,扣5分	
45	示范单位须规范设置室内外顾客休息区,并做好相应卫生与服务工作	10	未配置扣10分,服务、卫生1例不合格,扣1分	
46	服务区员工规范着装、佩戴工牌;仪态仪表(坐、站、行)	10	1例不合格,扣1分	
47	员工当班期间无聚众聊天、玩手机等与工作无关的行为,无与顾客发生吵闹等现象	10	1例不合格,扣1分	
48	能使用本岗位文明礼貌用语,做到“来有迎声,走有送声”;服务行为热情主动、面带微笑、文明规范;服务状态饱满,无坐服现象等	10	1例不合格,扣1分	
49	经营区和顾客休息场所地面洁净,无垃圾、杂物、积水、痰迹、污渍;餐厅光线良好,温度适宜,空气清新、无异味、无蚊蝇;餐桌椅完好,无破损残缺,色感清洁温暖;餐饮售卖区要及时清理,无水迹油污;保洁用具置于隐蔽处	10	1例不合格,扣1分	
50	厨房地面、墙角等清洁卫生;排水沟有防护,定期清理;厨房作业结束后,及时收拾;调味品缸等要做好防蝇防蚊	10	1例不合格,扣1分	
51	客房空气清新、无异味、无蚊蝇;床铺桌椅和照明设施完好,光线良好;公共走廊、客房灯具齐全,照明效果良好;客房设备齐全	10	1例不合格,扣1分	
52	汽修地面洁净,无垃圾、杂物、积水、痰迹、污渍;各类设施设备表面干净整洁	10	1例不合格,扣1分	
五、消费维权		100		
53	规范建立顾客维权应急处置的相关制度与工作流程	20	未规范建立相关制度或工作流程,扣20分	
54	服务区需在醒目位置,公示本服务区和有关主管单位的服务监督电话	10	未规范公示,1例不合格,扣10分	

续表

序号	考评内容	标准分值	扣分标准	得分
55	汽修厂(店)需在醒目位置,公示服务维修电话和监督电话	10	未规范公示,1例不合格,扣10分	
56	服务区需规范建立顾客维权和投诉受理、处置台账,保障顾客维权得到有效处理	20	未规范建立顾客投诉受理与处置台账的扣20分;处理流程不规范的,1例扣10分	
57	服务区年度内无有理投诉发生	40	年度内发生一次扣20分	
	六、加分项目	50		
58	荣获国家级奖项、荣誉称号的,加20分	20		
59	荣获省、部级奖项、荣誉称号的,加15分	15		
60	荣获省交通行业主管部门、省辖地市级奖项、荣誉称号的,加10分	10		
61	荣获县级、县级市级奖励、荣誉称号的,加5分	5		
	总得分:	推荐等级:		

评审员: 组长: 评审时间: 年 月 日

附 录 B
（规范性）
放心消费满意度调查问卷

尊敬的顾客：

您好！为了解您对服务区提供的服务是否满意，为其服务区放心消费的改善提供指导，我们特进行此次客户满意度调查。感谢您的配合和支持！请您对下面的问题在10～100分打分。100分为最高分，10分为最低分。

基本情况调查
性别：A. 男　　B. 女
年龄：A. ＜20岁　B. 21～30岁　C. 31～40岁　D. 41～50岁　E. ＞51岁
收入水平：A. ＜2000　B. 2000～4000　C. 4000～6000　D. 6000～8000　E. ＞8000
交通方式：A. 自驾　B. 客车　C. 货车　D. 旅行团
客源地域：A. 本地　B. 省内　C. 外省

品牌形象方面	
1. 综合服务区设施、服务与管理，价格等因素，您对该服务区的总体形象感觉如何？	10　20　30　40　50　60　70　80　90　100
预期消费放心方面	
2. 在来此服务区前，您对服务区的放心消费总体期望值：	10　20　30　40　50　60　70　80　90　100
放心消费服务感知方面	
3. 您觉得该服务区的洗手间导向标识、环境卫生、洗漱设施怎么样？	10　20　30　40　50　60　70　80　90　100
4. 您觉得该服务区的餐饮和购物等环境、卫生、价格、质量怎么样？	10　20　30　40　50　60　70　80　90　100
5. 您觉得该服务区的停车场分区、停车秩序、导向标识、安全性怎么样？	10　20　30　40　50　60　70　80　90　100
6. 您觉得该服务区车辆加油或充电服务怎么样？	10　20　30　40　50　60　70　80　90　100
7. 您觉得该服务区服务人员服务态度、服务礼仪和服务质量怎么样？	10　20　30　40　50　60　70　80　90　100
消费价格感知方面	
8. 与其他类似服务区相比，您认为该服务区商品的消费价格怎么样？	10　20　30　40　50　60　70　80　90　100
顾客满意度方面	
9. 总体上说，您对该服务区服务的整体满意程度如何？	10　20　30　40　50　60　70　80　90　100
顾客忠诚方面	
10. 出于主观意愿今后您还会再次来该服务区的可能性。	10　20　30　40　50　60　70　80　90　100
对于该放心消费服务区的服务和管理等方面，您有何宝贵意见、建议，请您写在下面：	

ICS 83.140.30
CCS G 33

团　　体　　标　　准

T/AQB 6—2021

埋地用有机合金增强增韧管材

Organic alloy reinforced and toughened pipes for underground usage

2021-01-08 发布　　2021-01-11 实施

安徽省质量品牌促进会　发布

前　言

本文件按照GB/T 1.1—2020《标准化工作导则 第1部分：标准化文件的结构和起草规则》的规定起草。

请注意本文件的某些内容可能涉及专利。本文件的发布机构不承担识别专利的责任。

本文件由安徽省产品质量监督检验研究院提出。

本文件由安徽省质量品牌促进会归口。

本文件起草单位：国机通用机械科技股份有限公司、安徽杰蓝特新材料有限公司、安徽安塑管业有限公司、安徽省生宸源材料科技实业发展股份有限公司、安徽省万联标准化研究中心、湖北大洋塑胶有限公司、安徽省产品质量监督检验研究院、安徽中环环保科技股份有限公司、中国市政工程中南设计研究总院有限公司。

本文件主要起草人：袁良月、张辉、刘俊峰、王俊海、董莉、路军虎、郭宗余、朱双四、石刚、刘俊、罗俊、范通达、聂建荣。

埋地用有机合金增强增韧管材

1 范围

本文件规定了埋地用有机合金增强增韧管材的术语和定义、符号和缩略语、产品分类、材料、管材结构与连接方式、要求、试验方法、检验规则、标志、运输、贮存。

本文件适用于以合金树脂为主要原料，加入适量的助剂加工而成的内壁光滑、外壁为封闭波纹型的管材。主要用于长期温度不超过60℃的交通、市政、农业农村排水排污、旱厕改造等工程，也可用于工业排水、排污等工程。

2 规范性引用文件

下列文件中的内容通过文中的规范性引用而构成本文件必不可少的条款。其中，注日期的引用文件，仅该日期对应的版本适用于本文件；不注日期的引用文件，其最新版本（包括所有的修改单）适用于本文件。

GB/T 1040.2 塑料 拉伸性能的测定 第2部分：模塑和挤塑塑料的试验条件

GB/T 1043.1 塑料 简支梁冲击性能的测定 第1部分：非仪器化冲击试验

GB/T 1633—2000 热塑性塑料维卡软化温度(VST)的测定

GB/T 2828.1 计数抽样检验程序 第1部分：按接收质量限(AQL)检索的逐批检验抽样计划

GB/T 2918 塑料 试样状态调节和试验的标准环境

GB/T 8806 塑料管道系统 塑料部件 尺寸的测定

GB/T 9341 塑料 弯曲性能的测定

GB/T 9345.1 塑料 灰分的测定 第1部分：通用方法

GB/T 9647 热塑性塑料管材 环刚度的测定

GB/T 14152—2001 热塑性塑料管材耐外冲击性能试验方法 时针旋转法

GB/T 18042 热塑性塑料管材蠕变比率的试验方法

GB/T 19278 热塑性塑料管材、管件与阀门 通用术语及其定义

GB/T 19466.6 塑料 差示扫描量热法(DSC)第6部分：氧化诱导时间（等温OIT）和氧化诱导温度（动态OIT）的测定

GB/T19472.1—2019 埋地用聚乙烯(PE)结构壁管道系统 第1部分：聚乙烯双壁波纹管材

GB/T 19472.2—2017 埋地用聚乙烯(PE)结构壁管道系统 第2部分：聚乙烯缠绕结构壁管材

GB/T 21873 橡胶密封件给、排水管及污水管道用接口密封圈 材料规范

3 术语和定义

GB/T 19278界定的以及下列术语和定义适用于本文件。

3.1

公称尺寸 nominal size

尺寸规格的名义值，通常是便于使用的圆整值。

3.2

公称尺寸 DN/OD nominal size DN/OD

与外径相关的公称尺寸。

3.3

公称尺寸 DN/ID nominal size DN/ID

与内径相关的公称尺寸。

3.4

外径 outside diameter

在管材上(不包括承口、插口)任一波峰最大截面测量的外直径数据。

3.5

平均外径 mean outside diameter

在管材上(不包括承口、插口)任一波峰最大截面测量的外圆周长除以 3.142(圆周率)所得的值。

3.6

平均内径 mean inside diameter

在管材(不包括承口)的同一截面处相互垂直的两个或多个内径测量值的算术平均值。

3.7

承口最小平均内径 minimum mean inside diameter of a socket

在承口的同一截面处平均内径的最小允许值。

3.8

层压壁厚 wall thickness of the inside layer(waterway wall thickness)

在管材的波纹之间管壁任一处的厚度。

3.9

内层壁厚 wall thickness of the inside layer under a hollow section

管材波纹处内壁任一处的厚度。

3.10

承口壁厚 wall thickness of a socket

管材承口任一处的厚度。

3.11

外层壁厚 wall thickness of the outside layer under a hollow section

管材外壁任一处的厚度。

3.12

承口最小接合长度 minimum length of engagement of the socket

连接密封处与承口内壁圆柱端接合长度的最小允许值。

3.13

公称环刚度 nominal ring stiffness

环刚度的名义值,通常是一个便于使用的圆整数,表示环刚度的最小规定值。

3.14

合金树脂 alloy resin

以通用树脂(PE、PP、PVC 等)为主要原料,采用共混或合成等方法改性制得的树脂。

3.15

有机合金 organic alloy

两种或两种以上聚合物通过物理共混或化学合成等方法形成的微观分相宏观均匀的多组分体系。

4 符号和缩略语

下列符号和缩略语适用于本文件。

4.1 符号

A:接合长度。

$D_{im,min}$:承口最小平均内径。

DN:公称尺寸。

DN/OD:以外径表示的公称尺寸。

DN/ID:以内径表示的公称尺寸。

d_e:外径。

d_{em}:平均外径。

d_i:内径。

d_{im}:平均内径。

e:层压壁厚。

e_1:内层壁厚。

e_2:承口壁厚。

e_3:外层壁厚。

SN:公称环刚度。

4.2 缩略语

TIR:真实冲击率(True Impact Rate)

STAPP:增强增韧合金管材(Strength and Toughness Alloy Plastic Pipes)

5 产品分类

5.1 分类

5.1.1 管材按环刚度进行等级分类,见表 1。

表 1 公称环刚度等级

等级	SN8	SN10	SN12.5	SN16
环刚度(kN/m^2)	8	10	12.5	16

5.1.2 管材按尺寸分为内径系列和外径系列,内径系列的管材尺寸用公称内径 DN/ID 表示,外径系列的管材尺寸用公称外径 DN/OD 表示。

5.2 标记方式和示例

标记方法符合如下要求：

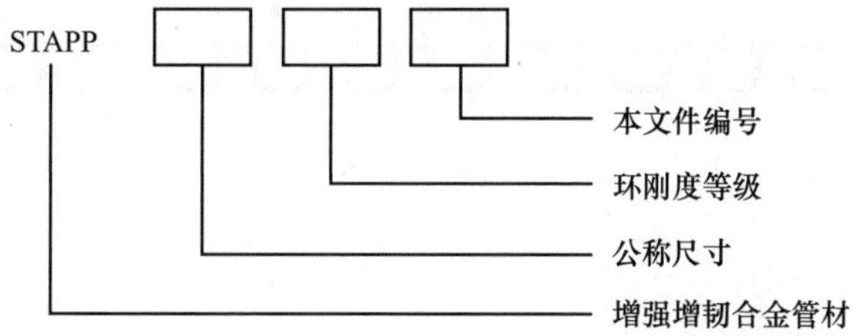

示例：公称内径为 500mm，环刚度等级为 SN8 的有机合金增强增韧管材的标记为：
STAPP DN/ID500 SN8 T/AQB 6—2021

6 材料

6.1 原材料

6.1.1 所用的原材料应以合金树脂为主要原料，可加入为提高管材加工和力学性能的其他材料。

6.1.2 合金树脂材料的性能应满足表 2 要求。

表 2 合金树脂材料的性能

项目	要求	试验方法
拉伸强度，MPa	≥25	GB/T 1040.2
断裂伸长率，%	≥350	GB/T 1040.2
简支梁缺口冲击强度(23℃、A 型缺口)，kJ/m^2	≥45	GB/T 1043.1
弯曲模量，MPa	≥1200	GB/T 9341
氧化诱导时间(200℃)，min	≥30	GB/T 19466.6
维卡软化温度(A_{50} 法)，℃	≥140	GB/T 1633
灰分，%	≤1	GB/T 9345.1

6.2 回用料

仅允许使用来自原管材生产企业生产的同种管材的清洁回用料，回用料添加量(质量分数)不应超过 5%。

6.3 弹性密封圈

弹性密封圈应符合 GB/T 21873 的要求。

7 管材结构与连接方式

7.1 管材结构

管材采用带扩口结构，如图 1 所示。

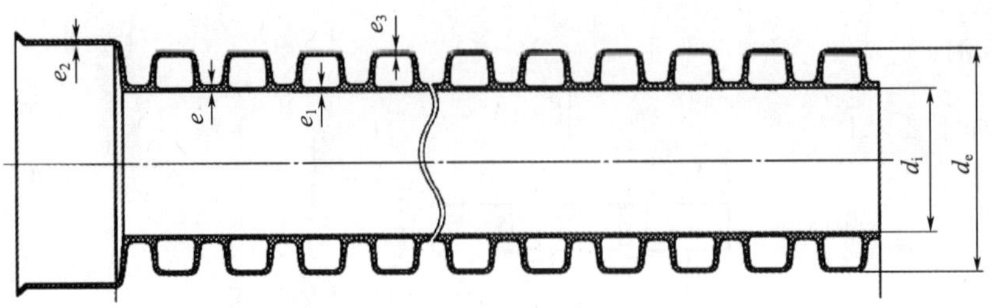

说明：

d_e——管材的外径；

d_i——管材的内径；

e——层压壁厚；

e_1——内层壁厚；

e_2——承口壁厚；

e_3——外层壁厚。

图 1　管材结构示意图

7.2　连接方式

管材采用弹性密封圈连接方式，如图 2 所示。

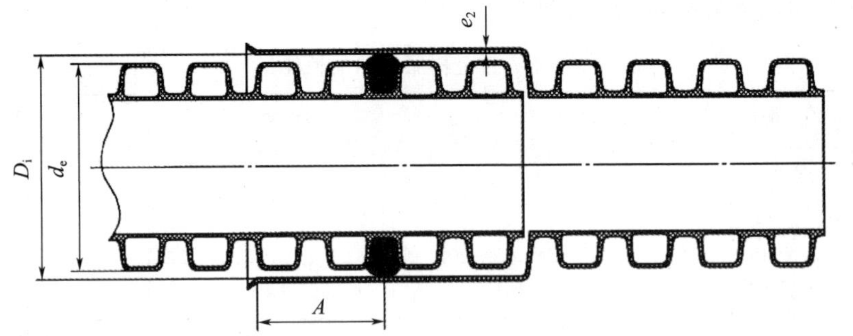

说明：

A——接合长度；

D_i——承口内径；

e_2——承口壁厚；

d_e——管材的外径。

图 2　弹性密封圈连接示意图

8　要求

8.1　颜色

管材内外层各自的颜色应均匀一致，内外层颜色一般为蓝色，其他颜色可由供需双方协商确定。

8.2　外观

管材内外壁不允许有气泡、凹陷、明显的杂质和不规则波纹等缺陷。管材的两端应平整并与轴线垂直。管材波谷区内外壁应紧密熔接，不应出现脱开现象。

8.3　规格尺寸

8.3.1　长度

管材总长度宜为 6m，其他长度由供需双方协商确定，管材长度不允许有负偏差。

8.3.2 尺寸

8.3.2.1 外径系列管材的尺寸应符合表3的规定，且承口的最小平均内径应不小于管材插入端的最大平均外径。

表3 外径系列管材的尺寸

单位：毫米

公称外径 DN/OD	最小平均外径 $d_{em,min}$	最大平均外径 $d_{em,max}$	最小平均内径 $d_{im,min}$	最小层压壁厚 e_{min}	最小内层壁厚 $e_{1,min}$	最小外层壁厚 $e_{3,min}$	最小接合长度 A_{min}
110	109.4	110.4	90	1.0	0.6	0.7	32
160	159.1	160.5	134	1.2	0.6	0.8	42

8.3.2.2 内径系列管材的尺寸应符合表4的规定，且承口的最小平均内径应不小于管材插入端的最大平均外径。

表4 内径系列管材的尺寸

单位：毫米

公称内径 DN/ID	最小平均内径 $d_{im,min}$	最小层压壁厚 e_{min}	最小内层壁厚 $e_{1,min}$	最小外层壁厚 $e_{3,min}$	最小接合长度 A_{min}
200	193	1.4	1.0	0.9	54
225	220	1.6	1.0	0.9	55
300	292	2.0	1.0	0.9	64
400	390	2.1	1.5	1.2	74
500	490	2.5	1.7	1.5	85
600	588	3.3	2.0	2.1	96
800	785	4.0	2.2	2.4	118

8.3.2.3 管材的最小承口壁厚 $e_{2,min}$ 应不小于管材最小层压壁厚 e_{min} 的1.5倍。

8.4 物理力学性能

管材的物理力学性能应符合表5的规定。

表5 管材的物理力学性能

项目		要求
环刚度/(kN/m^2)	SN8	≥8
	SN10	≥10
	SN12.5	≥12.5
	SN16	≥16
冲击性能(TIR)/%		≤10
环柔性		管材无破裂，两壁无脱开，试验结束后1h时，内径保持率≥90%
烘箱试验		无分层、无开裂
维卡软化温度/℃		≥140
灰分/%		≤1
氧化诱导时间/min		≥30
蠕变比率		≤4

8.5 系统的适用性

管材采用弹性密封圈连接时，应进行系统适用性的试验并符合表6的要求。

表 6　系统的适用性要求

试验条件	项目	要求
条件 B:径向变形 连接密封处变形 5% 管材变形 10% 温度(23±2)℃	内部静液压(15min)0.05MPa	不泄漏
	内部负气压(15min)−0.03MPa	≤−0.027MPa
条件 C:角度偏差 d_e≤315mm:2° 315mm<d_e≤630mm:1.5° 630mm<d_e:1° 温度(23±2)℃	内部静液压(15min)0.05MPa	不泄漏
	内部负气压(15min)−0.03MPa	≤−0.027MPa

9　试验方法

9.1　状态调节和试验环境

除另有规定外,试样应按 GB/T 2918 的规定,在(23±2)℃环境中进行状态调节和试验,状态调节时间应不少于 24h。其中,公称尺寸大于 600mm 的管材试样,状态调节时间应不少于 48h。

9.2　颜色、外观

目测,必要时可用光源照射。

9.3　规格尺寸

9.3.1　长度

按 GB/T 8806 的规定执行,用精度不低于 1mm 的量具测量。

9.3.2　平均外径

按 GB/T 8806 的规定执行。

9.3.3　平均内径

按 GB/T 8806 的规定执行,分别测量管材同一断面相互垂直的两内径,以两内径的算术平均值作为管材的平均内径。

9.3.4　壁厚

按 GB/T 8806 的规定执行,将管材沿圆周进行不少于四等份的切割,测量层压壁厚、内层壁厚和外层壁厚,读取最小值。

9.3.5　结合长度

用精度不低于 1mm 的量具测量接合长度。

9.3.6　承口平均内径

按 GB/T 8806 的规定执行,测量承口相互垂直的两内径,以两内径的算术平均值作为测量结果。

9.3.7　承口壁厚

按 GB/T 8806 的规定执行,读取最小值。

9.4　环刚度

按 GB/T 9647 的规定执行,取样时切割点应在波谷的中间。

9.5 冲击性能

9.5.1 试样

管材公称尺寸不大于500mm时，按GB/T 14152—2001的规定取样；公称尺寸大于500mm时，可切块进行试验，试块尺寸为：长度(200±10)mm，内弦长(300±10)mm，试验时试样块应外表面圆弧向上，两端水平放置在底板上，冲击点应保证为波纹的顶端。

9.5.2 试验步骤

试验按GB/T 14152—2001的规定执行，试验温度为(0±1)℃，落锤质量和冲击高度见表7。

表7 落锤质量和冲击高度

公称尺寸/mm	落锤质量/kg	冲击高度/mm
DN≤110	1.0	1600
110<DN≤160	2.0	2000
160<DN≤200	3.2	2000
DN>200	7.5	2000

9.5.3 判定

目测，试样经冲击产生裂纹、裂缝或试样破碎为试样破坏。根据试样破坏数对照GB/T 14152—2001的图2或表5判定TIR值。

9.6 环柔性

按GB/T 9647的规定执行，取样时切割点应在波谷的中间。试样的两条合模线所在平面应垂直于压缩方向，当试样在垂直方向外径变形量为原外径的40%时立即卸荷，观察试样有无破裂，两壁有无脱开。试验结束后1h时，测量试样压缩方向内径，计算内径保持率。

9.7 烘箱试验

按GB/T 19472.1—2019中8.7的规定执行。

9.8 维卡软化温度

按GB/T 1633—2000中A_{50}法的规定执行，内外壁分别测定。

9.9 灰分

按GB/T 19472.2—2017中8.6的规定执行，试验温度为(850±50)℃。

9.10 氧化诱导时间

按GB/T 19466.6的规定执行，试验温度为200℃，内外壁分别测定，将原始表面朝上进行试验，试验数量分别为3个，取最小值。

9.11 蠕变比率

按GB/T 18042的规定执行，试验条件为(23±2)℃，计算并外推至两年的蠕变比率。

9.12 系统的适用性

按GB/T 19472.1—2019中8.11的规定执行。

10 检验规则

10.1 组批

同一批原料、同一配方和工艺情况下生产的同一规格管材为一批，管材公称尺寸不大于 500mm 时，每批数量不超过 60t，如生产数量少，生产 7 天尚不足 60t，则以 7 天产量为一批；管材公称尺寸大于 500mm 时，每批数量不超过 300t，如生产数量少，生产 30 天尚不足 300t，则以 30 天产量为一批。

10.2 出厂检验

10.2.1 出厂检验项目为 8.1～8.3 和表 5 中的环刚度、冲击性能、环柔性、灰分和氧化诱导时间。

10.2.2 8.1～8.3 中除层压壁厚、内层壁厚和外层壁厚外检验按 GB/T 2828.1 进行抽样，采用一次正常抽样方案，取一般检验水平 I，接收质量限(AQL)4.0，抽样方案见表 8。

表 8 抽样方案

单位：根

批量 N	样本大小 n	接收数 Ac	拒收数 Re
2～15	2	0	1
16～25	3	0	1
26～90	5	0	1
91～150	8	1	2
151～280	13	1	2
281～500	20	2	3
501～1200	32	3	4
1201～3200	50	5	6
3201～10000	80	7	8

10.2.3 在按 10.2.2 抽样检查合格的样品中，随机抽取样品，进行 8.4 中的环刚度、冲击性能、环柔性、灰分和氧化诱导时间试验；并按 9.3.4 要求分别不少于三次对 8.3 中的层压壁厚、内层壁厚和外层壁厚进行测量，取最小值。

10.3 形式检验

型式检验项目为第 8 章规定的全部技术要求项目。一般情况下，每隔两年进行一次型式检验，若有下列情况之一，也应进行型式检验：

a） 新产品或老产品转厂生产的试制定型鉴定；

b） 结构、材料、工艺有较大变动，可能影响产品性能时；

c） 停产一年以上恢复生产时；

d） 出厂检验结果与上次型式检验结果有较大差异时。

10.4 判定规则

8.1～8.3 中除层压壁厚、内层壁厚和外层壁厚外，任一项不符合表 8 的规定时，判该批为不合格。8.3 中的层压壁厚、内层壁厚和外层壁厚，8.4 中的环刚度、冲击性能、环柔性、灰分和氧化诱导时间有一项达不到指标时，再按 10.2.2 抽取方案抽取的合格样品中再抽取双倍样品进行该项的复检，如仍不合格，判该批为不合格批。

11 标志、运输、贮存

11.1 标志

每根管材在波峰上至少有一处永久性标志，标志应包含以下内容：产品名称、材料代号、公称尺寸、环刚度等级、本文件编号、生产厂名（厂名可缩写）。

11.2 运输

管材在装卸运输时，不应受到剧烈撞击、抛摔和重压。

11.3 贮存

管材存放场地应平整，堆放应整齐，堆放高度不应超过 4m，远离热源，不得暴晒。

ICS 83.140.30
CCS G 33

团 体 标 准

T/AQB 7—2021

埋地用有机合金增强增韧缠绕结构壁管材

Organic alloy reinforced and toughened enwound structure-wall pipes for underground usage

2021-01-08 发布　　2021-01-11 实施

安徽省质量品牌促进会　发布

前　言

本文件按照 GB/T 1.1—2020《标准化工作导则 第1部分：标准化文件的结构和起草规则》的规定起草。

请注意本文件的某些内容可能涉及专利。本文件的发布机构不承担识别专利的责任。

本文件由安徽省产品质量监督检验研究院提出。

本文件由安徽省质量品牌促进会归口。

本文件起草单位：国机通用机械科技股份有限公司、安徽杰蓝特新材料有限公司、安徽安塑管业有限公司、安徽省生宸源材料科技实业发展股份有限公司、安徽省万联标准化研究中心、湖北大洋塑胶有限公司、安徽省产品质量监督检验研究院、安徽中环环保科技股份有限公司、中国市政工程中南设计研究总院有限公司。

本文件主要起草人：袁良月、张辉、刘俊峰、王俊海、董莉、路军虎、郭宗余、朱双四、石刚、刘俊、罗俊、范通达、聂建荣。

埋地用有机合金增强增韧缠绕结构壁管材

1 范围

本文件规定了埋地用有机合金增强增韧缠绕结构壁管材的术语和定义、符号和缩略语、产品分类、材料、管材结构与连接方式、要求、试验方法、检验规则、标志、运输、贮存。

本文件适用于以合金树脂为主要原料，加入适量的助剂加工而成的结构壁管材。主要用于长期温度不超过60℃的交通、市政、农业农村排水排污、旱厕改造等工程，也可用于工业排水、排污等工程。

2 规范性引用文件

下列文件中的内容通过文中的规范性引用而构成本文件必不可少的条款。其中，注日期的引用文件，仅该日期对应的版本适用于本文件；不注日期的引用文件，其最新版本（包括所有的修改单）适用于本文件。

GB/T 1040.2 塑料 拉伸性能的测定 第2部分：模塑和挤塑塑料的试验条件

GB/T 1043.1 塑料 简支梁冲击性能的测定 第1部分：非仪器化冲击试验

GB/T 1633—2000 热塑性塑料维卡软化温度（VST）的测定

GB/T 2828.1 计数抽样检验程序 第1部分：按接收质量限（AQL）检索的逐批检验抽样计划

GB/T 2918 塑料 试样状态调节和试验的标准环境

GB/T 8806 塑料管道系统 塑料部件 尺寸的测定

GB/T 9341 塑料 弯曲性能的测定

GB/T 9345.1 塑料 灰分的测定 第1部分：通用方法

GB/T 9647 热塑性塑料管材 环刚度的测定

GB/T 14152—2001 热塑性塑料管材耐外冲击性能试验方法 时针旋转法

GB/T 18042 热塑性塑料管材蠕变比率的试验方法

GB/T 19278 热塑性塑料管材、管件与阀门 通用术语及其定义

GB/T 19466.6 塑料 差示扫描量热法（DSC）第6部分：氧化诱导时间（等温OIT）和氧化诱导温度（动态OIT）的测定

GB/T 19472.1—2019 埋地用聚乙烯（PE）结构壁管道系统 第1部分：聚乙烯双壁波纹管材

GB/T 19472.2—2017 埋地用聚乙烯（PE）结构壁管道系统 第2部分：聚乙烯缠绕结构壁管材

GB/T 21873 橡胶密封件 给、排水管及污水管道用接口密封圈 材料规范

3 术语和定义

GB/T 19278界定的以及下列术语和定义适用于本文件。

3.1

公称尺寸 nominal size

尺寸规格的名义值，通常是便于使用的圆整值。

3.2

公称尺寸 DN/OD nominal size DN/OD

与外径相关的公称尺寸。

3.3

公称尺寸　DN/ID　nominal size DN/ID

与内径相关的公称尺寸。

3.4

外径　outside diameter

在管材上(不包括承口、插口)任一波峰最大截面测量的外直径数据。

3.5

平均外径　mean outside diameter

在管材上(不包括承口、插口)任一波峰最大截面测量的外圆周长除以3.142(圆周率)所得的值。

3.6

平均内径　mean inside diameter

在管材(不包括承口)的同一截面处相互垂直的两个或多个内径测量值的算术平均值。

3.7

壁厚　wall thickness

在管材圆周上任一点测量的管壁厚度。

3.8

结构高度　structure height

管壁内外表面之间的径向距离。

3.9

空腔部位下内层壁厚　inner wall of the cavity part thickness

管材任一处的空腔部位下方内壁与内表面之间的壁厚。

3.10

公称环刚度　nominal ring stiffness

环刚度的名义值,通常是一个便于使用的圆整数,表示环刚度的最小规定值。

3.11

合金树脂　alloy resin

以通用树脂(PE、PP、PVC等)为主要原料,采用共混或合成等方法改性制得的树脂。

3.12

有机合金　organic alloy

两种或两种以上聚合物通过物理共混或化学合成等方法形成的微观分相宏观均匀的多组分体系。

4　符号和缩略语

下列符号和缩略语适用于本文件。

4.1 符号

DN:公称尺寸。

DN/OD:以外径表示的公称尺寸。

DN/ID:以内径表示的公称尺寸。

d_e:外径。

d_{em}:平均外径。

d_i:内径。

d_{im}:平均内径。

e:壁厚。

e_c:结构高度。

e_5:空腔部位下内层壁厚。

SN:公称环刚度。

4.2 缩略语

TIR:真实冲击率(True Impact Rate)。

STAPSP:增强增韧合金缠绕结构壁管材(Strength and Toughness Alloy Plastic Spirally Enwound Structure-Wall Pipes)。

5 产品分类

5.1 分类

5.1.1 管材按环刚度进行等级分类,见表1。

表1 公称环刚度等级

等级	SN8	SN10	SN12.5	SN16
环刚度(kN/m^2)	8	10	12.5	16

5.1.2 管材按尺寸分为内径系列和外径系列,内径系列的管材尺寸用公称内径DN/ID表示,外径系列的管材尺寸用公称外径DN/OD表示。

5.2 标记

标记方法符合如下要求:

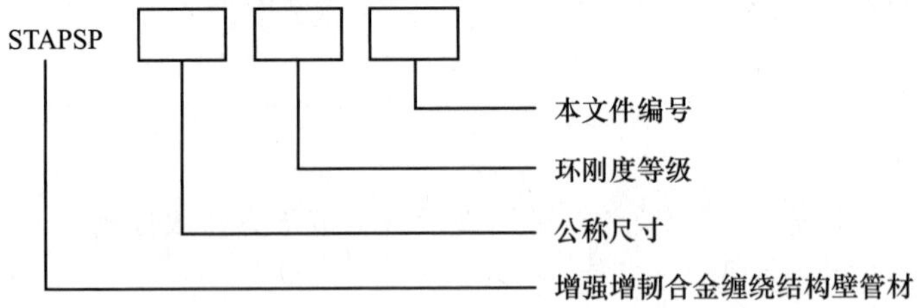

示例:公称内径为500mm,环刚度等级为SN8的有机合金增强增韧缠绕结构壁管材的标记为:
STAPSP DN/ID500 SN8 T/AQB ×-××××

6 材料

6.1 原材料

6.1.1 所用的原材料应以合金树脂为主要原料,可加入为提高管材加工和力学性能的其他材料。

6.1.2 合金树脂材料的性能应满足表 2 要求。

表 2 合金树脂材料的性能

项目	要求	试验方法
拉伸强度,MPa	≥25	GB/T 1040.2
断裂伸长率,%	≥350	GB/T 1040.2
简支梁缺口冲击强度(23℃、A 型缺口),kJ/m^2	≥45	GB/T 1043.1
弯曲模量,MPa	≥1200	GB/T 9341
氧化诱导时间(200℃),min	≥30	GB/T 19466.6
维卡软化温度(A_{50} 法),℃	≥140	GB/T 1633
灰分,%	≤1	GB/T 9345.1

6.2 回用料

仅允许使用来自原管材生产企业生产的同种管材的清洁回用料,回用料添加量(质量分数)不应超过 5%。

6.3 弹性密封圈

弹性密封圈应符合 GB/T 21873 的要求。

7 管材结构与连接方式

7.1 管材结构

管材结构如图 1 所示。

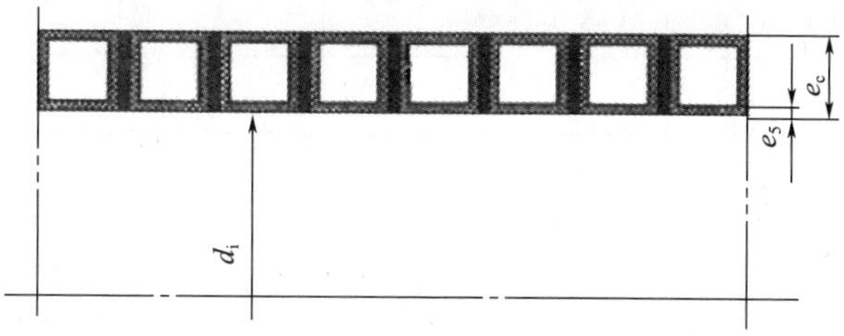

说明:

d_i——管材的内径;

e_c——结构高度;

e_5——空腔部位下内层壁厚。

图 1 管材结构示意图

7.2 连接方式

管材采用弹性密封圈连接方式,如图 2 所示。

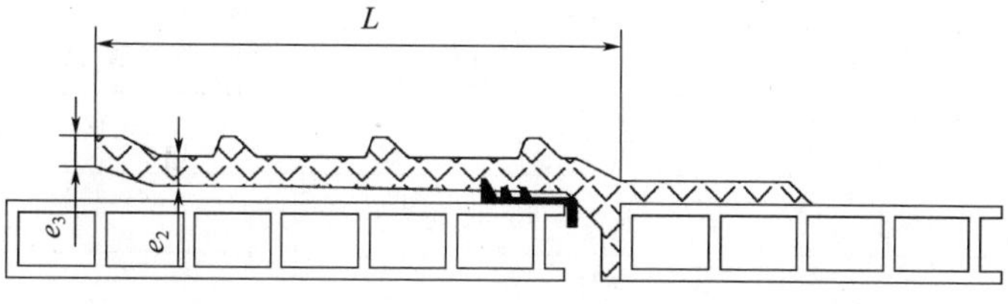

说明:

e_2——承口壁厚;

e_3——密封件部位的壁厚;

L——弹性密封连接接合长度。

图 2 弹性密封圈连接示意图

8 要求

8.1 颜色

管材的颜色应均匀一致，颜色一般为蓝色，其他颜色可由供需双方协商确定。

8.2 外观

管材内外表面应平整，色泽应均匀，内外壁应无气泡和可见杂质，熔缝无脱开。切割后的断面应平整，无毛刺。

8.3 规格尺寸

8.3.1 长度

管材总长度宜为6m，其他长度由供需双方协商确定，管材长度不允许有负偏差。

8.3.2 尺寸

8.3.2.1 外径系列管材的尺寸应符合表3的规定。

表3 外径系列管材的尺寸

单位：毫米

公称外径 DN/OD	最小平均外径 $d_{em,min}$	最大平均外径 $d_{em,max}$	最小平均内径 $d_{im,min}$	空腔部位下最小内层壁厚 $e_{5,min}$
200	198	200	182	1.1
315	311	313	288	1.6
450	444	446	405	2.0
630	624	626	590	3.2

8.3.2.2 内径系列管材的尺寸应符合表4的规定。

表4 内径系列管材的尺寸

单位：毫米

公称内径 DN/ID	最小平均内径 $d_{im,min}$	空腔部位下最小内层壁厚 $e_{5,min}$
200	195	1.1
225	220	1.3
250	245	1.5
300	294	1.7
400	392	2.3
500	490	3.0
600	588	3.5
800	785	4.5
1000	985	5.0
1200	1185	5.0

8.4 物理力学性能

管材的物理力学性能应符合表5的规定。

表 5　管材的物理力学性能

项目		要求
环刚度/(kN/m^2)	SN8	≥8
	SN10	≥10
	SN12.5	≥12.5
	SN16	≥16
冲击性能(TIR)/%		≤10
环柔性		试样圆滑，无反向弯曲，无破裂，试验结束后 1h 时，内径保持率≥85%
纵向回缩率		≤3%，管材应无分层、无开裂
维卡软化温度/℃		≥140
灰分/%		≤1
氧化诱导时间/min		≥30
熔接处的拉伸力/N	DN≤300	≥380
	300<DN≤500	≥510
	500<DN≤700	≥760
	700<DN≤1200	≥1020
蠕变比率		≤4

8.5　系统的适用性

管材采用弹性密封圈连接时，应进行系统适用性的试验并符合表 6 的要求。

表 6　系统的适用性要求

试验条件	项目	要求
条件 B：径向变形 连接密封处变形 5% 管材变形 10% 温度(23±2)℃	内部静液压(15min)0.05MPa	不泄漏
	内部负气压(15min)−0.03MPa	≤−0.027MPa
条件 C：角度偏差 d_e≤315mm：2° 315mm<d_e≤630mm：1.5° 630mm<d_e：1° 温度(23±2)℃	内部静液压(15min)0.05MPa	不泄漏
	内部负气压(15min)−0.03MPa	≤−0.027MPa

9　试验方法

9.1　状态调节和试验环境

除另有规定外，试样应按 GB/T 2918 的规定，在(23±2)℃环境中进行状态调节和试验，状态调节时间应不少于 24h。其中，公称尺寸大于 600mm 的管材试样，状态调节时间应不少于 48h。

9.2　颜色、外观

目测，必要时可用光源照射。

9.3 规格尺寸

9.3.1 长度

按 GB/T 8806 的规定执行，用精度不低于 1mm 的量具测量。

9.3.2 平均外径

按 GB/T 8806 的规定执行。

9.3.3 平均内径

按 GB/T 8806 的规定执行，分别测量管材同一断面相互垂直的两内径，以两内径的算术平均值作为管材的平均内径。

9.3.4 壁厚

按 GB/T 8806 的规定执行，将管材沿圆周进行不少于四等份的切割，测量壁厚，读取最小值。

9.4 环刚度

按 GB/T 9647 的规定执行，管材公称尺寸大于 500mm 时，从管材上截取一个试样，旋转 120°试验一次，取 3 次试验结果的算术平均值。

9.5 冲击性能

9.5.1 试样

管材公称尺寸不大于 500mm 时，按 GB/T 14152—2001 的规定取样；公称尺寸大于 500mm 时，可切块进行试验，试块尺寸为：长度（200±10）mm，内弦长（300±10）mm，试验时试样块应外表面圆弧向上，两端水平放置在底板上。

9.5.2 试验步骤

试验按 GB/T 14152—2001 的规定执行，试验温度为（0±1）℃，锤头为 d90 型，落锤质量和冲击高度见表 7。

表 7 落锤质量和冲击高度

公称尺寸/mm	落锤质量/kg	冲击高度/mm
DN≤200	10	1000
DN>200	12.5	1000

9.5.3 判定

目测，试样经冲击产生裂纹、裂缝或试样破碎为试样破坏。根据试样破坏数对照 GB/T 14152—2001 的图 2 或表 5 判定 TIR 值。

9.6 环柔性

按 GB/T 9647 的规定执行，当试样在垂直方向外径变形量为原外径的 40%时立即卸荷，观察试样是否圆滑，有无反向弯曲，是否破裂。试验结束后 1h 时，测量试样压缩方向内径，计算内径保持率。

9.7 纵向回缩率

按 GB/T 19472.2—2017 标准中 8.4 条的规定执行，试验温度为（110±2）℃，空腔部位下内层壁厚 e_5 不大于 8mm 时，试验时间为 30min，空腔部位下内层壁厚 e_5 大于 8mm 时，试验时间为 60min。

9.8 维卡软化温度

按 GB/T 1633—2000 中 A50 法的规定执行。

9.9 灰分

按 GB/T 19472.2—2017 标准中 8.6 条的规定执行，试验温度为(850±50)℃。

9.10 氧化诱导时间

按 GB/T 19466.6 的规定执行，试验温度为 200℃，将原始表面朝上进行试验，试验数量分别为 3 个，取最小值。

9.11 熔接处的拉伸力

按 GB/T 19472.2—2017 标准中 8.13 条的规定执行。

9.12 蠕变比率

按 GB/T 18042 的规定执行，试验条件为(23±2)℃，计算并外推至两年的蠕变比率。

9.13 系统的适用性

按 GB/T 19472.1—2019 标准中 8.11 条的规定执行。

10 检验规则

10.1 组批

同一批原料、同一配方和工艺情况下生产的同一规格管材为一批，管材公称尺寸不大于 500mm 时，每批数量不超过 60t，如生产数量少，生产 7 天尚不足 60t，则以 7 天产量为一批；管材公称尺寸大于 500mm 时，每批数量不超过 300t，如生产数量少，生产 30 天尚不足 300t，则以 30 天产量为一批。

10.2 出厂检验

10.2.1 出厂检验项目为 8.1～8.3 条和表 5 中的环刚度、冲击性能、环柔性、灰分、氧化诱导时间和熔接处的拉伸力。

10.2.2 8.1～8.3 条按 GB/T 2828.1 进行抽样，采用一次正常抽样方案，取一般检验水平 I，接收质量限(AQL)4.0，抽样方案见表 8。

表 8 抽样方案

单位：根

批量 N	样本大小 n	接收数 Ac	拒收数 Re
2～15	2	0	1
16～25	3	0	1
26～90	5	0	1
91～150	8	1	2
151～280	13	1	2
281～500	20	2	3
501～1200	32	3	4
1201～3200	50	5	6
3201～10000	80	7	8

10.2.3 在按 10.2.2 抽样检查合格的样品中，随机抽取样品，进行 8.4 条中的环刚度、冲击性能、环柔性、灰分、氧化诱导时间和熔接处的拉伸力试验。

10.3 型式检验

型式检验项目为第8章规定的全部技术要求项目。一般情况下，每隔两年进行一次型式检验，若有下列情况之一，也应进行型式检验：

a） 新产品或老产品转厂生产的试制定型鉴定；

b） 结构、材料、工艺有较大变动，可能影响产品性能时；

c） 停产一年以上恢复生产时；

d） 出厂检验结果与上次型式检验结果有较大差异时。

10.4 判定规则

8.1～8.3条按表8进行判定。8.4条中的环刚度、冲击性能、环柔性、灰分、氧化诱导时间和熔接处的拉伸力试验有一项达不到指标时，再按10.2.2抽取方案抽取的合格样品中再抽取双倍样品进行该项的复检，如仍不合格，判该批为不合格批。

11 标志、运输、贮存

11.1 标志

每根管材在外表面上至少有一处永久性标志，标志应包含以下内容：产品名称、材料代号、公称尺寸、环刚度等级、本标准编号、生产厂名（厂名可缩写）。

11.2 运输

管材在装卸运输时，不应受到剧烈撞击、抛摔和重压。

11.3 贮存

管材存放场地应平整，堆放应整齐，堆放高度不应超过4m，远离热源，不得暴晒。

ICS 91.040.10
CCS P 00/09

团 体 标 准

T/AQB 8—2021

消费体验馆评价规范

Evaluation specification of consumer experience museum

2021-06-22 发布 2021-06-22 实施

安徽省质量品牌促进会
安徽省消费者权益保护委员会 发布

前　言

本文件按照GB/T 1.1—2020《标准化工作导则 第1部分:标准化文件的结构和起草规则》的规定起草。

请注意本文件的某些内容可能涉及专利。本文件的发布机制不承担识别专利的责任。

本文件由安徽省消费者权益保护委员会提出。

本文件由安徽省消费者权益保护委员会归口。

本文件起草单位:安徽省万联标准化研究中心、安徽省消费者权益保护委员会、安徽省质量认证咨询中心、谢裕大茶叶股份有限公司、安徽青松食品有限公司、黄山市胡兴堂文化发展有限公司。

本文件主要起草人:丁涛、刘心德、胡茵、龚孝燕、张鸿、俞靖雯、刘文娟、谢明之、林清、胡国训。

消费体验馆评价规范

1 范围

本文件规定了消费体验馆评价的术语和定义、分类、基本要求、管理要求、评价、监督和动态管理。

本文件适用于消费者权益保护组织、第三方机构、企业内部对消费体验馆的评价。

2 规范性引用文件

下列文件中的内容通过文中的规范性引用而构成本文件必不可少的条款。其中，注日期的引用文件，仅该日期对应的版本适用于本文件；不注日期的引用文件，其最新版本(包括所有的修改单)适用于本文件。

GB 2894　安全标志及其使用导则

GB 13495.1　消防安全标志　第1部分：标志

GB/T 17242　投诉处理指南

GB/T 18883　室内空气质量标准

GB/T 19001　质量管理体系　要求

GB/T 24001　环境管理体系　要求及使用指南

GB/T 45001　职业健康安全管理体系要求及使用指南

GB 50034　建筑照明设计标准

GB/T 50140　建筑灭火器配置设计规范

GB/T 50222　建筑内部装修设计防火规范

GA 654—2006　人员密集场所消防安全管理

LB/T 034　景区最大承载量核定导则

DBJ50 052—2016　公共建筑节能(绿色建筑)设计标准

3 术语和定义

下列术语和定义适用于本文件。

3.1

消费体验馆　consumer experience museum

具有一定的空间和条件，能够充分展示企业文化、产品特色、服务模式，普及消费知识，体验产品制作技能，培养消费习惯，增强消费者体验感，提升满意度的沉浸式场所。

4 分类

按照功能可分为：

a)　汇聚不同厂家消费产品信息服务和体现厂家品牌形象的综合型消费体验馆；

b)　展示销售自主研发产品为主的产品型消费体验馆；

c)　基于信息化手段改造并展示传统商品为主的自由展示空间的展示型消费体验馆；

d)　传统景区、展馆、商场内改造或新建的展示创新应用场景的场景型消费体验馆。

5 基本要求

5.1 资质

5.1.1 安全设施设备配置齐全、运行良好，符合国家相关规定。

5.1.2 应满足公益性、均等性、便利性原则。

5.1.3 经营者经营证件齐全，经营商品和服务符合国家的相关规定，无违法经营行为。

5.1.4 明码标价，公平、诚信经营，规范出具正规发票。

5.1.5 具有独立法人资格或授权资格。

5.1.6 近三年内未发生重、特大安全责任事故。

5.2 环境

5.2.1 应满足城市总体规划要求。

5.2.2 应具备良好的地理位置、便利的交通条件和良好的自然环境条件，包括地形、地貌、工程地质和水文地质条件。选址应考虑自然灾害可能，与高噪声、污染源的防护距离应符合有关的安全环保规定。

5.2.3 具备可靠的电源、水源、通信等城市基础设施条件。

5.3 面积

5.3.1 建筑面积

消费体验馆建筑面积(S)可分成表1四类。

表1 消费体验馆建筑面积

建筑面积	类型
特大型消费体验馆	S≥5000㎡
大型消费体验馆	$2000m^2 \leqslant S < 5000m^2$
中型消费体验馆	$500m^2 \leqslant S < 2000m^2$
小型消费体验馆	$400m^2 \leqslant S < 500m^2$

5.3.2 展厅面积

消费体验馆展厅面积(S)可分成表2四类。

表2 消费体验馆展厅面积

展厅面积	类型
产品类型体验馆	S≥400㎡
场景类型体验馆	S≥1000㎡
展示类型体验馆	S≥1500㎡
综合类型体验馆	S≥2000㎡
注：各类消费体验馆的展厅用于消费知识教育或体验的固定面积不少于展厅面积的50%	

5.4 设施设备

5.4.1 建筑节能环保要求应符合DBJ50 052—2016的规定。

5.4.2 消费体验馆服务区安全设施设备、卫生间、开水间、特色产品专柜等配备齐全，设计、布局合理，功能有效，符合相关标准要求。

5.4.3 消费体验馆规划设施设备应包含公共活动设施、休闲设施等。

5.4.4 配套设备包含停车场、卫生间、开水供应和消费等基本服务设施。
5.4.5 各类标识牌规范,服务质量监督公示清晰、醒目,维权通道顺畅。
5.4.6 消费体验馆内应全面覆盖免费 WIFI、通讯网络。
5.4.7 具有广播告知等设施,在消费者流量较大或遇突发事件时,应能够通过广播进行疏通和引导。
5.4.8 具有防疫设施设备,能够采取相应措施,以应对疫情等因素引起的卫生、健康等安全影响。
5.4.9 宜提供智能泊车引导,应具有现金和移动支付等功能。
5.4.10 配备急救保险箱和必要的急救药品。

5.5 功能区

5.5.1 消费体验馆空间设施设备能够满足产品体验、消费、服务等需求。
5.5.2 能够提供培训、沙龙、新闻发布等辅助功能。
5.5.3 消费体验馆应至少包含核心展示区、开放体验区与功能服务区三类区域:

a) 核心展示区:可包含企业介绍区、技术介绍区、产品介绍区等;
b) 开放体验区:可包含视觉体验区、味觉体验区、感官体验区、服务体验区等;
c) 功能服务区:可包含接待区、休息区、售卖区、卫生区、库房区等。

5.6 安全

5.6.1 空气质量应符合 GB/T 18883 的规定。
5.6.2 应做好消防工作,装修及安全管理应符合 GA 654—2006、GB/T 50140 和 GB/T 50222 的规定。
5.6.3 安全标识应齐全、规范、醒目,应符合 GB 2894 和 GB 13495.1 的规定。
5.6.4 设计应适应公共活动场所人流量大的特点,应做到分区明确、布展灵活。
5.6.5 公共区域应张贴醒目的禁烟标志。
5.6.6 应具备舒适、清晰、节能、安全的光环境,符合 GB 50034 的规定,灯光布置应满足防眩光和控制干扰光的需要,配备应急照明设施。

6 管理要求

6.1 一般要求

6.1.1 管理制度

6.1.1.1 应建立完善的组织架构和管理体系,岗位设置和人力资源配置能够保证消费体验馆有效运行。
6.1.1.2 宜通过相关管理体系认证。
6.1.1.3 宜每年年初制订运营方案,并对外公开。
6.1.1.4 对外售票的消费体验馆,每月应安排相应时间(段),免费对消费者开放。
6.1.1.5 建立疫情防控制度,严格做好重点场所和公共场所疫情防控。

6.1.2 服务流程

6.1.2.1 接待服务应符合以下条件:

a) 在出入口、主要参观点等区域,公示开放时间、展厅导览图等相关信息;
b) 如因故闭馆,需及时向消费者公告闭馆信息;
c) 讲解人员的照片、编号、语种等信息以适宜的方式予以公示;
d) 通过有效手段,合理控制客流量。

6.1.2.2 咨询服务应符合以下条件:

a) 建立电话、互联网等形式的预约机制和多种形式的咨询服务,便于消费者及时了解相关信息;
b) 在开放体验区设置定点咨询服务,在人流量较大时增设咨询点。

6.1.3 服务质量评价

6.1.3.1 坚持品质安全、服务至上、信守承诺、共建共享的经营理念，营造安全放心、质量放心、价格放心、服务放心、维权放心的消费环境。建立并有效实施服务质量评价制度。

6.1.3.2 定期收集、分析消费者意见，可采取发放意见征询表、回访消费者、满意度调查等方法，了解需求及变化，采取有效措施及时改进。必要时，委托第三方开展满意度测评。

6.1.4 服务监督制度

6.1.4.1 建立服务监督制度，对消费体验馆服务工作予以监督。

6.1.4.2 对监督检查中发现的问题，应及时调查核实、公正处理和整改。调查处理结果应在规定时间内向当事人反馈，处理、整改过程记录应完整、准确，并按规定保存。

6.1.5 消费维权

6.1.5.1 畅通服务投诉渠道，及时、妥善地处理投诉，投诉档案记录完整，投诉处理应符合 GB/T 17242 的有关要求。

6.1.5.2 建立赔偿先付、企业首问责任制等保护消费者权益的机制。

6.1.6 应急预案和处理

6.1.6.1 应针对可能出现的服务风险、系统和设备故障、公共安全、火灾等制定应急预案。

6.1.6.2 宜采用定量与定性、理论与实际相结合的方法核定最大承载量、瞬时承载量和日承载量，核定原则和方法符合 LB/T 034 的规定。

6.1.6.3 成立安全事件应急处理工作小组，负责应急事件处理与报告工作。

6.1.6.4 善后处理工作，形成总结报告，追究相关责任。

6.1.6.5 处置突发事件演练一年至少一次。

6.2 运营能力

6.2.1 运营经验

消费体验馆全面正常运行时间应在 1 年以上。

6.2.2 全年客流量

6.2.2.1 综合型消费体验馆全年客流总量应不少于 100000 人次。

6.2.2.2 场景型消费体验馆全年客流总量应不少于 60000 人次。

6.2.2.3 产品型消费体验馆全年客流总量应不少于 50000 人次。

6.2.2.4 展示型消费体验馆全年客流总量应不少于 20000 人次。

6.3 服务人员

6.3.1 应接受专业知识、行为规范、应对突发事件等方面的岗位培训；国家规定需持证上岗工作人员应取得相应的资格证书。

6.3.2 应熟悉体验馆展览的主要信息和可提供的服务项目。

6.3.3 应服务规范、热情、周到。

6.3.4 应佩戴统一的工作标识，着装统一规范，整洁合体。

6.3.5 应及时解决消费者的相关问题。

6.4 服务内容

6.4.1 消费体验模式

消费体验馆应能提供方便快捷的交互体验，所提供的产品和服务应有服务人员进行讲解、现场演示、虚拟体验和交流互动等。

6.4.2 增值服务

6.4.2.1 消费体验馆应能够面向公众、学校、企业、社会团体等提供以参观、体验为主要形式的培训服务，并配备培训方案与专职讲解人员。

6.4.2.2 可将社会教育内容融入消费体验馆。

6.4.2.3 可提供研学培训、创客培训、文化旅游、沙龙活动等体验馆增值服务功能。

7 评价

7.1 评价分类

评价分为内部评价和外部评价。内部评价由消费体验馆进行，外部评价由第三方机构进行，如消费者权益保护组织。开展外部评价前应首先开展内部评价。

7.2 评价组织

7.2.1 应具有开展评价工作的评价能力和资源配置。

7.2.2 评价组的组成人员应专业结构合理，并具有相应的技术职称，分工明确。

7.2.3 外部评价机构应具有法人资格。

7.3 评价原则

公平、公开、公正、专业。

7.4 外部评价程序

7.4.1 消费体验馆开展内部评价，按照附录A进行评分，提交评分表和申报表。

7.4.2 第三方机构对消费体验馆提交的评分表、申报表及相关证据材料进行审核，符合要求后在申报表上签署意见，提交颁证机构。

7.4.3 颁证机构接到申请后，对申报材料的完整性、符合性进行书面审查，经初步审查符合要求后，组建专家组或委托第三方机构实施现场评审。

7.4.4 颁证机构对符合要求的体验馆通过媒体向社会公示（7个工作日），包括但不限于在：颁证机构、被评单位及其主管单位的官网。

7.4.5 公示结束后，对符合要求的体验馆颁发相应的等级证书。

7.4.6 评定流程图见图1。

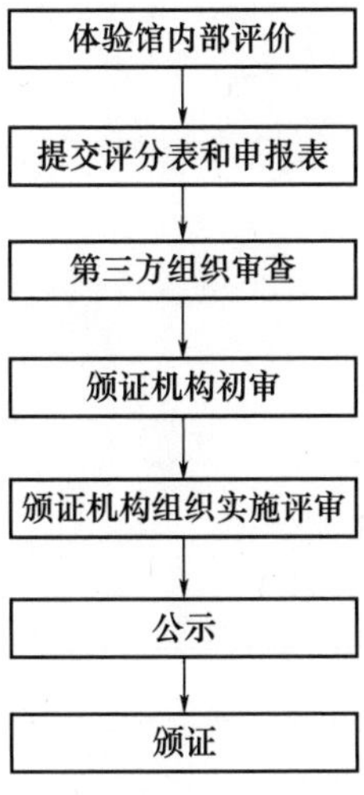

图1 消费体验馆申报与评价流程

7.5 评价等级

按照评分总分值，将消费体验馆划分为三个等级，见表3，如参评的消费体验馆近三年内存在违法违规事项、发生重大安全事故或在评价期间存在重大安全隐患等，直接给出“不合格”结论。

表3 消费体验馆评价总分值和评价等级对照表

评价总分值	评价等级
90分(含)及以上	5星级
85分(含)及以上	4星级
75分(含)及以上	3星级

7.6 结果应用

7.6.1 消费者权益保护组织可依据有关程序将评价结果向社会公示。

7.6.2 获得消费体验馆等级证书的，可作为消费体验馆免费公开服务典型进行宣传和推广。

8 监督和动态管理

8.1 消费体验馆等级证书有效期两年，如继续保持证书，需于有效期前2个月递交复核申请。

8.2 消费者权益保护组织通过舆论监测、投诉举报分析、开展消费体验、消费教育、组织评价等方式，对获得等级证书的消费体验馆进行跟踪监督。发现存在下列情形之一的，应撤销“消费体验馆”等级。

——在评价过程中弄虚作假、隐瞒真实情况的；

——因未尽到经营者法定责任导致商品质量抽检严重不合格，或发生安全责任事故(事件)造成较大社会不良影响的；

——因严重侵害消费者权益行为被行政处罚或追究刑事责任的；

——消费纠纷投诉频发且处理不及时的；

——发生重大或群体消费投诉事件影响社会稳定，造成较大社会负面影响的；

——停业或自动放弃资格的；

——其他不宜参加的情形。

附 录 A
(规范性)
消费体验馆评分指标体系表

消费体验馆评分指标体系表见表A.1。

表 A.1 消费体验馆评分指标体系表

一级指标	二级指标	三级指标	评价细则	分值
基本要求	资质	—	按5.1款要求，有任何一条不符合，均不得受理申报	
	环境	—	符合城市总体规划要求的，得1分；否则不得分	1
		—	具有良好的地理位置和便利的交通条件的，得1分；否则酌情扣分	1
		—	具有良好的自然环境条件，得1分；与高噪声、污染源的防护距离应符合有关安全卫生规定的，得1分；否则不得分	2
		—	可靠的电源、水源、通信等城市基础设施条件，满足要求的，得2分；否则酌情扣分	2
	面积	建筑面积	按5.3.1要求，建筑面积＜400㎡的，不受理申报	
		展厅面积	按5.3.2要求，展厅面积用于消费知识教育或体验的固定面积满足规定要求的，不受理申报	
			体验馆类型与体验馆面积规定相一致的，得2分；不一致的，酌情扣分，扣完为止	2
	设施设备		建筑节能环保要求符合DBJ50 052—2016规定的，得2分；有不符合的，酌情扣分，扣完为止	2
			消费体验馆相应的安全设施设备、公共活动设施、休闲等设施。如各类标识牌、服务质量监督公示、卫生间、开水间、停车场、特色产品专柜等配备齐全，设计、布局合理，功能有效，符合相关标准、规范要求，得6分；有不符合的，酌情扣分，扣完为止	6
			消费体验馆内全面覆盖了免费WIFI、通讯网络的，得1分；有不符合要求的，每项扣0.5分，扣完为止	1
			具有广播告知等设施，在消费者流量较大或遇突发事件时，应能够及时有效发挥疏通和引导作用的，得1分；无设施的不得分；有设施但有缺陷的，酌情扣分	1
			具有防疫设施设备，能够采取相应措施，有效应对疫情等因素引起的卫生、健康等安全影响的，得2分；无设施的不得分；有设施但有缺陷的，酌情扣分	2
			有智能泊车引导，现金和移动支付等功能的，得2分；缺一项扣1分，扣完为止	2
			配备急救保险箱和必要的急救药品，能够发挥应急作用的，得1分；未配备的，不得分；配备不全的，酌情扣分	1
	功能区		空间布局合理，能够满足产品体验、消费、服务等需求，能够提供培训、沙龙、新闻发布等辅助功能的，得2分。不满足要求的，每项扣0.5分，扣完为止	2
			具有核心展示区、开放体验区与功能服务区三类区域，且各区内部分区齐全的，得2分；三类功能区缺少一个的，扣1分，依次类推，扣完为止；各功能区内部区位不完善的，酌情扣分	2
	安全	环境	空气质量符合GB/T 18883相关规定的，得1分；否则不得分	1
			消防、装修及安全管理符合GA 654—2006、GB/T 50140和GB/T 50222中相关规定的，得2分；否则不得分	2
			安全标识齐全、规范、醒目，并应符合GB 2894和GB 13495.1的相关规定的，得1分；不符合要求的，酌情扣分，扣完为止	1
			分区明确、布展灵活，适应公共活动场所人流量大的特点的，得2分；不符合要求的，酌情扣分，扣完为止	2
			公共区域张贴了醒目的禁烟标志的，得1分；否则不得分	1
			光环境应舒适、清晰，符合GB 50034中的相关要求，同时配备了应急照明设施的，得2分；有不符合要求的，酌情扣分，扣完为止	2

续表

一级指标	二级指标	三级指标	评价细则	分值
管理要求	一般要求	管理制度	建立了完善的组织架构和管理体系，岗位设置和人力资源配置能够保障消费体验馆有效运行的，得 3 分；未建立组织架构的，不得分；建立了组织架构，但管理体系、职责不健全的，扣 1.5 分，其他不符合项，酌情扣分，扣完为止	3
			取得管理体系认证证书的，得 3 分；否则不得分	3
			按年度制订运营方案，且于年初对外公开的，得 1 分；未制定方案的不得分；有缺陷酌情扣分，扣完为止	1
			全年免费对消费者开放的得 6 分；每月安排免费开放时间(段)，10 天以上的得 4 分，3 天以下得 2 分；未安排的不得分；安排不适宜的，酌情扣分	6
			建立了疫情防控制度，并对重点场所和公共场所防控有效的，得 2 分；未建立制度的，不得分；建立了制度，但实施有效性不足的，酌情扣分	2
		服务流程	接待服务符合相应要求的，得 2 分；有缺项的，每一项扣 0.5 分，扣完为止，有缺陷的酌情扣分	2
			咨询服务应符合相应要求的，得 2 分；有缺项的，每一项扣 1 分，扣完为止；有缺陷的酌情扣分	2
		服务质量评价	经营理念符合相应要求，且有完整的证据，表明能够营造放心的消费环境的，得 1 分；建立并有效实施服务质量评价制度的，得 2 分；有缺项的，每一项扣 1 分，扣完为止；有缺陷的酌情扣分	3
			采取有效措施，定期收集、分析消费者意见并及时改进，取得成效的，得 2 分，实施过程有缺陷的，酌情扣分；委托第三方开展满意度测评的，得 4 分，按第三方测评指出的不足制定改进措施并实施的，得 2 分；实施过程有缺陷的，酌情扣分	8
		服务监督制度	建立了服务监督制度，并开展服务工作监督的，得 2 分；未建立制度的，不得分；实施过程有缺陷的，酌情扣分	2
			对监督检查中发现的问题，及时调查核实、公正处理和整改，并按要求形成完整记录的，得 2 分；未处理改进的，不得分；实施过程有缺陷的，酌情扣分	2
		消费维权	建立了投诉受理、处理制度的，得 1 分，畅通投诉渠道，及时、妥善地处理投诉，投诉档案记录完整，投诉处理应符合 GB/T 17242 的有关要求得的，得 3 分；实施过程有缺陷的，酌情扣分	3
			建立了赔偿先付、企业首问责任制等保护消费者权益的机制并有效落实的，得 3 分；未建立机制的，不得分；建立了机制，但实施过程有缺陷的，酌情扣分	3
		应急预案和处理	制定了应急预案，且满足相应要求的，得 1.5 分；制定了应急预案，但有缺陷的，酌情扣分；未制定应急预案的，不得分	1.5
			采取有效方法核定相应游客承载量，且符合 LB/T 034 规定的，得 1 分；未核定的，不得分；核定了，但有缺陷的，酌情扣分	1
			成立了安全事件应急处理工作小组，并能够有效履行职责的，得 1.5 分；未成立工作小组的，不得分；成立了工作小组，但履行职责有效性不足的，酌情扣分	1.5
			应急事件善后处理工作，形成了总结报告，并进行责任追究的，得 1 分；未有效实施的，酌情扣分，扣完为止	1
			突发事件处置演练按年实施的，得 1 分；未按年实施的，不得分；按年实施，但实施过程有缺陷的，酌情扣分	1
	运营能力	运营经验	消费体验馆全面正常运行时间有 1 年以上的经验，否则，不得受理申报	
		全年客流量	满足 6.2.2 款对应体验馆类型全年客流量的，得 2 分；否则，不得分	2
	服务人员		应按要求，接受专业知识、行为规范、应对突发事件等方面的岗位培训的，得 1 分；国家规定需持证上岗工作人员应取得相应的资格证书的，得 1 分(国家无要求的，此项自动得 1 分)；有缺项的，每缺一项扣 0.5 分，扣完为止；实施过程不完善的，酌情扣分	2
			熟悉体验馆展览的主要信息和可提供的服务项目的，得 1 分；有不足的，酌情扣分，扣完为止	1
			服务行为符合相应要求的，得 2 分；有缺陷的，酌情扣分，扣完为止	2

续表

一级指标	二级指标	三级指标	评价细则	分值
管理要求	服务人员		佩戴统一的工作标识,着装统一规范,整洁合体的,得1分;有缺陷的,酌情扣分,扣完为止	1
			能及时解决消费者的相关问题的,得1分;有缺陷的,酌情扣分,扣完为止	1
	服务要求	消费体验模式	体验模式能够按照相应要求,便捷完整、充分展示、有效提供的,得1分;有缺陷的,酌情扣分,扣完为止	1
		增值服务	配备了专职讲解人员,有完整的培训方案,能够面向各类群体,提供服务的,得2分;有缺陷的,酌情扣分,扣完为止	2
			社会教育内容融入了消费体验馆并效果较好的得4分,否则不得分;有缺陷的,酌情扣分,扣完为止	4
			能够提供研学培训、创客培训、文化旅游、沙龙活动等体验馆增值服务功能的,每项得0.5分,满2分止	2
加分项	获得表彰情况		获得国家政府部门荣誉的得5分;获得省级政府部门荣誉的得4分;获得地市级政府部门荣誉的得3分;获得区县级政府荣誉的得2分。同时获得2项以上荣誉的,按最高得分计,不累加计分	5

附 录 B
(资料性)
消费体验馆评价申报表

消费体验馆评价申报表见表 B.1。

表 B.1 消费体验馆评价申报表

<table>
<tr><td>申报单位(公章)</td><td colspan="2"></td><td>负责人</td><td colspan="2"></td></tr>
<tr><td>场馆地址</td><td colspan="2"></td><td>电话</td><td colspan="2"></td></tr>
<tr><td>联系人</td><td></td><td>电话</td><td></td><td>邮箱</td><td></td></tr>
<tr><td>总占地面积</td><td colspan="2">m^2</td><td>建馆时间</td><td colspan="2"></td></tr>
<tr><td>展示面积</td><td colspan="2">m^2</td><td>开放方式</td><td colspan="2">□收费 □免费</td></tr>
<tr><td>年开放时长(天)</td><td colspan="2"></td><td>参观人数</td><td colspan="2">人(次)/上年度</td></tr>
<tr><td>场馆简介</td><td colspan="5">(包括文字、照片 300 字左右,可另附)</td></tr>
<tr><td>企业所获得荣誉
(市级以上)</td><td colspan="5">(可另附)</td></tr>
<tr><td>场馆已获得命名情况
(称号、命名单位、命名时间)</td><td colspan="5">(可另附)</td></tr>
<tr><td colspan="6">企业承诺:

该商品和服务近三年内未发生重、特大安全责任事故等情况。

(单位公章)

年 月 日</td></tr>
</table>

ICS 03.120.10
CCS A 16

团 体 标 准

T/AQB 9—2021

安徽特色伴手礼评选规范

Selection criteria of best characeristic goods representing Anhui

2021-11-4 发布 2021-11-11 实施

安徽省质量品牌促进会
安徽省消费者权益保护委员会 发布

目　次

前言 …… 79
1　范围 …… 80
2　规范性引用文件 …… 80
3　术语和定义 …… 80
4　评选组织 …… 80
5　申报评选 …… 80
　5.1　基本原则 …… 80
　5.2　申报条件 …… 81
　5.3　优选条件 …… 81
　5.4　评选程序 …… 81
6　标识使用 …… 82
7　动态管理 …… 83
附录A　(资料性)"安徽特色伴手礼"评选申报表 …… 84
附录B　(资料性)"安徽特色伴手礼"评选推荐表 …… 85
附录C　(资料性)"安徽特色伴手礼"参评商品优选评选表 …… 86
附录D　(资料性)"安徽特色伴手礼"续评申请表 …… 87

前　言

本文件按照GB/T 1.1—2020《标准化工作导则 第1部分：标准化文件的结构和起草规则》的规定起草。

请注意本文件的某些内容可能涉及专利。本文件的发布机构不承担识别专利的责任。

本文件由安徽省消费者权益保护委员会提出并归口。

本文件起草单位：安徽省万联标准化研究中心、安徽省消费者权益保护委员会、安徽省老字号企业协会、阿里巴巴（中国）有限公司、北京微播视界科技有限公司、安徽肥肥网络传媒有限责任公司。

本文件主要起草人：吴瑞卿、刘心德、陈艳艳、胡茵、汪海、孙雪峰、陈妍妍、俞靖雯。

安徽特色伴手礼评选规范

1 范围

本文件规定了安徽特色伴手礼的术语和定义、组织管理、申报评选、标识使用和动态管理。

本文件适用于安徽特色伴手礼评选的管理。

2 规范性引用文件

本文件没有规范性引用文件。

3 术语和定义

下列术语和定义适用于本文件。

3.1

安徽特色伴手礼 best characeristic goods representing Anhui

具有地域、科技、文化、品质、时尚、放心等优势，认可度高、方便携带的，由安徽出品的商品。

4 评选组织

4.1 安徽省消费者权益保护委员会（以下简称“省消保委”）制定安徽特色伴手礼评选相关工作制度，负责统筹安徽特色伴手礼评选和管理工作。

4.2 市级消费者权益保护委员会（以下简称“市级消保委”）负责组织开展安徽特色伴手礼的征集申报和初评（审）送选工作。

4.3 市级消保委负责统筹开展市级特色伴手礼评选和管理工作，方法依照本标准。

4.4 省消保委应对安徽特色伴手礼评选信息进行管理维护。

5 申报评选

5.1 基本原则

5.1.1 公平性

应提升评选工作的透明度，保证评选的公平、公正、公开，吸纳领域专家、消费者、新闻媒体参与评选，接受社会监督。

5.1.2 规范性

应按照公开发布的工作程序和有关要求开展评选，评选依据的信息内容应客观、真实、准确。

5.1.3 科学性

应科学合理设置评选内容、评价指标、评选流程等。

5.1.4 保密性

应对评选过程中涉及的企业商业、技术秘密进行保密。

5.1.5 可操作性

应对评选各环节、申报要求等进行优化，便于企业参加和评选工作开展。

5.2 申报条件

5.2.1 申报主体应为安徽注册企业，生产经营3年以上(科技类企业为2年)。

5.2.2 商标注册人与注册企业名称一致。

5.2.3 申报主体应具备相关商品生产、销售许可，商品1年内无质量抽检不合格记录。

5.2.4 申报主体应具有完善的售后服务机制，1年内无重大消费投诉。

5.2.5 申报商品为线下7日无理由退货承诺商品(不适用7日无理由退货商品除外)。

5.3 优选条件

5.3.1 地域性：拥有良好的口碑，体现安徽地域特色，展现美好安徽元素。

5.3.2 科技感：体现新兴科学技术的应用，展现科技安徽魅力。

5.3.3 文化感：具有吸引人的品牌和商品故事，能巩固、刷新对安徽文化的理解和认同。

5.3.4 品质度：生产工艺明确，质量控制点清晰，商品精良。

5.3.5 时尚感：符合当代消费者审美，具有现代感和时尚气息。

5.3.6 放心度：企业具有完善的商品质量管理和售后服务体系，符合安全放心、质量放心、价格放心、服务放心、维权放心要求。

5.3.7 便携性：包装简洁大方，体现绿色环保理念，方便携带。

5.4 评选程序

5.4.1 评选流程

评选流程主要包括征集申报、初评(审)筛选、优选评选、公布结果四个环节，如图1所示。

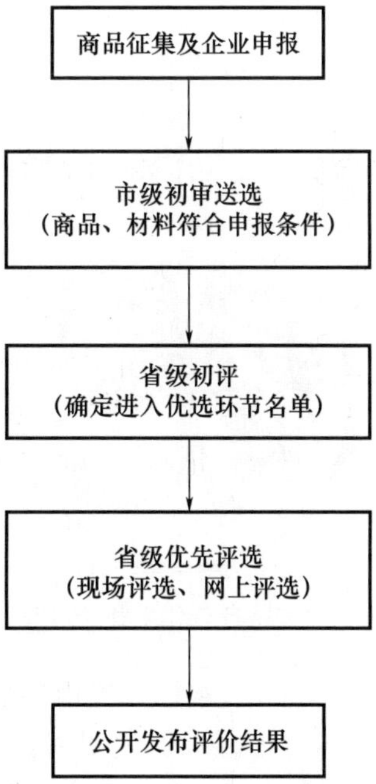

图1 评选流程图

5.4.2 征集申报

5.4.2.1 每届评选活动前需向社会发布商品征集信息，由企业自主申报。

5.4.2.2 申报材料应完整、真实、可靠，包括但不限于以下内容：

a) 《“安徽特色伴手礼”评选申报表》(参见附录 A)；

b) 营业执照、商标注册证、企业荣誉等相关资质复印件(加盖公章)；

c) 企业或商品宣传资料(图片或视频)；

d) 1 年内商品质量检验报告；

e) 1 年内无重大消费投诉承诺书；

f) 7 日无理由退换货承诺书；

g) 消费者权益保护机制；

h) 申报材料真实性承诺书。

5.4.3 初审送选

5.4.3.1 市级消保委根据本标准 5.2 的条件对企业申报的商品和材料进行初审。

5.4.3.2 市级消保委汇总形成《“安徽特色伴手礼”评选推荐表》(参见附录 B)报省消保委。

5.4.4 省级初评

5.4.4.1 省消保委根据本标准 5.2 的条件对市级消保委推荐的参评商品进行初评，确定进入优选评选阶段的商品。

5.4.4.2 获得市级特色伴手礼的商品可直接进入优选评选阶段。

5.4.5 优选评选

5.4.5.1 “安徽特色伴手礼”优选评选期间应多渠道开展网上评选。

5.4.5.2 省消保委组织相关行业专家、消费者代表组成专家组，依据 5.3 优选条件的要求，按照《“安徽特色伴手礼”优选评选表》(参见附录 C)对进入优选评选阶段的商品进行现场评选。

5.4.5.3 根据现场评选和网上评选的结果，综合评估后确定“安徽特色伴手礼”名录。

5.4.6 公布结果

省消保委通过官方网站向社会公开发布评选结果。

6 标识使用

6.1 “安徽特色伴手礼”采用统一的图文标识，标识由图形和文字构成，如图 2 所示。

图 2 “安徽特色伴手礼”专用标识

6.2 入选“安徽特色伴手礼”的商品可使用本标识，本标识使用年限为 3 年，自评选结果发布之日起计算。

6.3 企业可按规定自行负责制作、印刷在其包装、装潢、说明书、广告宣传以及有关材料中，标识图形可根据规定的式样，按比例放大或缩小，不得更改图形的比例关系。

6.4 企业使用标识的商品应保证与参评商品在包装、材料、工艺、配方、质量等方面保持完全一致。

6.5 “安徽特色伴手礼”专用标识使用期满的商品，企业可自愿向省消保委提报续评申请表(参见附录 D)，经确认符合审查要求的，可继续使用“安徽特色伴手礼”专用标识，逾期未申报的不得继续使用。

7 动态管理

7.1 省、市两级消保委应通过舆论检测、投诉分析、社会监督、消费者满意度调查等方式，对获评安徽特色伴手礼商品进行跟踪督查，督促企业自觉落实主体责任，不断提高商品品质和服务质量，主动接受监督。

7.2 安徽特色伴手礼评选实行全过程痕迹化管理，省、市两级消保委应建立参评企业台账档案，做到“一企一档”。

7.3 获评安徽特色伴手礼商品的企业发现存在下列情形之一的，省消保委将公告撤销其安徽特色伴手礼名录资格，并不得继续使用安徽特色伴手礼标识：

a） 在申报、评价过程中弄虚作假、隐瞒真实情况的；

b） 因失信违法行为被列入有关部门“黑名单”的；

c） 因未尽到经营者法定责任导致商品质量抽检严重不合格，或发生安全责任事故（事件）造成较大社会不良影响的；

d） 因严重侵害消费者权益行为被行政处罚或追究刑事责任的；

e） 消费纠纷投诉频发且处理不主动不及时；

f） 发生重大或群体性消费投诉事件影响社会稳定的；

g） 停业或自动放弃资格的；

h） 其他不宜参加的情形。

7.4 被撤销资格的企业2年内不得参与安徽特色伴手礼评选。

附　录　A
（资料性）
“安徽特色伴手礼”评选申报表

“安徽特色伴手礼”评选申报表见表A.1。

表A.1　“安徽特色伴手礼”评选申报表

<table>
<tr><td>企业名称</td><td></td><td>联系人</td><td></td></tr>
<tr><td>企业地址</td><td></td><td>联系电话</td><td></td></tr>
<tr><td>商品名称</td><td></td><td>商品价格</td><td></td></tr>
<tr><td>商品图片</td><td colspan="3">（包含商品实物图和商品外包装图，可另附纸）</td></tr>
<tr><td>商品描述</td><td colspan="3">（围绕商品的历史传承、本土特色、制作工艺、创意特点、销售量等方面进行描述，200字以内，不包含企业和品牌介绍，可另附纸）</td></tr>
<tr><td>商品或企业所获荣誉
（如非遗、老字号、
地理标志商品等）</td><td colspan="3"></td></tr>
<tr><td>企业介绍</td><td colspan="3">（200字内，不包含商品介绍和品牌介绍，可另附纸）</td></tr>
<tr><td>品牌介绍</td><td colspan="3">（200字内，不包含商品介绍和企业介绍，可另附纸）</td></tr>
<tr><td colspan="4">企业承诺：

商品为线下实体店7日无理由退货承诺商品

（单位公章）</td></tr>
<tr><td>备注</td><td colspan="3"></td></tr>
</table>

附 录 B
（资料性）
“安徽特色伴手礼”评选推荐表

“安徽特色伴手礼”参评商品推荐表见表 B.1。

表 B.1 “安徽特色伴手礼”评选推荐表

序号	推荐企业	推荐商品	企业联系人及联系方式	企业近 2 年所获荣誉	备注

附 录 C
（资料性）
“安徽特色伴手礼”参评商品优选评选表

“安徽特色伴手礼”参评商品优选评选表见表 C.1。

表 C.1 “安徽特色伴手礼”参评商品优选评选表

序号	参评商品	申报单位	累计得分
评选项目	评选说明		分项得分
地域性	拥有良好的口碑，体现安徽地域特色，展现美好安徽元素。 （根据直观感受从 1～20 分中选取相应的分值）		
文化感	具有吸引人的品牌和商品故事，能巩固、刷新对安徽文化的理解和认同。 （根据直观感受从 1～15 分中选取相应的分值）		
科技感	体现新兴科学技术的应用，展现科技安徽魅力。 （根据直观感受从 1～10 分中选取相应的分值）		
时尚感	符合当代消费者审美，具有现代感和时尚气息。 （根据直观感受从 1～10 分中选取相应的分值）		
放心度	企业具有完善的商品质量管理和售后服务体系，符合安全放心、质量放心、价格放心、服务放心、维权放心要求。 （根据直观感受从 1～20 分中选取相应的分值）		
品质度	生产工艺明确，质量控制点清晰，商品精良。 （根据直观感受从 1～15 分中选取相应的分值）		
便携性	包装简洁大方，体现绿色环保理念，方便携带。 （根据直观感受从 1～10 分中选取相应的分值）		
注：获得省级以上老字号商品、非遗商品或其他国家级荣誉每个加 1 分，最高不超过 10 分。			

附 录 D
(资料性)
“安徽特色伴手礼”续评申请表

“安徽特色伴手礼”续评申请表见表D.1。

表D.1 “安徽特色伴手礼”续评申请表

<table>
<tr><td>申报单位</td><td></td><td>续评商品名称</td><td></td></tr>
<tr><td>联系人</td><td></td><td>联系电话</td><td></td></tr>
<tr><td colspan="4">应附资料</td></tr>
<tr><td colspan="4">1. 关于商品没有变化的声明
2. 伴手礼商品最新包装图片、视频
3. 上一年度商品质量检验报告
4. 其他相关材料</td></tr>
<tr><td colspan="4">企业承诺：

该商品自20××年度获评“安徽特色伴手礼”以来，未发生质量抽检不合格的情况，未发生重大消费纠纷。

（单位公章）</td></tr>
</table>

ICS 03.080.30
CCS A 12

团　体　标　准

T/AQB 10—2021

民宿服务消费纠纷多元化解工作指南

Guide to diversified settlement of home stay service consumption disputes

2021-11-1 发布　　2021-11-4 实施

安徽省质量品牌促进会
安徽省消费者权益保护委员 发布

前　言

本文件按照 GB/T 1.1—2020《标准化工作导则 第 1 部分：标准化文件的结构和起草规则》的规定起草。

本文件由池州市消费者权益保护委员会提出。

本文件由安徽省消费者权益保护委员会归口。

本文件起草单位：池州市消费者权益保护委员会、安徽省万联标准化研究中心、安庆市消费者权益保护委员会、铜陵市消费者权益保护委员会、芜湖市消费者权益保护委员会、马鞍山市消费者权益保护委员会、宣城市消费者权益保护委员会、黄山市消费者权益保护委员会、安徽省质量和标准化研究院、安徽省消费者权益保护委员会、池州市市场监督管理局、池州市文化和旅游局。

本文件主要起草人：王晓震、张立新、程勇、吴瑞卿、刘心德、喻薇莉、钟林、兰文军、吴倩、张维新、许建静、王祥云、骆正元、俞靖雯。

民宿服务消费纠纷多元化解工作指南

1 范围

本文件提供了民宿服务消费纠纷多元化解的一般原则和组织管理，以及民宿服务消费多元化解纠纷的途径、诉调联动等工作指南。

本文件适用于皖南七市(黄山、马鞍山、芜湖、宣城、铜陵、池州、安庆)民宿服务消费纠纷多元化解工作，旅游景区等其他提供旅游服务消费纠纷的多元化解工作可参照执行。

2 规范性引用文件

本文件没有规范性引用文件。

3 术语和定义

下列术语和定义适用于本文件。

3.1

消费纠纷多元化解 diversified solutions to consumer dispute

通过和解、调解、行政裁决、行政复议、仲裁、诉讼等多种方式，形成合理衔接、相互协调的化解纠纷体系，为消费者提供多样、便捷、高效化解纠纷的方式。

3.2

在线调解 online mediation

以互联网、电话、音频、视频等数字化形式，通过在线咨询、评估、预测、调解、仲裁、庭审、执行等方法，高效、便捷、专业地化解纠纷。

4 一般原则

4.1 和解优先

消费者与民宿经营者(民宿主人)在发生消费纠纷后，就与争议有关的问题进行协商，鼓励双方优先达成和解协议。

4.2 调解自愿

充分尊重消费者的选择权，在双方自愿的基础上，通过说服劝导的方式，促使双方互谅互让，达成一致。

4.3 尊重公序良俗

调解需尊重社会的存在及其发展所必需的一般秩序和一般道德。

4.4 公平公正

双方尊重事实、恪守承诺、讲究信用，善意地行使权利、履行义务，调解工作不受任何内外部的压力和影响，保障消费者的合法权益。

5 组织管理

5.1 机构

消费者就民宿服务消费纠纷可通过化解机构进行调解，化解机构的种类及其要求包括但不限于：

a) 乡镇（街道）、村（社区）等基层组织将民宿消费纠纷化解纳入工作范围，组织开展纠纷排查、分流处置、归口管理和跟踪落实工作；

b) 消费者权益保护委员会（以下简称“消保委”）可在乡镇（街道）、村（社区）设立消费维权站（点），并在站（点）内悬挂或张贴调解工作程序、调解人员工作职责、行为规范等，便于消费者了解和监督；

c) 消保委内设秘书处为其消费维权日常工作机构，负责受理、调解有关消费纠纷；

d) 工会、共青团、妇联、公安局、检察院、法院等消保委成员单位按照各自职责范围开展调解；

e) 人民调解、律师调解、行业调解等自行组织进行调解；

f) 法律法规规定的其他组织机构。

5.2 人员

5.2.1 化解机构配备的调解人员数量一般不少于2人。

5.2.2 调解人员根据要求，需培训学习与民宿服务相关的法律法规，并能熟悉、理解和运用。

5.2.3 调解人员具有较好的组织协调能力和社会活动能力，熟悉本地基本情况。

5.3 设施设备

化解机构宜配置与开展消费纠纷调解工作相适应的设施设备。

5.4 制度

建立健全民宿服务消费纠纷多元化解相关制度，完善参与化解纠纷工作机制。

6 化解纠纷途径

6.1 和解

鼓励和引导消费者和民宿经营者（民宿主人）自主和解，和解不成的，可选择本文件5.1规定的机构进行调解。

6.2 调解

6.2.1 调解机构

调解时，消费者可优先选择归属地基层组织、消费维权站（点）等机构进行调解，也可以选择其他化解机构进行调解。

6.2.2 调解形式和程序

6.2.2.1 调节分现场调解和在线调解两种形式。

6.2.2.2 现场调解遵循以下程序：

a) 受理调解的化解机构提前通知双方当事人调解的时间、地点和调解人员等；

b) 调解时，双方当事人提供身份证明或营业执照原件和复印件；

c) 委托他人参加调解的，除提供身份证明或营业执照原件和复印件外，还应提供委托书、委托人和被委托人的身份证明原件和复印件；

d) 制作消费纠纷现场调解笔录，调解笔录能真实完整地再现调解过程；

e) 现场调解达成调解协议的，及时制作调解书（调解协议已及时履行或双方同意不制作调解书的除外），调解书由双方签名盖章，并加盖调解单位印章。

6.2.2.3 在线调解遵守下列程序：

a) 鼓励民宿企业采取互联网、电话、音频、视频等在线调解方式解决消费纠纷；
b) 受理调解的化解机构组织提前通知当事人调解的时间、在线调解方式和调解人员等；
c) 当事人提供加盖公章或者本人签名的营业执照、身份证明扫描件等电子文件，委托他人参加调解的，除提供加盖公章或者本人签名的营业执照扫描件等电子文件外，还应提供委托书、委托人和被委托人的身份证明扫描件等电子文件；
d) 制作在线调解记录，调解记录能真实完整地再现在线调解过程；
e) 保留视频、音频、电话记录、网上截屏等在线调解的证据。

6.3 行政裁决

消费者不愿调解或者调解不成，或者纠纷不宜调解的，可以告知消费者向行政机关申请裁决。

6.4 行政复议

消费者对行政机关的行政裁决不服，按照法律规定向有行政复议权的行政机关申请复议。

6.5 仲裁

民事商事仲裁机构对民宿消费纠纷作出裁决前，消费者自愿调解的，应当进行调解；调解不成的，应当依法作出裁决。

6.6 诉讼

6.6.1 消费者拒绝调解或者调解不成的，可以直接向人民法院起诉。

6.6.2 化解机构就民宿服务中损害消费者合法权益的行为，支持受损害的消费者提起诉讼。

6.6.3 人民检察院就民宿消费中损害消费者合法权益的行为，可以提起民事公益诉讼、刑附民公益诉讼等。

7 诉调联动

7.1 消保委牵头建立诉调对接联动机制，定期或不定期交流召开民宿服务消费纠纷诉调研讨会。

7.2 消保委就民宿服务消费纠纷中普遍性、倾向性问题进行分析，探讨重大消费纠纷多元化解的办法，协商解决消费纠纷化解工作中的困难和问题，创新消费纠纷多元化解的思路。

7.3 对民宿服务消费纠纷处置中的重点难点问题、侵害众多消费者的群体性事件以及对社会有重大影响的消费纠纷，应积极会商；必要时，调解转为诉讼移送司法机关处理。

ICS 03.120.10
CCS A 00

团 体 标 准

T/AQB 11—2021

国有企业质量管理小组活动规范

Specification for quality control circle activities of state-owned enterprise

2021-12-24 发布 2021-12-31 实施

安徽省质量品牌促进会 发布

目　次

1 范围 …… 96
2 规范性引用文件 …… 96
3 术语和定义 …… 96
4 基本要求 …… 97
5 小组组建 …… 97
6 活动程序 …… 97
7 现场评价 …… 102
8 成果交流 …… 103
附录 A （资料性）QC 小组注册/课题登记表 …… 104
附录 B （资料性）QC 小组活动变更登记表 …… 105
附录 C （资料性）QC 小组活动常用统计方法汇总表 …… 106
附录 D （资料性）QC 小组经济效益、无形效益、效率计算公式 …… 107
附录 E （资料性）QC 小组活动现场评审表 …… 108
附录 F （资料性）QC 小组成果企业内部申报表 …… 109
附录 G （资料性）QC 小组成果验证表 …… 110
参考文献 …… 111

前　言

本文件按照GB/T 1.1—2020《标准化工作导则 第1部分：标准化文件的结构和起草规则》的规定起草。

本文件由安徽省质量品牌促进会提出并归口。

本文件起草单位：安徽领想标准化服务有限公司、安徽皖维高新材料股份有限公司、安徽省万联标准化研究中心、池州市市场监督管理局、安徽江淮汽车集团股份有限公司、安徽省烟草公司池州市公司、安徽省烟草公司马鞍山市公司、格力电器(合肥)有限公司、宣城南天电力工程有限公司、华环烟草国际有限公司、安徽省烟草公司阜阳市公司、安徽省烟草公司淮北市公司、安徽省烟草公司淮南市公司、安徽省烟草公司黄山市公司、安徽省烟草公司芜湖市公司、安徽省烟草公司滁州市公司、安徽省烟草公司六安市公司、安徽省烟草公司安庆市公司、池州学院商学院、安徽正红农业股份有限公司。

本文件主要起草人：孙先武、舒仁伟、辛春、丁守明、李志成、施家良、陈国秀、胡加祥、张岩、秦国毅、闫锋、李晓芳、吴晓梅、高海舰、王先哲、程国亚、阮雯君、侯晓峰、吴自爱、俞靖雯、江峰、孙晓璐、张春艳、桂妍、叶品、庄佳宝、武路、方正红、潘传鑫、赵国淦、刘红丽、章治国、付巍、余国婷。

国有企业质量管理小组活动规范

1 范围

本文件规定了国有企业质量管理小组(以下简称“小组”)活动的基本要求、小组组建、活动程序、现场评价与成果交流。

本文件适用于国有企业(以下简称“企业”)员工开展小组活动,其他组织可参考采用。

2 规范性引用文件

下列文件中的内容通过文中的规范性引用而构成本文件必不可少的条款。其中,注日期的引用文件,仅该日期对应的版本适用于本文件;不注日期的引用文件,其最新版本(包括所有的修改单)适用于本文件。

T/CAQ 10201—2020 质量管理小组活动准则

T/CAQ 10202—2017 质量信得过班组建设准则

3 术语和定义

T/CAQ 10201 界定的术语和定义适用于本文件。为了便于使用,以下重复列出了 T/CAQ 10201 中的一些术语和定义。

3.1

质量管理小组 quality control circle

由生产、服务及管理等工作岗位的员工自愿结合,围绕企业的经营战略、方针目标和现场存在的问题,以改进质量、降低消耗、改善环境、提高人的素质和经济效益为目的,运用质量管理理论和方法开展活动的团队。

注:质量管理小组亦称 QC 小组。

3.2

活动程序 activity procedures

遵循 PDCA 循环开展质量管理小组活动的步骤。

[来源:T/CAQ 10201—2020,3.2]

3.3

问题解决型课题 problem-solving project

小组针对已经发生不合格或不满意的生产、服务或管理现场存在的问题进行质量改进所选择的活动课题。

[来源:T/CAQ 10201—2020,3.3]

3.4

创新型课题 innovative project

小组针对现有的技术、工艺、技能和方法等不能满足实际需求,运用新的思维研制新产品、服务、项目、方法所选择的活动课题。

[来源:T/CAQ 10201—2020,3.4]

4 基本要求

4.1 企业应支持并鼓励小组活动。建立健全小组规章制度，培养活动骨干，鼓励活动成果推广应用。

4.2 企业领导应重视小组活动，给予小组质量改进创新活动应有的人力、物力、财力支持，明确小组活动主管部门，指定专兼职的小组活动管理人员，制定与小组成员成长相适应的激励措施。

4.3 小组活动应全过程记录并保存各项原始数据和资料。

5 小组组建

5.1 组建方式

5.1.1 自下而上组建。由同一或不同班组的3～10人，共同商定组建小组，确定小组名称和组长人选，选择活动课题开展小组活动。

5.1.2 自上而下组建。由小组活动的部门（车间）协商组建小组，并提出组长人选，物色组员，共同确定小组名称，选择课题开展小组活动。

5.1.3 上下结合组建。组建方式介于以上两者之间，通常由上级推荐课题范围，对课题感兴趣的员工自愿组合开展小组活动，小组组长由成员推选或上级指定。

5.2 成员要求

5.2.1 小组组长应热衷于推进全面质量管理、业务知识较丰富、具有一定的企业管理能力，负责质量知识普及、制定小组活动计划、推动计划按时完成、小组日常管理等工作。

5.2.2 小组组员应根据活动计划按时参加活动，及时完成小组分配的任务，在小组活动中积极发挥个人的才智和特长。

5.3 注册登记

5.3.1 小组组建后，宜制定易于识别的名称。小组名称宜简明易记、亲切贴近、具有象征意义和挑战性，起到鼓舞士气的作用。

5.3.2 小组应填写小组注册登记表（参考附录A），提交所在企业小组主管部门注册登记，企业内部应正式通知注册登记情况。

5.3.3 如小组课题变化或小组成员岗位变动，组长应填写小组活动变更登记表，提请主管部门申请备案，变更登记表可参考附录B。

5.4 活动前准备

5.4.1 开展教育培训

小组应对其成员进行质量管理知识培训。

5.4.2 制定推进计划

小组全体成员应共同研究制定活动计划，明确小组活动程序中各个阶段工作具体内容、责任人和完成时间，并定期确认计划完成情况。

6 活动程序

6.1 问题解决型课题

6.1.1 活动步骤

问题解决型课题根据目标来源不同分为自定目标课题和指令性目标课题，活动步骤如图1所示。

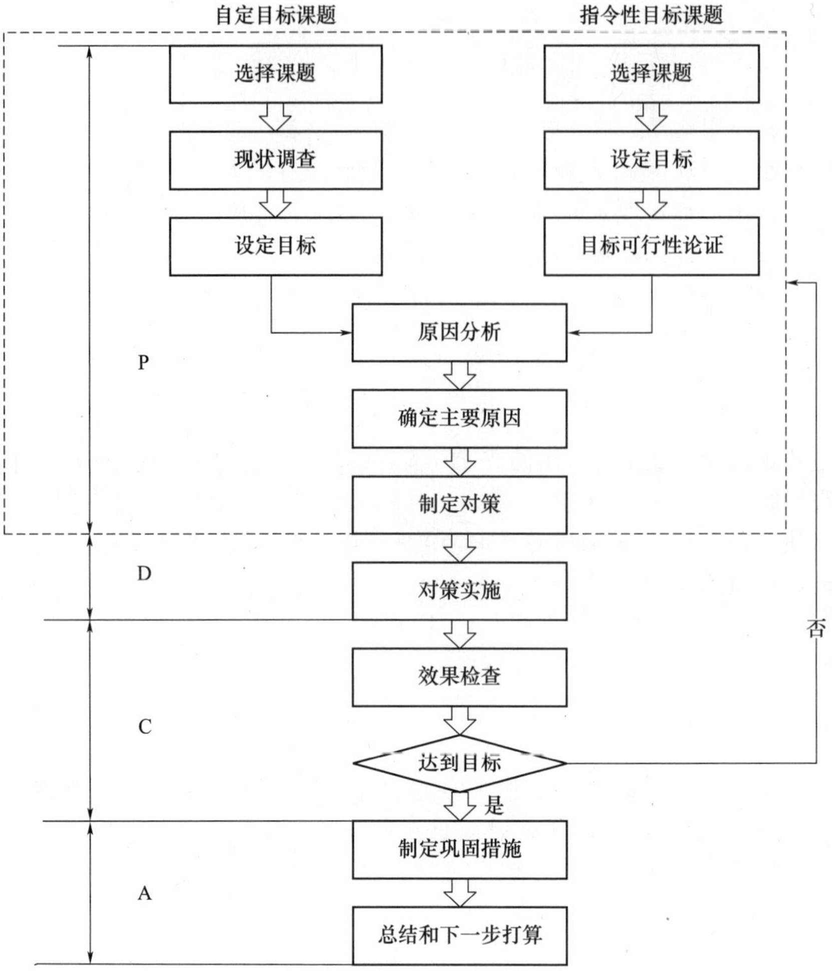

图1 问题解决型课题活动程序

6.1.2 选择课题

6.1.2.1 课题来源

6.1.2.1.1 指令性课题

根据生产经营管理活动中迫切需要解决的问题，以指令或列入考核要求的形式下达给小组。

6.1.2.1.2 指导性课题

为实现经营战略方针和目标，通过“英雄榜”“揭榜挂帅”“打擂台”等方式推荐并公布候选课题，可采取竞聘小组组长、指定小组组长、自由组合等方式组建小组团队开展活动。

6.1.2.1.3 自选性课题

小组根据需要自行选定课题。可根据企业战略方针、目标的关键点、现场或小组本身存在的问题、内外部关键顾客或相关方的实际需求(可参考 T/CAQ 10202—2017 中 4.2.3)，选择小组能力范围内的问题开展小组活动。

6.1.2.2 选题要求

6.1.2.2.1 课题宜小不宜大，在小组能力范围内，做到技术上能达到、管理上能协调、能力上能实现。

6.1.2.2.2 课题名称应简洁、明确、直接，表达课题的特征值。

6.1.2.2.3 选题理由应简明扼要，用数据对比阐述当前问题的严重程度，选题迫切性和必要性。

6.1.3 现状调查

6.1.3.1 数据收集

6.1.3.1.1 应有客观性，能够反映客观事实，避免只收集对活动有利的数据。

6.1.3.1.2　应有全面性，多维度了解，准确把握现状。

6.1.3.1.3　应有时效性，收集数据的时间要有约束，能准确反映问题现状。

6.1.3.1.4　应有可比性，数据特性和计量单位等要能够对比，改进后能反映出变化程度。

6.1.3.2　数据分层

包括但不限于以下方式：

——按时间区分：年、月、日、班次、批次等；

——按地点区分：位置、工作地、流水线等；

——按症状区分：缺陷种类、特性、状态等；

——按作业区分：生产线、设备、操作者、使用者等；

——按其他角度区分或多个区域交叉分层等。

6.1.3.3　数据分析

6.1.3.3.1　运用统计方法，参照附录C，完成数据分析。

6.1.3.3.2　应明确现状，找出症结，明确改进方向和改进程度。

6.1.3.3.3　为目标设定和原因分析提供依据。

注：问题解决型课题中的指令性课题和创新型课题没有此步骤。

6.1.4　设定目标

6.1.4.1　目标来源

6.1.4.1.1　自定目标，由小组成员共同制定的目标。

6.1.4.1.2　指令性目标，上级下达给小组的课题目标，或小组直接选择上级考核指标、顾客要求等作为课题目标。

6.1.4.2　目标设定要求

6.1.4.2.1　应可测量、可检查，用数据表达目标值。

6.1.4.2.2　目标值不宜多，尽可能设定1个。

6.1.4.2.3　目标应具有挑战性，小组经过努力可能实现。

6.1.4.2.4　自定目标设定依据宜考虑下列因素：

——上级下达的考核指标或要求；

——国家或顾客的要求、组织的指令、上下道工序要求、标准要求、设计要求等；

——国内外同行业先进水平；

——本企业曾经达到的最好水平；

——针对问题症结预计解决程度，测算小组可能达到的水平。

6.1.4.2.5　指令性目标可行性论证宜考虑下列因素：

——国内外同行业先进水平；

——本企业曾经达到的最好水平；

——把握现状，找出症状，论证需要解决的具体问题，以确保课题目标实现；

——论证症结解决程度，达不到目标要求时，应针对症结之外的具体问题，顺次进行预计和测量分析，直至可以达到目标为止；

——论证过程依据清晰，用数据说话。

注：指令性目标课题的第三步，自定目标课题没有此步骤。

6.1.5　原因分析

6.1.5.1　聚焦问题或症结，进行原因追溯，当问题足够聚焦时，问题可以指课题，也可以是指令性课题症结以外还需解决的具体问题。

6.1.5.2　注重因果和逻辑关系，不仅应考虑因素之间的因果关系，还应考虑因素之间的并列、包含、递进等逻辑关系。

6.1.5.3　分析应全面，宜从人、机、料、法、环、测等方面全面分析。

6.1.5.4 分析应彻底，应逐层分析到可直接采取对策为止。

6.1.6 确定主要原因

6.1.6.1 收集所有末端原因。

6.1.6.2 识别和排除小组能力范围以外的原因。

6.1.6.3 逐条确认末端原因。

6.1.6.4 确定主要原因，通过现场测量、试验、调查分析末端原因对问题或症结的影响程度来判断是否为主要原因。

6.1.7 制定对策

6.1.7.1 针对每一条主要原因，全体小组成员集思广益，制定有效对策。

6.1.7.2 如有多个对策时，应通过试验、数据分析等方法，从对策的有效性、可实施性、经济性、可靠性、时间性等方面对其进行客观的综合评价，并确定最佳对策。

6.1.7.3 确定对策后，应按“5W1H”方法制定对策表。对策应明确，对策目标应可测量、可检查，措施应具体。

注：“5W1H”指 What(对策)、Why(目标)、Who(负责人)、Where(地点)、When(时间)、How(措施)。

6.1.8 对策实施

6.1.8.1 按照对策表逐项实施措施。

6.1.8.2 每条对策的措施全部实施完毕后，应立即检查对策目标达成情况，当未达到对策目标或对策无法继续推进时，应及时修改措施。

6.1.8.3 必要时，验证对策实施结果在安全、质量、管理、成本、环保等方面可能产生的负面影响。

6.1.9 效果检查

6.1.9.1 检查小组设定的课题目标，判断课题目标是否达成，若未达成，则应回到计划阶段，再按步骤开展活动直至课题目标达成。

6.1.9.2 与实施前的现状进行对比，判断改善程度。

6.1.9.3 效果检查收集的数据要与现状调查时周期一致，具备可比性，属于周期性行业的企业可考虑与同时期的数据进行比较。

6.1.9.4 必要时，小组对产生的有形效益、无形效益、效率等进行检查，经济效益计算公式内容参照附录 D。

6.1.9.5 所获得的经济效益应由企业财务等相关部门确认。

6.1.10 制定巩固措施

6.1.10.1 将对策表中通过实施证明有效的措施，纳入相关标准或管理制度，如工艺标准、作业指导书、设备管理制度、人员管理制度等，并报主管部门批准。

6.1.10.2 对巩固措施实施后的效果进行跟踪，以确保有效性和稳定性。

6.1.10.3 不应将小组活动后行政方面的跟进工作作为巩固措施。

6.1.11 总结和下一步打算

6.1.11.1 总结

小组应针对专业技术、管理方法和小组成员综合素质等方面进行全面总结，包括但不限于：

——本次活动的创新点；

——活动成果的推广应用情况；

——活动成果所取得的知识产权、表彰与奖励等；

——活动过程中运用到的专业技术、管理方法、经验等方面的收获；

——本次活动遇到的障碍困难以及在专业技术、管理方法等方面的不足。

6.1.11.2 下一步打算

小组应结合回顾总结情况，提出下一次活动的课题，包括但不限于：

——在全面总结的基础上，找出此次活动尚未解决或遗留的问题；
——有针对性提出下一次活动课题的方向或今后打算，转入下一个 PDCA 循环。

6.2 创新型课题

6.2.1 活动步骤

创新型课题活动步骤如图 2 所示。

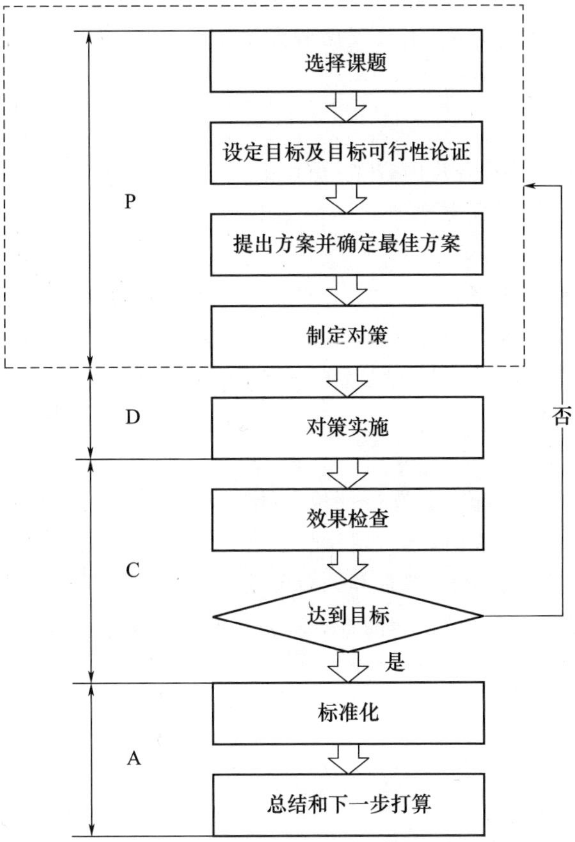

图 2 创新型课题活动程序

6.2.2 选择课题

6.2.2.1 课题来源

小组针对现有的技术、工艺、技能、方法等无法满足内、外部顾客及相关方的需求的情况，运用新思维、新方法研制、开发新的产品或服务，提高企业的市场竞争力，提升企业经营绩效。

6.2.2.2 选题要求

6.2.2.2.1 创新型课题选题可参考 T/CAQ 10202—2017 中 4.2.3 的内容。

6.2.2.2.2 课题名称应简洁准确，直接描述研制对象。

6.2.2.2.3 选题应针对需求，一般一个课题只针对一个需求。

6.2.2.2.4 选题应广泛借鉴并为设定目标和提出方案提供依据。

6.2.3 设定目标及目标可行性论证

6.2.3.1 设定目标

6.2.3.1.1 目标设定宜遵循 SMART 原则。

6.2.3.1.2 目标值应可测量。

6.2.3.1.3 与课题需求相一致，且不应将新产品的功能参数作为课题目标。

6.2.3.1.4 目标值不宜多,尽可能1个。

注:SMART 即具体的(Specific)、可以衡量的(Measurable)、可以达到的(Attainable)、要与其他目标具有一定的相关性(Relevant)、具有明确的截止期限(Time-bound)。

6.2.3.2 目标可行性论证

6.2.3.2.1 小组应根据借鉴的内容开展目标可行性论证:

——借鉴原理时应进行理论推演;

——借鉴技术时应进行模拟实验;

——借鉴实物时应参照实际效果。

6.2.3.2.2 论证时宜采用定量分析方法,不宜仅做假设检验或分析。

6.2.4 提出方案并确定最佳方案

6.2.4.1 提出方案

6.2.4.1.1 小组针对课题目标,根据借鉴内容,提出可能达到课题目标的方案。

6.2.4.1.2 方案包括总体方案与分级方案。总体方案数量不限定,可用系统图将总体方案逐层分解展开到分级方案。

6.2.4.1.3 总体方案应有创新性和相对独立性,分级方案应有可比性。

6.2.4.1.4 总体方案的创新性应体现为总体方案的核心技术或关键技术的创新。

6.2.4.1.5 总体方案的独立性应体现为每个方案的核心技术的相对独立。

6.2.4.1.6 分级方案可对比、可选择。

6.2.4.2 确定最佳方案

6.2.4.2.1 小组应对提出的所有备选方案进行评价和比较。

6.2.4.2.2 方案比选应根据事实和依据,进行定量分析。

6.2.4.2.3 方案比选方法包括现场测量、试验和调查分析。

6.2.4.2.4 分级方案宜从先进性、稳定性、功能性、收益性、可行性、安全性等方面综合评价。

6.2.4.2.5 小组应对比选后的方案进行整理并确定最佳方案。

6.2.5 制定对策

6.2.5.1 小组应将选定的最佳方案,逐项纳入对策表。

6.2.5.2 按5W1H制定对策表。对策应明确,措施应具体、可操作。

6.2.5.3 对策表中的对策应与具体方案保持一致。

6.2.5.4 对策表的目标值应可测量。

6.2.5.5 对研发的新产品、新系统、新管理服务模式等,应进行组装调试、联合测试、模拟运行等。

6.2.6 对策实施

按本文件6.1.8开展对策实施。

6.2.7 效果检查

按本文件6.1.9.1、6.1.9.4、6.1.9.5要求开展效果检查。

6.2.8 标准化

小组应判断成果是否具备推广价值,报企业相关主管部门进行评估、处置:

——对有推广价值的成果,经企业相关主管部门审批后,对创新成果进行标准化;

——对不具有推广价值或专项、一次性的创新成果,将创新过程相关资料整理存档。

6.2.9 总结和下一步打算

按本文件6.1.11要求开展。

7 现场评价

7.1 各级小组活动主管部门负责企业现场评价工作。

7.2 现场评价组应由专业技术人员和管理人员组成，不应包括课题小组成员，成员不应少于3人。成果产生经济效益的，评价组应有财务部门人员参与。

7.3 小组取得成果后一个月内应申请现场评价，QC活动主管部门应在收到申请后一个月内现场评价，现场评价项目、方法、内容、分值内容可参考附录E，现场评价合格或通过最低分由企业自行研定。

8 成果交流

8.1 小组应将活动过程和成果进行整理并形成成果报告，成果报告应包括WORD版和PPT演示版。

8.2 编写成果报告时，可考虑：

——企业小组全体成员汇总整理活动前后各项原始资料与数据；

——指定一名成员按照活动程序步骤统一撰写或小组成员分步骤撰写合成报告。

8.3 企业应搭建QC成果交流平台供小组分享经验、改进成果质量，企业每年至少召开一次内部成果交流发布(表)会(赛)，可考虑：

——邀请(集团)公司领导参加；

——邀请内、外部QC专家参与现场评审指导；

——对获奖的小组给予表彰和物质奖励。

8.4 申请参加企业内部成果交流发布(表)会(赛)的小组应填写小组活动成果申报表(参考附录F)和小组成果效果验证表(参考附录G)。

附 录 A
（资料性）
QC 小组注册/课题登记表

QC 小组注册/课题登记表见表 A.1。

表 A.1 QC 小组注册/课题登记表

单位名称		所在部门		
小组名称				
成立日期		小组注册号		
课题名称		课题登记号		
课题类型		业务类型		
计划时间	自 年 月 日到 年 月 日			
成员	姓名	职务/职称	岗位	学历
组长				
成员				
成员				
成员				
成员				
成员				
成员				
所在部门意见： 日期：		QC 活动主管部门意见： 日期：		

附　录　B
（资料性）
QC 小组活动变更登记表

QC 小组活动变更登记表见表 B.1。

表 B.1　QC 小组活动变更登记表

<table>
<tr><td>小组名称</td><td></td><td>单位名称</td><td></td></tr>
<tr><td>变更类别</td><td colspan="3">□小组成员变更　□课题变更　□其他变更</td></tr>
<tr><td>变更内容</td><td colspan="3"></td></tr>
<tr><td colspan="4">变更理由：</td></tr>
<tr><td colspan="2">所在部门负责人审核：</td><td colspan="2">QC 活动主管部门负责人审核：</td></tr>
</table>

附 录 C
(资料性)
QC 小组活动常用统计方法汇总表

QC 小组活动常用统计方法汇总表见表 C.1。

表 C.1 QC 小组活动常用统计方法汇总表

序号	活动程序	分层法	调查表	排列图	亲和图	因果图	树图	关联图	水平对比法	流程图	饼图	折线图	柱状图	箱线图	直方图	散布图	控制图	过程能力分析	优选法	PDPC法	正交试验设计	矩阵图	箭条图	假设检验
1	选择课题	√	√	√					√	√	√	√	√			√						√		
2	现状调查 (自定目标课题)	√	√	√					√	√	√	√	√	√	√	√	√	√						
3	设定目标								√				√											
4	目标可行性论证 (指令性目标课题)	√	√	√					√	√	√	√	√	√	√	√	√	√						
5	原因分析					√	√	√																
6	确定主要原因		√									√	√	√	√	√								√
7	制定对策				√		√		√	√		√	√		√				√	√	√	√	√	
8	对策实施																							
9	效果检查	√	√	√							√	√	√	√	√		√	√						√
10	制定巩固措施		√								√	√	√				√							
11	总结和下一步打算	√	√						√			√	√											

注:"√"表示适宜、可用。

附　录　D
（资料性）
QC小组经济效益、无形效益、效率计算公式

QC小组经济效益、无形效益、效率计算公式见表D.1。

表D.1　QC小组经济效益、无形效益、效率计算公式

指标		统计方法	备注
经济效益类	直接收益	△S=M2－M1	M1为改善前实际收益发生额； M2为改善后实际收益发生额
	间接收益	△S=△D×(P－C)	△D为改善后该产品(技术服务)年增加的产量； P为单位产品(工作量)的价格； C为单位产品(工作量)的成本。 适用于增加产量(工作量)可以给企业带来实际效益提升的情况
无形效益类	客户满意度	△S=M2－M1	M1为改善前客户满意度； M2为改善后客户满意度
	管理效果	效果水平等级	(1)达到国内或行业先进水平； (2)达到省级公司先进水平； (3)达到本单位(本部门)先进水平
效率提升类	工作效率	△S=(M2－M1)÷M1×100%……① △S=(Mt1－Mt2)÷Mt2×100%……②	公式①用于时间不变产量增加： M1为改善前单位时间产量； M2为改善后单位时间产量。 公式②用于产量不变时间减少： Mt1为改善前单位产量用时； Mt2为改善后单位产量用时

附　录　E
（资料性）
QC小组活动现场评审表

QC小组活动现场评审表见表E.1。

表E.1　QC小组活动现场评审表

序号	评审项目	评审方法	评审内容	分值	得分
1	质量管理小组的企业	查看记录	(1)小组和课题进行注册登记； (2)小组活动时，小组成员出勤情况； (3)小组成员参与组内分工情况； (4)小组活动计划及完成情况	10分	
2	活动情况与活动记录	听取介绍、交流沟通、查看记录、现场验证	(1)活动过程按质量管理小组活动程序开展； (2)活动记录(包括各项原始数据、调查表、记录等)保存完整、真实； (3)制定各阶段活动详细计划，每阶段按计划完成； (4)活动记录的内容与发表材料一致	30分	
3	活动真实性和活动有效性	现场验证、查看记录	(1)小组课题对工艺、技术、流程、管理、服务的改进点有改善； (2)各项改进在专业技术方面科学有效； (3)取得的经济效益得到财务部门的认可； (4)无形效益得到验证； (5)统计方法运用适宜、正确	30分	
4	成果的维持与巩固	查看记录、现场验证	(1)小组活动课题目标达成，有验证依据； (2)改进的有效措施或创新成果已纳入有关标准或制度； (3)现场已按新标准或制度作业，成果巩固保持在较好水准； (4)活动成果应用于生产和服务实践，取得效果，其他相类似岗位、部门有推广和借鉴	20分	
5	质量管理小组教育	提问或考试	(1)小组成员掌握质量管理小组活动内涵与活动程序； (2)小组成员对方法的掌握程度和水平； (3)通过本次活动，小组成员质量管理知识和技能水平得到提升	10分	
现场评价人员签字：				100分	

附　录　F
（资料性）
QC小组成果企业内部申报表

QC小组成果企业内部申报表见表F.1。

表F.1　QC小组成果企业内部申报表

<table>
<tr><td>分厂、分公司
（车间）名称</td><td colspan="5"></td></tr>
<tr><td>通讯地址</td><td colspan="3"></td><td>邮编</td><td></td></tr>
<tr><td>小组名称</td><td colspan="3"></td><td>累计取得
成果数量</td><td></td></tr>
<tr><td>课题名称</td><td colspan="3"></td><td>课题类型</td><td></td></tr>
<tr><td>小组成立日期</td><td></td><td>课题起止日期</td><td></td><td>小组人数</td><td></td></tr>
<tr><td>联系人</td><td></td><td>电话</td><td></td><td>年度经济效益
（万元）</td><td></td></tr>
<tr><td colspan="6">小组简介：</td></tr>
<tr><td colspan="6">课题主要活动过程与效果：</td></tr>
<tr><td colspan="6">分公司、分厂车间（车间）意见：

盖　章

年　　月　　日</td></tr>
<tr><td>备注</td><td colspan="5">1. 企业名称、小组名称、课题名称要写全称。
2. 本表可在电脑上自行复制，除意见栏手写内容外均用适当字体打印</td></tr>
</table>

附　录　G
（资料性）
QC 小组成果验证表

QC 小组成果验证表见表 G.1。

表 G.1　QC 小组成果验证表

<table>
<tr><td colspan="2">课题名称</td><td></td><td>小组名称</td><td></td></tr>
<tr><td colspan="2">分公司、分厂
（部门、车间）名称</td><td colspan="3"></td></tr>
<tr><td colspan="2">效果类别</td><td colspan="3">□经济效益　　□无形效益　　□效率</td></tr>
<tr><td>效果
自评</td><td colspan="4">（300 字之内）

组长签字：

年　月　日</td></tr>
</table>

参考文献

[1] 中国质量协会．质量管理小组活动准则要点解读[M]. 北京:中国质检出版社,2018.
[2] 廖永平．简明质量工具与方法[M]. 北京:中国科学技术出版社,2012.
[3] 中国质量协会．质量管理小组基础知识[M]. 北京:中国标准出版社,2011.

ICS 97.180
CCS Y 89

团　　体　　标　　准

T/AQB 12—2022

工业刷 抛光盘刷技术规范

Industrial brush-Technical specification for disc shaped cleaning brush

2022-1-28 发布　　2022-1-31 实施

安徽省质量品牌促进会　发布

前　言

本文件按照GB/T 1.1—2020《标准化工作导则 第1部分：标准化文件的结构和起草规则》的规定起草。

请注意本文件的某些内容可能涉及专利。本文件的发布机构不承担识别专利的责任。

本文件由安徽省刷制品质量监督检验中心提出。

本文件由安徽省质量品牌促进会归口。

本文件起草单位：安徽省万联标准化研究中心、潜山市市场监督检验所、安徽省刷制品质量监督检验中心、安徽省刷业商会、安徽省潜山县潜源鬃刷有限公司、安徽龙威刷业有限公司、安徽省潜山县旺达机械设备有限公司、安徽保之林刷业有限公司、潜山县进贤刷业有限公司、潜山县亿达刷制品有限公司、安徽恒昌刷业有限公司。

本文件主要起草人：郑丽丽、徐华兵、孙宏奎、吴方朝、俞靖雯、刘文娟、徐鲁明、徐吴宝、徐礼国、张时俊、徐贤国、王文斌、汪晓林。

工业刷 抛光盘刷技术规范

1 范围

本文件规定了工业刷类中抛光盘刷的术语和定义、分类及规格型号、要求、试验方法、检验规则、标志、包装、运输和贮存。

本文件适用于工业用抛光盘刷。

2 规范性引用文件

下列文件中的内容通过文中的规范性引用而构成本文件必不可少的条款。其中,注日期的引用文件,仅该日期对应的版本适用于本文件;不注日期的引用文件,其最新版本(包括所有的修改单)适用于本文件。

GB/T 191 包装储运图示标志

GB/T 1804 一般公差 未注公差的线性和角度尺寸的公差

GB/T 2828.1 计数抽样检验程序 第1部分:按接收质量限(AQL)检索的逐批检验抽样计划

3 术语和定义

下列术语和定义适用于本文件。

3.1

单丝 a single brush wire

由高分子材料、金属材料、动物毛、植物纤维制成,用于清洁或抛光的单根刷丝。

3.2

束丝 bunch shaped brush wire

由单丝聚集成束状的刷丝。

3.3

混合丝 mixed brush wire

由高分子材料、金属材料、动物毛、植物纤维任意两种及以上组合而成的刷丝。

3.4

抛光盘刷 disc shaped cleaning brush

由束丝与圆盘载体组装而成,安装在工业抛光加工设备上用于表面抛光的盘刷。如图1所示。

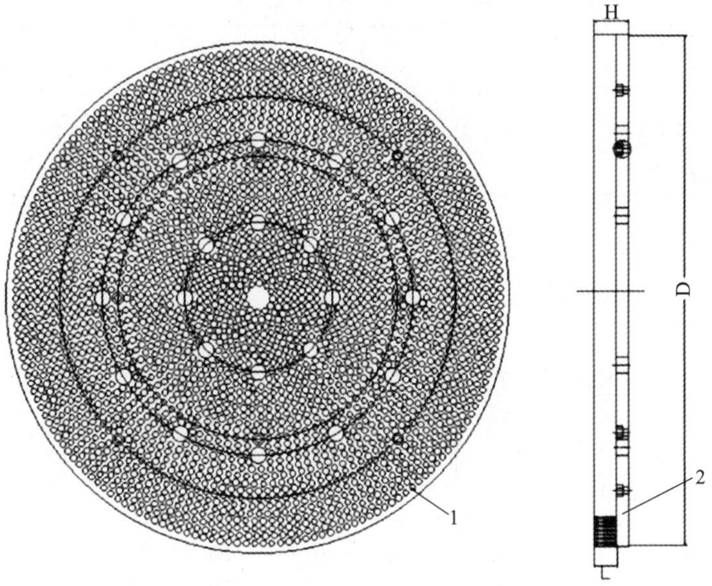

标引序号说明：
1——刷丝；
2——载体。

图 1 抛光盘刷示意图

4 分类及规格型号

4.1 分类

4.1.1 按用途分类及代码应符合表 1 的规定。

表 1 用途分类及代码

用途分类	代码
玻璃表面抛光	BL
金属加工表面抛光	JS
木质材料表面抛光	MZ
其他类材料表面抛光	QT

4.1.2 按刷丝材质分类及代码应符合表 2 的规定。

表 2 刷丝分类及代码

刷丝材质	代码
高分子单丝	G
金属单丝	J
动物毛	D
植物纤维	Z
混合丝	H

4.1.3 按生产工艺分类及代码应符合表 3 的规定。

表 3　生产工艺分类及代码

生产工艺	代码
穿线	CX
植毛	ZM
胶粘、浇注	JZ

4.2　规格型号

型号规格命名方法为：

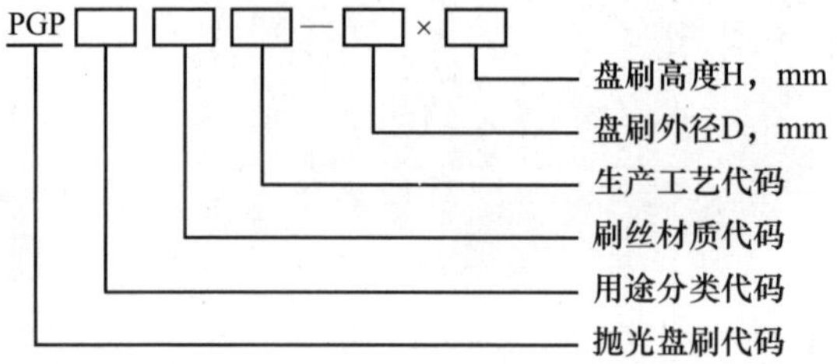

示例：PGP BL G CX－800×25 表示以高分子材料为刷丝，采用穿线工艺，盘刷外径为 800mm，盘刷高度为 25mm，用于玻璃表面抛光的抛光盘刷。

5　要求

5.1　外观

5.1.1　高分子材料、动物毛、植物纤维、混合丝类刷丝应挺直、均匀，无明显扭曲，无杂质、气泡和开裂，表面应光滑、无明显色差；金属刷丝应光滑，无锈迹。

5.1.2　圆盘载体边缘倒角圆滑，表面应平整、无毛刺残留、无裂纹。

5.1.3　采用穿线工艺，圆盘载体背面应无断线。

5.2　尺寸及公差

5.2.1　抛光盘刷直径、丝长、高度、安装孔位尺寸精度应符合客户图纸要求。

5.2.2　未标注公差应符合表 4 的规定。

表 4　尺寸偏差要求

项目	最大允许偏差(mm)
直径(*D*)	±1
丝长(*L*)	±0.5
高度(*H*)	±1

5.3　高温高湿试验

经 6.3 试验后，不应出现龟裂、剥离，不得出现明显变形、扭曲。

5.4　低温试验

经 6.4 试验后，不应出现龟裂、剥离，不得出现明显变形、扭曲。

5.5　刷丝拉脱力

刷丝拉脱力应符合表 5 的规定。

表 5 拉脱力值

刷丝直径,d(mm)	拉脱力值		
	高分子单丝	金属单丝	动物毛、植物纤维、混合丝
d<0.2	≥2N/根	≥3N/根	≥1N/根
0.2≤d≤0.5	≥3N/根	≥5N/根	≥3N/根
d>0.5	≥5N/根	≥8N/根	≥5N/根

6 试验方法

6.1 外观

在正常光线下目测观察,手感检查毛刺。

6.2 尺寸及公差

盘刷直径(D)、盘刷高度(H)使用精度不低于 0.5mm 的量尺进行测量、丝长(L)使用精度不低于 0.1mm 的量尺进行测量。

6.3 高温高湿试验

在温度为 80℃±2℃,湿度为 95%±2%的环境中放置 24h 后,取出样品放置至室温,目测样品外观。

6.4 低温试验

在温度为-40℃±2℃的环境中放置 24h 后,取出样品放置至室温,目测样品外观。

6.5 刷丝拉脱力

将抛光盘刷的刷丝固定在拉力试验机拉伸夹具或手持拉力计夹头上,固定圆盘,保持对刷丝的垂直拉伸力,以不高于 25mm/min 的速度进行拉伸,直至刷丝从刷辊上拉脱或断裂,取 5 组数据算术平均值。

7 检验规则

7.1 检验分类

产品检验分为出厂检验和型式检验。

7.2 出厂检验

7.2.1 产品需经生产厂质量检验部门按本标准检验合格后方能出厂,并附上合格标志。

7.2.2 出厂检验项目包括外观、尺寸及公差。

7.2.3 出厂检验采用 GB/T 2828.1 中一般检验水平为 I 的正常检查一次抽样方案,样本大小及判断数组见表 6,接收质量限 AQL 为 4.0。

表 6 样本大小和判定数组

批量	样本大小,n	判定数组(Ac,Re)
1~15	2	0,1
16~25	3	0,1
26~90	5	0,1
91~150	8	1,2
151~280	13	1,2

续表

批量	样本大小,n	判定数组(Ac,Re)
281～500	20	2,3
501～1200	32	3,4
1201～3200	50	5,6
3201～10000	80	7,8

7.3 型式检验

7.3.1 抛光盘刷有下列情况之一时,应进行型式检验:

a) 新产品定型鉴定;

b) 正式生产后,如结构、材料、工艺有较大改变,可能影响产品质量时;

c) 产品停产一年以上,恢复生产时。

7.3.2 型式检验项目包括第5章全部内容

7.4 判定规则

7.4.1 出厂检验中若有一项不符合,则判该批次产品为不合格。

7.4.2 型式检验中有不合格项时,则判该批次产品为不合格。

8 标志、包装、运输、贮存

8.1 标志

应标明制造单位名称、地址、执行标准、出厂日期,宜标明产品名称和型号、生产批次、数量等。

8.2 包装

8.2.1 产品宜采用木箱、塑胶箱包装,包装储运标志应符合GB/T 191的要求。

8.2.2 包装内应附有产品质量检验合格证或(和)说明书。

8.3 运输

产品在运输中应防止碰撞、变形,在长途运输中应有防锈蚀措施。

8.4 贮存

产品应在通风、干燥、无腐蚀性气体的库房中贮存。

ICS 97.180
CCS Y 89

团　体　标　准

T/AQB 13—2022

工业刷 清洗辊刷技术规范

Industrial brush-Technical specification for roller shaped cleaning brush

2022-1-28 发布　　2022-1-31 实施

安徽省质量品牌促进会　发布

前　　言

本文件按照 GB/T 1.1—2020《标准化工作导则 第1部分：标准化文件的结构和起草规则》的规定起草。

请注意本文件的某些内容可能涉及专利。本文件的发布机构不承担识别专利的责任。

本文件由安徽省刷制品质量监督检验中心提出。

本文件由安徽省质量品牌促进会归口。

本文件起草单位：安徽省万联标准化研究中心、潜山市市场监督检验所、安徽省刷制品质量监督检验中心、安徽省刷业商会、安徽保之林刷业有限公司、潜山县进贤刷业有限公司、潜山县亿达刷制品有限公司、安徽恒昌刷业有限公司、安徽省潜山县潜源鬃刷有限公司、安徽龙威刷业有限公司、安徽省潜山县旺达机械设备有限公司。

本文件主要起草人：孙宏奎、朱小照、郑丽丽、吴方朝、俞靖雯、徐梦、张时俊、徐贤国、王文斌、汪晓林、徐鲁明、徐吴宝、徐礼国。

工业刷 清洗辊刷技术规范

1 范围

本文件规定了工业刷类中清洗辊刷的术语和定义、分类及规格型号、要求、试验方法、检验规则、标志、包装、运输和贮存。

本文件适用于工业用清洗辊刷。

2 规范性引用文件

下列文件中的内容通过文中的规范性引用而构成本文件必不可少的条款。其中，注日期的引用文件，仅该日期对应的版本适用于本文件；不注日期的引用文件，其最新版本（包括所有的修改单）适用于本文件。

GB/T 191 包装储运图示标志

GB/T 1096 普通型 平键

GB/T 1804 一般公差 未注公差的线性和角度尺寸的公差

GB/T 2828.1 计数抽样检验程序 第1部分：按接收质量限（AQL）检索的逐批检验抽样计划

QB/T 3826 轻工产品金属镀层和化学处理层的耐腐蚀试验方法 中性盐雾试验（NSS）法

3 术语和定义

下列术语和定义适用于本文件。

3.1

混合丝 mixed brush wire

由高分子材料、金属材料、动物毛、植物纤维任意两种及以上组合而成的刷丝。

3.2

清洗辊刷 roller shaped cleaning brush

以高分子材料、金属材料、动物毛、植物纤维、混合丝为刷丝，以塑胶材料为植毛载体，以金属材料为刷辊轴制成的，安装在工业清洗设备上用于表面清洗的辊刷。结构如图1所示。

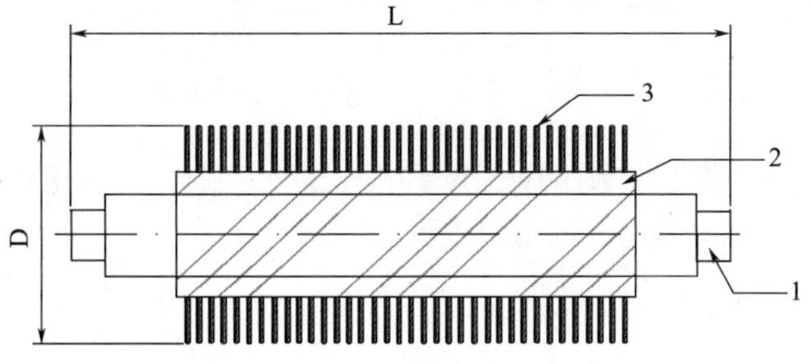

标引序号说明：

1——刷辊轴；

2——植毛载体；

3——刷丝。

图1 清洗辊刷示意图

4 分类及规格型号

4.1 分类

4.1.1 按用途分类及代码应符合表1的规定。

表1 用途分类及代码

用途分类	代码
玻璃清洗	BL
半导体清洗	BG
金属板材清洗	GB
其他类材料表面清洗	QT

4.1.2 按刷丝材质分类及代码应符合表2的规定。

表2 刷丝分类及代码

刷丝材质	代码
高分子单丝	G
金属单丝	J
动物毛	D
植物纤维	Z
混合丝	H

4.1.3 按生产工艺分类及代码应符合表3的规定。

表3 生产工艺分类及代码

生产工艺	代码
植毛	ZM
缠绕	CR
压片	YP

4.2 规格型号

型号规格命名方法为：

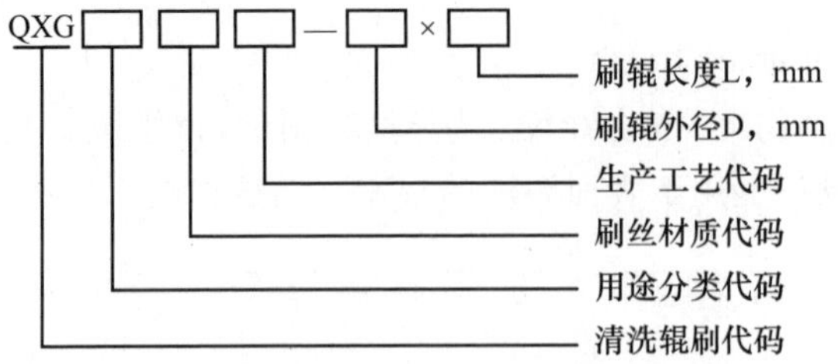

示例：QXG BL G ZM－300×2000 表示以高分子单丝材料为刷丝，采用植毛工艺，用于玻璃表面清洗的刷辊外径为300mm，刷辊长度为2000mm的清洗辊刷。

5 要求

5.1 外观

5.1.1 刷丝

高分子材料、动物毛、植物纤维、混合丝类刷丝应挺直、均匀，无明显扭曲，无杂质、气泡和开裂，表面应光滑、无明显色差;金属刷丝应光滑,无锈迹。

5.1.2 植毛载体

5.1.2.1 采用植毛工艺的植毛载体应表面磨光,无毛刺、龟裂。

5.1.2.2 采用缠绕和压片工艺的植毛载体应光滑,无毛刺和锈迹。

5.1.3 刷辊轴

刷辊轴的边角应倒钝,表面光滑无毛刺、划伤,表面光洁。

5.2 尺寸及形位公差

5.2.1 刷辊外径最大允许偏差为±0.5mm。

5.2.2 刷辊轴、植毛载体外形尺寸偏差应符合图纸要求,未标注公差等级的应不低于 GB/T 1804 中等 m 要求,刷辊轴配合面表面粗糙度应不低于 Ra3.2μm,刷辊轴头的径向跳动应不大于 0.05mm。

5.2.3 刷辊轴上的键槽尺寸应符合 GB/T 1096 的要求。

5.2.4 植毛载体的径向跳动应不大于 0.1mm。

5.3 刷丝与植毛载体的连接

5.3.1 刷丝在植毛载体上分布均匀,与植毛载体的连接牢固,拉脱力符合表 4 的规定。

表 4 拉脱力值

刷丝直径,d(mm)	拉脱力值		
	高分子单丝	金属单丝	动物毛、植物纤维、混合丝
$d<0.2$	≥2N/根	≥3N/根	≥1N/根
$0.2\leqslant d\leqslant 0.5$	≥3N/根	≥5N/根	≥3N/根
$d>0.5$	≥5N/根	≥8N/根	≥5N/根

5.3.2 植毛载体的塑胶层与辊体芯结合应牢固,不应有脱层与裂口现象。

5.4 耐高低温性能

5.4.1 高温高湿试验

经 6.4.1 试验后,不应出现龟裂、剥离,不得出现明显变形、扭曲。

5.4.2 低温试验

经 6.4.2 试验后,不应出现龟裂、剥离,不得出现明显变形、扭曲。

5.5 耐盐雾腐蚀试验

经 6.5 试验后,不应出现锈点。

5.6 动平衡

动平衡应满足客户要求,客户无要求时根据转速选择,满足表 5 的规定。

表 5 动平衡要求

外径,D(mm)	转速,V(r/min)				
	$V\leqslant 400$	$400<V\leqslant 600$	$600<V\leqslant 800$	$800<V\leqslant 1200$	$V>1200$
$D\leqslant 200$	—	≤50g	≤60g	≤70g	≤100g
$D>200$	—	≤60g	≤70g	≤80g	≤100g

6 试验方法

6.1 外观

在正常光线下目测,手感检查毛刺。

6.2 尺寸及形位公差

6.2.1 在刷辊圆柱方向上,均匀5个位置,用游标卡尺测量外径,取测量结果偏差最大值。
6.2.2 用卡尺测量植毛载体和刷辊轴的外形尺寸,以及键槽尺寸,取测量结果偏差最大值。
6.2.3 用粗糙度仪测量植毛载体和刷辊轴的表面粗糙度,取测量结果最大值。
6.2.4 固定刷柄转轴,用百分表测定植毛载体和刷辊轴外圆的径向跳动量,取测量结果最大差值。

6.3 刷丝与植毛载体的连接

将清洗辊刷的刷丝固定在拉力试验机拉伸夹具或手持拉力计夹头上,固定刷辊,保持对刷丝的垂直拉伸力,以不高于25mm/min的速度进行拉伸,直至刷丝从刷辊上拉脱或断裂,取5组数据算术平均值。

6.4 耐高低温性能

6.4.1 在温度为80℃±2℃,湿度为95%±2%的环境中放置24h后,取出样品放置至室温,目测样品外观。
6.4.2 在温度为-40℃±2℃的环境中放置24h后,取出样品放置至室温,目测样品外观。

6.5 耐盐雾腐蚀试验

取一件清洗辊刷样品上的金属材料置于盐雾箱内,按QB/T 3826规定的方法进行试验,试验时间8h后取出,目测金属材料表面情况。

6.6 动平衡

将刷辊置于动平衡试验机上,设置对应转速,检验最终动平衡数据。

7 检验规则

7.1 检验分类

检验分为出厂检验和型式检验。

7.2 出厂检验

7.2.1 产品需经生产厂质量检验部门按本标准检验合格后方能出厂,并附上合格标志。
7.2.2 出厂检验项目包括外观质量、尺寸及形位公差。
7.2.3 出厂检验采用GB/T 2828.1中一般检验水平为I的正常检查一次抽样方案,样本大小及判定组数见表6,接收质量限AQL为4.0。

表6 样本大小和判定数组

批量	样本大小,n	判定数组(Ac,Re)
1~15	2	0,1
16~25	3	0,1
26~90	5	0,1
91~150	8	1,2
151~280	13	1,2

续表

批量	样本大小,n	判定数组(Ac,Re)
281～500	20	2,3
501～1200	32	3,4
1201～3200	50	5,6
3201～10000	80	7,8

7.3 型式检验

7.3.1 清洗辊刷在下列情况之一时,应进行型式试验:

a) 新产品定型鉴定;

b) 正式生产后,如结构、材料、工艺有较大改变,可能影响产品质量时;

c) 产品停产一年以上,恢复生产时。

7.3.2 型式检验项目包括第5章全部内容。

7.4 判定规则

7.4.1 出厂检验中若有一项不符合,则判该批次产品为不合格。

7.4.2 型式检验中有不合格项时,则判该批次产品为不合格。

8 标志、包装、运输、贮存

8.1 标志

应标明制造单位名称、地址、执行标准、出厂日期,宜标明产品名称和型号、生产批次、数量等。

8.2 包装

8.2.1 产品宜采用木箱、塑胶箱包装,包装储运标志应符合GB/T 191的要求。

8.2.2 包装内应附有产品质量检验合格证或(和)说明书。

8.3 运输

产品在运输中应防止碰撞、变形,在长途运输中应有防锈蚀措施。

8.4 贮存

产品应在通风、干燥、无腐蚀性气体的库房中贮存。

ICS 59.080.30
CCS W 59

团 体 标 准

T/AQB 14—2022

口罩用聚丙烯熔喷法非织造布过滤性能试验方法

Polypropylene melt-blown nonmoven fabric for mask-Test methods for iltration

2022-3-18 发布 2022-3-18 实施

安徽省质量品牌促进会 发布

前　　言

本文件按照 GB/T 1.1—2020《标准化工作导则 第1部分：标准化文件的结构和起草规则》的规定起草。

本文件由安徽省产品质量监督检验研究院提出。

本文件由安徽省质量品牌促进会、安徽省纤维及纤维制品标准化技术委员会归口。

本文件起草单位：安徽省产品质量监督检验研究院、芜湖悠派护理用品科技股份有限公司、宣城广能非织造有限公司、安徽工程大学、安徽省食品药品检验研究院、安徽农业大学、清华大学合肥公共安全研究院、合肥杰事杰新材料股份有限公司、安徽倍朗新材料科技有限公司、安徽电气集团股份有限公司、安徽红爱实业股份有限公司、界首市天鸿新材料股份有限公司、安徽省锦瑞汽车部件有限公司。

本文件主要起草人：陈静、杨杨、黄晓燕、沈岳、邓军、程岗、黄生勇、王宗乾、魏伟伟、唐思思、沈妍、纪扬扬、陈蕾、何银地、宋舆涵、李亚运、刘小勇、钱立胜、朱小飞、赵建军、孟晓东、李汪洋、胡道广、邹冲、李继丰、胡锦婷、汪华、王红、成清、丁振华。

本文件为首次发布。

口罩用聚丙烯熔喷法非织造布过滤性能试验方法

1 范围

本文件规定了测定口罩用聚丙烯熔喷法非织造布过滤性能(过滤效率、滤材阻力、品质因数、容尘量、静电势能)的试验方法。

本文件适用于以聚丙烯为主要原料,经熔喷法制得,用于口罩生产并起过滤作用的非织造布。

2 规范性引用文件

下列文件中的内容通过文中的规范性引用而构成本文件必不可少的条款。其中,注日期的引用文件,仅该日期对应的版本适用于本文件;不注日期的引用文件,其最新版本(包括所有的修改单)适用于本文件。

GB/T 6529 纺织品 调湿和试验用标准大气

GB/T 6682 分析实验室用水规格和试验方法

GB/T 8629—2017 纺织品 试验用家庭洗涤和干燥程序

GB/T 10586 湿热试验箱技术条件

GB/T 10589 低温试验箱技术条件

GB/T 11158 高温试验箱技术条件

3 术语和定义

下列术语和定义适用于本文件。

3.1

品质因数 quality factor

综合评价非织造布的过滤性能——过滤效率和过滤阻力之间的平衡关系,单位为帕(Pa-1)。

3.2

静电势能 electrostatic potential

在规定条件下,非织造布的静电位能,单位为千伏(kV)。

4 过滤性能试验方法

4.1 原理

通过气溶胶发生系统产出一定粒径的气溶胶,以气溶胶作为模拟环境中细颗粒物的试验尘源。在规定试验条件下使气溶胶通过试样,气溶胶在试样表面不断积累,当试样上达到一定气溶胶加载质量时或当过滤阻力达到一定值时,计算过滤效率、滤材阻力、品质因数、容尘量,以此来表示样品的过滤性能。

4.2 试验设备

4.2.1 气溶胶发生系统

4.2.1.1 总体要求

应能生成满足试验要求的非油性颗粒物和油性颗粒物,应能对生成的颗粒物的荷电进行中和,并保证颗粒物在过滤前取样口处分布均匀。

4.2.1.2 非油性颗粒物

氯化钠(NaCl)颗粒物，颗粒物的计数中位径(CMD)为 0.075μm±0.020μm，粒度分布的几何标准偏差不大于 1.86。

非油性颗粒物的浓度根据产品使用环境不同进行设置，一般工业用产品的浓度为不超过 $200mg/m^3$，民用产品的浓度为不超过 $30mg/m^3$。根据产品需要，也可设置其他测试浓度。

4.2.1.3 油性颗粒物

癸二酸二异辛酯(DEHS)、邻苯二甲酸二辛酯(DOP)或其他适用油类(如石蜡油)颗粒物、颗粒物的计数中位径(CMD)为 0.185μm±0.020μm，粒度分布的几何标准偏差不大于 1.60。

油性颗粒物的浓度根据产品使用环境不同进行设置，一般民用产品的浓度为不超过 $30mg/m^3$。根据产品需要，也可设置其他测试浓度。

4.2.2 测试系统

4.2.2.1 总体要求

应包括试样夹具、光度计、压力计和流量计，采样频率>1 次/min，过滤效率的检测范围为 0%～99.999%，分辨率至少为 0.003%。

4.2.2.2 试样夹具

应采用耐腐蚀金属材料制成，并由上、下夹持器构成，夹具应保证试样有 $100cm^2±1cm^2$ 的圆形被测面积，除非另有规定，试样夹紧后边缘不应有泄漏，所采用的密封圈不应改变试样的被测面积。与试验气溶胶相接触夹具的表面都应保持清洁、易于保洁、耐腐蚀、导电并且接地。

4.2.2.3 光度计

两台带鞘气保护功能的光度计，分别安装在过滤测试装置的上、下游。如果上游的颗粒物浓度超过了光度计的测量范围，应在采样点与光度计之间设置稀释系统。光度计浓度测量范围为 $0.001mg/m^3$～$200mg/m^3$，精度为 1%。

4.2.2.4 电子压力传感器或压力计

压力范围为 0Pa～1500Pa，精度为满量程的 2%。

4.2.2.5 流量计

流量范围为 15L/min～100L/min，精度为满量程的 2%。

4.2.3 天平

精确至 0.1mg。

4.3 材料与试剂

4.3.1 氯化钠(NaCl)：分析纯。

4.3.2 癸二酸二异辛酯(DEHS)或邻苯二甲酸二辛酯(DOP)：分析纯。

4.3.3 二级水：符合 GB/T 6682 的要求。

4.3.4 非油性气溶胶发生器溶液：采用质量分数为 2%的 NaCl 溶液，由氯化钠(NaCl)(4.3.1)和二级水(4.3.3)进行配制。

4.3.5 油性气溶胶发生器溶液：采用癸二酸二异辛酯(DEHS)或邻苯二甲酸二辛酯(DOP)(4.3.2)。

4.4 样品

根据产品测试需要，可以按 4.4.1 或 4.4.2 对样品进行预处理。未进行预处理的样品应在符合 GB/T 6529 规定的标准大气环境下调湿平衡后再进行过滤性能测试取样。

4.4.1 温度湿度预处理

4.4.1.1 设备

样品温湿度预处理设备要求如下：

a) 湿热试验箱技术性能应符合 GB/T 10586 的要求；

b) 高温试验箱技术性能应符合 GB/T 11158 的要求；

c) 低温试验箱技术性能应符合 GB/T 10589 的要求。

4.4.1.2 方法

将样品从原包装中取出，按下列步骤处理：

a) 在(38.0±2.5)℃和(85±5)%相对湿度环境下放置(24±1)h；

b) 在(70±3)℃干燥环境下放置(24±1)h；

c) 在(－30±3)℃环境下放置(24±1)h。

采用的预处理方式应避免产生热冲击，使样品恢复至室温后至少 4h，再进行后续预处理或检测，c)步骤结束后样品应放置在气密性容器中，并在 10h 内进行测试。

4.4.2 其他预处理

根据产品标准或利益相关方协商确定，需在试验报告中说明。

4.4.3 取样要求

4.4.3.1 取样

从熔喷布上均匀裁剪圆形试样，直径至少为 150mm，或者方形试样，边长至少为 150mm，试样上不应出现折痕、褶皱、孔洞、污物或者其他异常。

4.4.3.2 数量

针对每种气溶胶，在每个检测气流量条件下需要 3 块试样，按照需要测试的气溶胶种类、气流量、预处理等条件相应增加试样数量。

注：如果仅测量非油性气溶胶在 85L/min 气流量条件下的过滤性能，样品要求测试原样和温度湿度预处理后的过滤性能，则准备 6 快试样；如果测量非油性和油性两种气溶胶在 40L/min 和 85L/min 两个气流量条件下的过滤性能，样品要求测试原样；如果测量温度湿度预处理后和洗涤预处理后的过滤性能，则准备 36 块试样。

4.5 试验条件

4.6 试验步骤

4.6.1 仪器准备

4.6.1.1 检查气溶胶发生器中溶液量，量不足时应及时添加。

4.6.1.2 打开外部气源，打开仪器电源，根据采用油性气溶胶发生器或非油性气溶胶发生器情况，调节夹具压力阀、气溶胶发生器压力阀等参数，使设备进入测试状态。

4.6.1.3 当进行非油性气溶胶测试时，开启气溶胶中和器，消除颗粒所带的静电，当进行油性气溶胶测试时，则不需要开启中和器。

4.6.1.4 当进行非油性气溶胶测试时，开启加热器，对气溶胶进行干燥处理，形成 NaCl 颗粒物。当进行油性气溶胶测试时，则不需要开启加热器。

4.6.1.5 仪器开启后，需要至少 30min 的时间使仪器处于稳定状态。

4.6.2 设置气流量

气流量设置范围应为 0L/min～100L/min，一般情况下，口罩用聚丙烯熔喷法非织造布的气流量为 85L/min，也可按照产品标准要求或者客户要求设置气流量，需在试验报告中给出。气流通过的截面积为 $100m^2$ 或其他约定截面积。

注：其他约定截面积为产品标准或利益相关方协商确定的截面积。

4.6.3 启动测试

4.6.3.1 取一块试样并称其质量，记录为初始质量 W1，结果精确至 0.1mg。将试样安装在试样夹具上并固定，使试样的迎尘面朝向气流来的方向，并防止测试过程中试样扭曲或边缘气体泄漏。

4.6.3.2 启动测试按钮，气体将流过试样，开始持续观察并记录试样的过滤效率，使用电子压力传感器或压力计(4.2.2.4)测量试样两侧的压差，测试试样的初始过滤效率△E 及初阻力值△P，并记录。

4.6.3.3 持续观察过滤阻力，当过滤阻力达到初阻力值的 2 倍或达到终阻力值时，立即停止测试，在过程中所获得的过滤效率最小值作为试样的过滤效率，结果精确至 0.1％。将试样从夹具上卸载下来，卸载过程应非常小心避免已捕集粉尘的掉落而影响测试结果。称取试样的质量，记录为最终质量 W2，结果精确至 0.1mg。

注：根据产品标准或利益相关方协商确定终阻力值。

4.6.3.4 按照 4.6.3.1～4.6.3.2 的要求依次测试剩余试样。

4.7 试验数据处理

4.7.1 过滤效率

以 3 块试样过滤效率的最小值作为该样品过滤效率的测试结果，以百分数(％)表示，当最小值低于 90％，结果保留一位小数；当最小值为 90％～99％，结果保留两位小数；当最小值大于或等于 99％，结果保留三位小数。

4.7.2 滤材阻力

如果终阻力值选取等于初阻力值的 2 倍，则直接计算初阻力值的 2 倍即为该样品滤材阻力的测试结果，单位为帕(Pa)，结果保留一位小数；如果终阻力值由产品标准或利益相关方协商确定，则以该值作为滤材阻力测试结果，以 3 块试样滤材阻力的最大值作为该样品滤材阻力的测试结果，单位为帕(Pa)，结果保留一位小数。

4.7.3 品质因数

按公式(1)分别计算每块试样初始点的品质因数 QF(Pa-1)，以 3 块试样品质因数的最小值作为该样品品质因数的测试结果，结果保留两位有效数字。

$$\mathrm{QF}=-\frac{\ln\pm(1-\Delta E)}{\Delta P} \tag{1}$$

式中：$\triangle E$——过滤介质的过滤效率(％)；

$\triangle P$——过滤介质的滤材阻力(Pa)。

4.7.4 容尘量

按公式(2)分别计算每块试样的容尘量 DHC($g/100cm^2$)，以 3 块试样容尘量的最小值作为该样品容尘量的测试结果，结果保留一位小数。

$$\mathrm{DHC}=W_2-W_1 \tag{2}$$

式中：W_1——过滤介质的初始质量(g)；

W_2——阻力达到初始阻力两倍时或终阻力时过滤介质的质量(g)。

5 静电势能试验方法

5.1 原理

根据静电感应原理，将测试电极靠近被测体，经电子电路放大后推动仪表显示出其数值，分别测试样品正反面的静电压，作差取绝对值即为样品的静电势。

5.2 实验设备

直接感应式静电测试仪。测量范围为(－10～10)kV。

5.3 样品

5.3.1 温湿度预处理

根据产品测试需要，可以按 4.4.1 或 4.4.2 对样品进行预处理。未进行预处理的样品应在符合 GB/T 6529 规定的标准大气环境下调湿平衡后再进行静电势能测试取样。

5.3.2 取样要求

取样品时，为避免污染样品，宜使用洁净、无绒毛的手套小心操作。从熔喷布上均匀裁剪方形试样，边长 120mm，试样上不应出现折痕、褶皱、孔洞、污物或者其他异常。

5.4 试验条件

在温度为(25±3)℃，相对湿度为(45±10)%的密闭空间中进行试验。

5.5 试验步骤

在距样品表面(2±0.2)cm 处用探头对不同位置的表面电势进行测试，显示结果稳定后读取数据，每个样品正反面随机取 50 个点。

5.6 试验数据处理

分别对正反面的 50 个静电势取平均值，再做差取绝对值，即为该熔喷布的静电势能。按公式(3)计算每块试样的静电势能，在距样品表面(2±0.2)cm 处用探头对不同位置的表面电势进行测试，显示结果稳定后读取数据，每个样品正反面随机取 50 个点。结果保留两位小数。

$$E=\left|\frac{\sum_{i}^{n}=1X_i}{n}-\frac{\sum_{i}^{n}=1Y_i}{n}\right|(n=50) \tag{3}$$

式中：X_i——正面静电势(KV)；

Y_i——反面静电势(KV)；

n——测试取点次数；

E——平均静电势差(KV)。

6 试验报告

试验报告应包括以下内容：

a) 试验是按本标准进行的；

b) 样品的描述；

c) 试验时的环境温湿度；

d) 非油性颗粒物或油性颗粒物测试浓度；

e) 说明所选取气溶胶种类、气流量、气流通过截面积、预处理等测试条件，并对应给出每种规定测试条件下样品过滤效率、滤材阻力、容尘量的测试结果；如果需要，给出每块试样的实测值；

f) 试验日期及试验人员；

g) 使用的测试仪器名称、型号；

h) 任何偏离本标准的情况。

参考文献

[1] GB 2626—2019 呼吸防护 自吸过滤式防颗粒物呼吸器
[2] GB/T 32610—2016 日常防护型口罩技术规范

ICS 59.080.30
CCS W 59

团　　体　　标　　准

T/AQB 15—2022

口罩过滤效率测试用熔喷法非织造布标准样品

Reference Materials of Polypropylene melt-blown nonmoven fabric for filtration efficiency of masks

2022-3-18 发布　　2022-3-18 实施

安徽省质量品牌促进会　发布

前　言

本文件按照 GB/T 1.1—2020《标准化工作导则 第1部分：标准化文件的结构和起草规则》的规定起草。

本文件由安徽省产品质量监督检验研究院提出。

本文件由安徽省质量品牌促进会、安徽省纤维及纤维制品标准化技术委员会归口。

本文件起草单位：安徽省产品质量监督检验研究院、宣城广能非织造有限公司、芜湖福派卫生用品有限公司、安徽省食品药品检验研究院、安徽工程大学、安徽农业大学、清华大学合肥公共安全研究院、合肥杰事杰新材料股份有限公司、安徽倍朗新材料科技有限公司、安徽电气集团股份有限公司、安徽红爱实业股份有限公司、界首市天鸿新材料股份有限公司、安徽省锦瑞汽车部件有限公司。

本文件主要起草人：陈蕾、纪扬扬、魏伟伟、黄生勇、程胜、杨杨、邓军、唐思思、黄晓燕、王宗乾、梁净、何银地、李继丰、胡道广、沈岳、李汪洋、夏威、赵建军、朱小飞、钱立胜、郭贤、孔美玲、李术、陈静、沈妍、汪华、王红、成清、丁振华。

本文件为首次发布。

口罩过滤效率测试用熔喷法非织造布标准样品

1 范围

本文件规定了口罩过滤效率测试用熔喷法非织造布标准样品的一般描述、预期用途、正确使用方法、存储运输条件、均匀性检验、稳定性检验及有效期、定值、特性值及溯源性等内容。

本文件适用于以聚丙烯为主要原料，经熔喷法制得，用于口罩生产并起过滤作用的非织造布标准样品。

2 规范性引用文件

本文件没有规范性引用文件。

3 标准样品的一般描述

本系列标准样品共有三种，分别命名为 T/AQB-RM-1、T/AQB-RM-2 和 T/AQB-RM-3，是由熔喷法制成的非织造织物，包装为铝箔自封袋，每包 5 片，每片尺寸为 Φ150mm。

4 预期用途

本系列标准样品用于 GB/T 32610《日常防护型口罩技术规范》、GB 2626—2019《呼吸防护自吸过滤式防颗粒物呼吸器》，试验时，依据不同的标准方法，通过测试该标准样品的过滤效率，对检测仪器设备进行调试、核查和校准，提高仪器设备的检测精度和稳定性，满足熔喷布和口罩类产品的标准检测要求，提高口罩过滤效率项目的检测质量和水平，提高相关行业和产品的整体质量水平。

5 标准样品的正确使用方法

根据 GB/T 32610—2016《日常防护型口罩技术规范》和 GB 2626—2019《呼吸防护自吸过滤式防颗粒物呼吸器》的规定，在测试环境温度为(25±5)℃，相对湿度为(30±10)%条件下，对本系列标准样品的盐性颗粒过滤效率按照以上各标准中测试方法规定执行。不需要进行预处理。

6 标准样品的储存及运输

本系列标准样品在常温、避光条件下储存和运输，应注意防潮、防压、防高温。

7 均匀性检验

根据 GB/T 15000.3 的规定，采用随机抽样和系统抽样法，对本系列标准样品进行均匀性测试，测试特性值为颗粒物过滤效率。采用方差分析对特性值的测试结果进行均匀性检验，结果表明所有样品的特性值无显著差异，样品均匀。

8 稳定性检验及有效期

根据 GB/T 15000.3 的规定，对本标准样品进行短期稳定性和长期稳定性检验，其特性值颗粒物过滤效率均无显著变化。

根据稳定性检验及同类产品的稳定性相关数据，本标准样品的有效期定为 1 年，研制单位将持续对稳定性进行监测，若发生变化将及时通知用户。

9 定值方法

由多家实验室协作定值，盐性颗粒物过滤效率的试验方法按 GB/T 32610—2016《日常防护型口罩技术规范》中附录 A 进行，不需要进行预处理。

参与定值的实验室：湖南省纤维检验研究院、湖北省纤维检验局、河南省纺织产品质量监督检验院、江苏省纺织产品质量监督检验研究院、安徽国科检测科技有限公司、安徽省食品药品检验研究院、宣城广能非织造有限公司和安徽省产品质量监督检验研究院。

10 特性值及其不确定度

特性值及其不确定度见表 1。

表 1 特性值及其不确定度

标准样品编号	特性值(盐性颗粒过滤效率)(%)	不确定度(%)
T/AQB-RM-1	98.33	0.96
T/AQB-RM-2	95.62	1.05
T/AQB-RM-3	89.75	1.08

11 溯源性

本标准样品过滤效率可测源至 GB/T 38413—2019《纺织品 细颗粒物过滤性能实验方法》。参与定值实验室所使用的测量设备均经过检定和校准，满足计量溯源性要求。

ICS 03.080.30
CCS A 10

团 体 标 准

T/AQB 16—2022

放心消费示范单位认定规范

Specification for the identification of consumer confidence demonstration unit

2022-5-9 发布 2022-5-9 实施

安徽省质量品牌促进会
安徽省消费者权益保护委员会 发布

前　　言

本文件按照 GB/T 1.1—2020《标准化工作导则 第1部分:标准化文件的结构和起草规则》的规定起草。

请注意本文件的某些内容可能涉及专利。本文件的发布机构不承担识别专利的责任。

本文件由安徽省消费者权益保护委员会提出并归口。

本文件起草单位:安徽省万联标准化研究中心、安徽省消费者权益保护委员会、合肥市消费者权益保护委员会、淮北市消费者权益保护委员会、亳州市消费者权益保护委员会、宿州市消费者权益保护委员会、蚌埠市消费者权益保护委员会、阜阳市消费者权益保护委员会、淮南市消费者权益保护委员会、滁州市消费者权益保护委员会、六安市消费者权益保护委员会、马鞍山市消费者权益保护委员会、芜湖市消费者权益保护委员会、宣城市消费者权益保护委员会、铜陵市消费者权益保护委员会、池州市消费者权益保护委员会、安庆市消费者权益保护委员会、黄山市消费者权益保护委员会。

本文件主要起草人:吴瑞卿、万仕好、刘心德、李军、李明、王张、张路明、樊具山、李美娜、喻薇莉、兰文军、王文博、陈妍妍、俞靖雯、韩俊、冯微微、董杰、谢小雪。

放心消费示范单位认定规范

1 范围

本文件确立了放心消费示范单位认定的基本原则，并规定了分级和有效期限、认定机制、认定条件及标准、认定程序、动态管理、到期复评、标识使用和牌匾式样。

本文件适用于安徽省、市、县三级放心消费示范单位（以下简称"示范单位"）的认定和管理工作。

2 规范性引用文件

本文件没有规范性引用文件。

3 术语和定义

下列术语和定义适用于本文件。

3.1

放心消费 consumer confidence

消费者为生活消费需要购买、使用商品或接受服务时，对经营者提供的商品和服务的安全、质量、价格、服务、维权等，有较高的信任度和满意度。

3.2

放心消费示范单位 consumer confidence demonstration unit

提供其生产、销售的商品或服务让消费者放心、满意，在本地区、本行业做出榜样或起到典范作用、经过认定的经营者。

4 基本原则

坚持自愿、公平、公正、公开，分级认定、动态管理原则。

5 分级和有效期限

5.1 示范单位分为省、市、县三级，分别由省、市、县消费者权益保护委员会（以下简称"消保委"）组织实施和管理。

5.2 示范单位有效期限 4 年。

6 认定机制

6.1 示范单位按照逐级申报的方式进行，县级认定是基础，市级在县级认定基础上产生，省级在市级认定基础上产生。

6.2 示范单位认定工作每年组织一次。

6.3 鼓励行业协（商）会组织会员参与放心消费创建，培育示范单位，分级认定。

6.4 对放心消费创建参与度较高的大型企业集团等可联合培育示范单位，分级认定。

7　条件及标准

7.1　申报条件

7.1.1　主体资格合法。申报示范单位的经营者应依法取得相关证、照，诚信守法经营。

7.1.2　申报县级示范单位的须持续经营2年以上，申报市级示范单位的须持续经营3年以上，申报省级示范单位的须持续经营5年以上。

7.1.3　落实相关制度。申报示范单位的经营者应落实《消费纠纷处理制度》等。

7.1.4　遵守公开承诺。申报示范单位的经营者应践行诚信理念，强化法治意识，认真履行五项承诺：完善安全制度，保障安全放心；严格进货验收，保障质量放心；实行明码实价，保障价格放心；提升服务水平，保障服务放心；履行首问责任，保障维权放心。

7.2　认定标准

7.2.1　放心消费创建（以下简称“创建”）工作组织领导有力。主要负责人对创建工作高度重视，创建活动组织机构、工作职责、计划方案、目标任务、制度规章等建立健全。

7.2.2　认真组织开展创建有关活动。针对行业特点，围绕“五个放心”开展主题鲜明、载体多样、内容丰富的活动，创建工作宣传氛围浓厚，并融入员工教育、培训、考核等制度中。

7.2.3　经营和服务质量管理规范。严格执行国家相关法律法规，对经营的商品和服务有质量、计量等管控要求，并符合国家有关质量计量标准和行业管理规范等。

7.2.4　坚持诚实守信和依法经营。重视商业信誉和社会责任，商品和服务的质量、价格、计量等信息公开透明，质量查询和追溯体系建立健全，无不公平格式条款、无虚假承诺、无严重违法失信记录等侵害消费者权益的行为。

7.2.5　消费者权益保护工作机制健全。严格遵守《中华人民共和国消费者权益保护法》和《安徽省消费者权益保护条例》等法律法规，建立消费维权工作机制，有投诉处理制度和机构人员，投诉受理方式、办理流程、台账记录等建立健全。积极建立消费纠纷和解制度，按时报送和解数据等。

7.2.6　经营和服务安全管理责任落实。对经营和服务环节可能出现的公共安全事故，有健全的应急处置制度和预案，近三年无质量、食品药品、环境污染、公共卫生和防疫保供等安全事故发生。

7.2.7　落实《安徽省线下实体店无理由退货指引（试行）》，服务业宜建立无理由退费制度，在经营场所醒目位置明示制度的具体内容，并建立台账。

7.2.8　县级示范单位须诚信守法经营，在当地有一定影响力；市级示范单位须有自主品牌，社会影响力较高，在当地同行业有一定知名度；省级示范单位须生产经营规模较大，有较高的品牌美誉度，符合政府产业发展方向的经营者优先。

8　认定程序

8.1　组织申报

8.1.1　每年县级消保委公开发布县级示范单位申报通知，申请示范单位的经营者到所在地消保委申报。

8.1.2　每年市级消保委公开发布市级示范单位申报通知，县级消保委向市级消保委提交推荐名单及材料。

8.1.3　每年省消保委公开发布省级示范单位申报通知，市级消保委向省消保委提交推荐名单及材料。

8.2　申报材料

申报材料包括：

a）《放心消费示范单位申报表》见附录A；

b）《消费纠纷处理制度》承诺内容见附录B；

c）经营者对照认定标准要求提交的自评报告；

d) 经营者有格式合同的提交格式合同样本。

8.3 材料初审

按本文件规定对申报材料进行审核。

8.4 征求意见

初审合格的申报单位征求相关消保委成员单位(以下简称“成员单位”)意见,符合条件的进入培育阶段。

8.5 培育指导

各级消保委指导申报单位围绕安全放心、质量放心、价格放心、服务放心、维权放心(以下简称“五个放心”)建立健全相关制度,开展相关活动,打造行业典范。

8.6 现场查验

各级消保委采取“双随机”的形式对申报单位按照县级100%、市级不低于50%、省级不低于30%的比例开展现场查验。

注:“双随机”,即现场查验经营者和参与现场查验工作人员采用随机抽签方式确定。

8.7 评议评审

8.7.1 集体评议:组织成员单位召开评议会议,依据申报材料对申报单位进行评议。

8.7.2 专家评审:组织有成员单位、消费者代表、行业领域专家(学者)、人大代表、政协委员等参加的评审会议,依据申报材料对申报单位进行评审。

8.7.3 各级消保委可采用集体评议或专家评审方式,也可采用集体评议和专家评审并行方式,以评议评审的结果确定拟认定名单。

8.8 异议公示

对拟认定名单书面征求成员单位意见,反馈无异议后通过消保委官方网站向社会公示,接受社会监督,公示期不少于5个工作日。

8.9 公告授牌

8.9.1 公示无异议,认定为示范单位。

8.9.2 示范单位认定结果须发文并通过消保委官网公布。

8.9.3 各级消保委对认定的示范单位授牌,并通过媒体进行宣传。

9 动态管理

9.1 各级消保委应通过舆论监测、投诉分析、社会监督、消费者满意度调查等方式,对已认定示范单位进行跟踪监督,督促经营者自觉落实主体责任,不断提高商品品质和服务质量。

9.2 示范单位认定实行全过程痕迹化管理,各级消保委应建立台账档案,做到“一户一档”。

9.3 发现存在下列情形之一的,应撤销示范单位资格,予以摘牌并公告:

a) 申报、认定中弄虚作假或隐瞒真实情况的;
b) 因失信违法行为被列入有关部门“黑名单”的;
c) 因未尽到经营者法定责任导致商品质量、服务质量、食品安全等重大安全责任事故,产生社会不良影响的;
d) 因严重侵害消费者权益行为被行政处罚或追究刑事责任的;
e) 消费纠纷频发且处理不主动不及时的,发生重大或群体性事件影响社会稳定的;

f） 破产、注销或被吊销营业执照、许可证的；

g） 连续2年未报送和解数据的；

h） 其他应当予以取消或撤销的情形。

9.4 被撤销示范单位资格的经营者2年内不得申报示范单位。

10 到期复评

10.1 示范单位到期前三个月，依经营者自愿申请进行复评。逾期不报视为自动放弃。

10.2 复评程序依照认定程序执行。

11 标识使用

11.1 示范单位应使用图1所示的“安徽省放心消费创建”专用标识。

11.2 “安徽省放心消费创建”专用标识含义：

a） 迎客松代表安徽，形状为“F”，体现安徽省消费环境让人放心；

b） 一颗心代表放心、安心与舒心；

c） 相握的手代表放心消费创建需要大家齐心协力，共同维护；

d） 绿色代表健康、生态和可持续发展。

图1 “安徽省放心消费创建”专用标识

11.3 “放心消费在安徽”公开承诺标识，如图2所示。

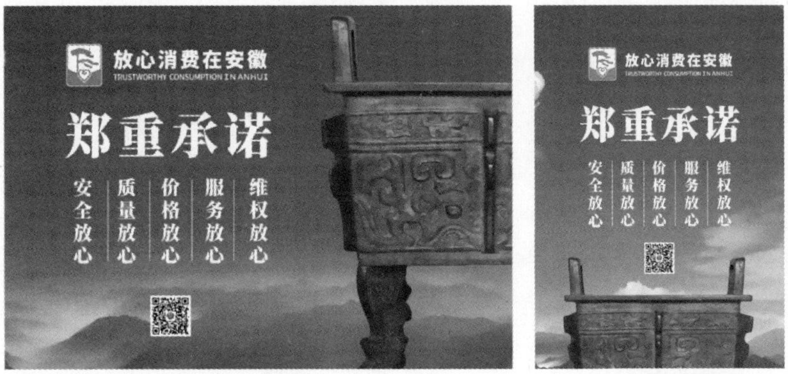

(a) 横版　　(b) 竖版

图2 “放心消费在安徽”公开承诺标识

12 牌匾式样

示范单位牌匾式样及制作标准见附录C。

附 录 A
（规范性）
示范单位申报表

A.1 县级示范单位申报表见表 A.1。

表 A.1 县级放心消费示范单位申报表

<table>
<tr><td>单位名称
（盖章）</td><td colspan="3"></td><td colspan="2">统一社会信用代码/注册号</td><td></td></tr>
<tr><td>单位地址</td><td colspan="6"></td></tr>
<tr><td rowspan="2">单位负责人</td><td rowspan="2"></td><td rowspan="2">职务</td><td rowspan="2"></td><td>固话</td><td colspan="2"></td></tr>
<tr><td>手机</td><td colspan="2"></td></tr>
<tr><td rowspan="2">和解通专员</td><td rowspan="2"></td><td rowspan="2">职务</td><td rowspan="2"></td><td>固话</td><td colspan="2"></td></tr>
<tr><td>手机</td><td colspan="2"></td></tr>
<tr><td>申报单位
自评简述</td><td colspan="6"></td></tr>
<tr><td>消保委分会意见
（盖章）</td><td colspan="6"></td></tr>
<tr><td>县级消保委意见
（盖章）</td><td colspan="6"></td></tr>
<tr><td>备注</td><td colspan="6"></td></tr>
</table>

A.2 市级示范单位申报表见表 A.2。

表 A.2 市级放心消费示范单位申报表

<table>
<tr><td>单位名称
（盖章）</td><td colspan="2"></td><td colspan="2">统一社会信用代码/注册号</td><td></td></tr>
<tr><td>单位地址</td><td colspan="5"></td></tr>
<tr><td rowspan="2">单位负责人</td><td rowspan="2"></td><td rowspan="2">职务</td><td rowspan="2"></td><td>固话</td><td></td></tr>
<tr><td>手机</td><td></td></tr>
<tr><td rowspan="2">和解通专员</td><td rowspan="2"></td><td rowspan="2">职务</td><td rowspan="2"></td><td>固话</td><td></td></tr>
<tr><td>手机</td><td></td></tr>
<tr><td>申报单位
自评简述</td><td colspan="5"></td></tr>
<tr><td>县级消保委意见
（盖章）</td><td colspan="5"></td></tr>
<tr><td>市级消保委意见
（盖章）</td><td colspan="5"></td></tr>
<tr><td>备注</td><td colspan="5"></td></tr>
</table>

A.3　省级示范单位申报表见表 A.3。

表 A.3　省级放心消费示范单位申报表

<table>
<tr><td>单位名称
（盖章）</td><td colspan="2"></td><td colspan="2">统一社会信用代码/注册号</td><td></td></tr>
<tr><td>单位地址</td><td colspan="5"></td></tr>
<tr><td rowspan="2">单位负责人</td><td rowspan="2"></td><td rowspan="2">职务</td><td rowspan="2"></td><td>固话</td><td></td></tr>
<tr><td>手机</td><td></td></tr>
<tr><td rowspan="2">和解通专员</td><td rowspan="2"></td><td rowspan="2">职务</td><td rowspan="2"></td><td>固话</td><td></td></tr>
<tr><td>手机</td><td></td></tr>
<tr><td>申报单位
自评简述</td><td colspan="5"></td></tr>
<tr><td>市级消保委意见
（盖章）</td><td colspan="5"></td></tr>
<tr><td>省消保委意见
（盖章）</td><td colspan="5"></td></tr>
<tr><td>备注</td><td colspan="5"></td></tr>
</table>

附 录 B
(规范性)
《消费纠纷处理制度》承诺内容

消费纠纷处理制度见表 B.1。

表 B.1 消费纠纷处理制度

序号	承诺内容
1	秉承对消费者负责的态度,积极履行消费纠纷第一责任人的义务,认真做好消费纠纷处理工作
2	建立健全受理和处理程序,明确受理、处理、审核、反馈、归档等基本工作程序。对消费者诉求,主动协调沟通,及时和解消费纠纷,力争纠纷不出店
3	消费者直接投诉到有关行政部门、消费者权益保护委员会的,经营者应积极主动配合,及时妥善处理消费纠纷,并向相关部门报告处理结果
4	根据消费者投诉情况,有针对性地加强和完善内部经营管理,建立长效管理机制,切实履行消费维权的社会责任
5	建立并执行和解制度,定期通过安徽放心消费创建网站的示范单位后台报送消费纠纷和解数据
申报单位 履行承诺说明	(上述内容是基本承诺,经营者可根据自身情况增加其他内容) 单位盖章: 年 月 日

附 录 C
(规范性)
示范单位牌匾式样和制作要求

C.1 牌匾样式

C.1.1 省级示范单位牌匾式样见图 C.1。

图 C.1 省级示范单位牌匾式样

C.1.2 市级示范单位牌匾式样见图 C.2。

图 C.2 市级示范单位牌匾式样

C.1.3 县级示范单位牌匾式样见图 C.3。

图 C.3　县级示范单位牌匾式样

C.2　牌匾制作要求

各级示范单位牌匾制作应符合表 C.1 的规定。

表 C.1　牌匾制作要求

序号	项目		省级	市级	县级
1	整体材质		—	拉丝铜材质	—
2	整体排版		除编号、二维码之外整体居中		
3	制作工艺		文字、标识部分铜字阳刻 底色腐蚀做旧	文字阴刻烤漆工艺	文字、标识部分铜字阳刻 底色绿色烤漆工艺
4	颜色		—	除 LOGO 外 c0m0y0k100	烤漆色值 c100y100k50
5	整体尺寸		400mm×600mm		
6	二维码尺寸		50mm×50mm		
7	“安徽省放心消费创建”专用标识	尺寸	60mm×70.13mm		
		颜色	—	c100m0y100k0	—
8	×××放心消费示范单位		字体汉仪方隶简，135 号字，行间距 145，字间距 0		
9	Consumer confidence demonstration unit		字体 Arial，58 号字，字间距 0		
10	授牌单位名称		×××消费者权益保护委员会，字体微软雅黑，40 号字，字间距 138		
11	有效期限		××年××月—××年××月，字体微软雅黑，37 号字，字间距 100		
12	编号		NO:×××××，字体微软雅黑，31 号字，字间距 0		
13	二维码		可预留 52mm×52mm 的版面，二维码采用拉丝工艺印刷上去		

参考文献

[1]《中华人民共和国消费者权益保护法》
[2]《安徽省消费者权益保护条例》
[3]《国务院办公厅关于进一步释放消费潜力促进消费持续恢复的意见》(国办发〔2022〕9 号)
[4]《关于进一步深入开展放心满意消费创建活动加强消费环境建设的意见》(皖市监发〔2021〕29 号)

ICS 97.180
CCS Y 89

团　　体　　标　　准

T/AQB 17—2022

工业刷 抛光辊刷技术规范

Industrial brush-Technical specification for roller shaped polishing brush

2022-7-22 发布　　　　2022-7-22 实施

安徽省质量品牌促进会
安徽省刷业商会　发布

前　言

本文件按照 GB/T 1.1—2020《标准化工作导则 第1部分:标准化文件的结构和起草规则》的规定起草。

请注意本文件的某些内容可能涉及专利。本文件的发布机构不承担识别专利的责任。

本文件由安徽省刷制品质量监督检验中心提出。

本文件由安徽省质量品牌促进会和安徽省刷业商会归口。

本文件起草单位:安徽省潜山县亿达刷制品有限公司、安徽省万联标准化研究中心、潜山市市场监督检验所、安徽省刷制品质量监督检验中心、安徽省刷业商会、安徽保之林刷业有限公司、安徽日通制刷有限公司、安徽友川刷业有限公司、安徽环美刷业股份有限公司、安徽恒昌刷业有限公司、安徽圣峰刷业股份有限公司、潜山县进贤刷业有限公司、安徽龙威刷业有限公司、安徽六顺达刷业有限公司、安徽省潜山县志发机电配件有限公司。

本文件主要起草人:韩军、朱小照、林玉娇、王文斌、张时俊、方专政、徐焰苗、储德节、储文明、吴方朝、俞靖雯、汪晓林、鲁天峰、徐贤国、徐吴宝、江道武。

工业刷 抛光辊刷技术规范

1 范围

本文件规定了工业刷类中抛光辊刷的分类及规格型号、要求、试验方法、检验规则、标志、包装、运输和贮存。

本文件适用于工业用抛光辊刷。

2 规范性引用文件

下列文件中的内容通过文中的规范性引用而构成本文件必不可少的条款。其中,注日期的引用文件,仅该日期对应的版本适用于本文件;不注日期的引用文件,其最新版本(包括所有的修改单)适用于本文件。

GB/T 191 包装储运图示标志

GB/T 1096 普通型 平键

GB/T 1804—2000 一般公差 未注公差的线性和角度尺寸的公差

GB/T 2828.1—2019 计数抽样检验程序 第1部分:按接收质量限(AQL)检索的逐批检验抽样计划

QB/T 3826 轻工产品金属镀层和化学处理层的耐腐蚀试验方法中性盐雾试验(NSS)法

3 术语和定义

下列术语和定义适用于本文件。

3.1

单丝 filament

构成刷丝的单一细丝。

3.2

混合丝 mixed brush wire

由高分子单丝、金属单丝、生物质材料丝任意两种及以上按照一定比率组合而成的刷丝。

3.3

抛光辊刷 roller shaped polishing brush

采用辊刷结构的抛光刷。如图1所示。

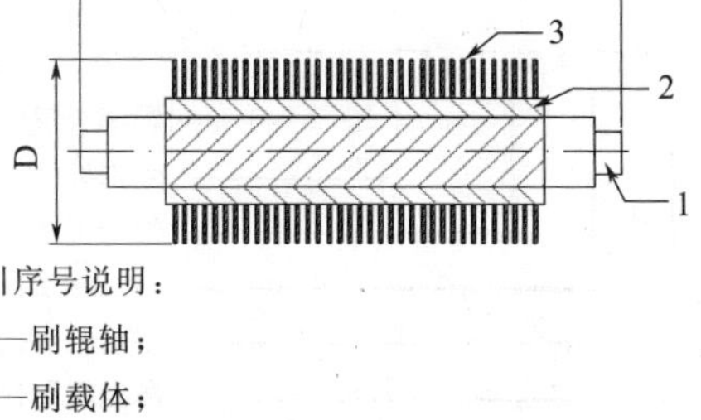

标引序号说明:

1——刷辊轴;

2——刷载体;

3——刷丝;

D——辊刷外径;

L——辊刷总长。

图1 抛光辊刷示意图

4 分类及规格型号

4.1 分类

4.1.1 按用途分类及代码应符合表1的规定。

表1 用途分类及代码

用途分类	代码
玻璃抛光	BL
木材抛光	MC
石材抛光	SC
金属板材抛光	JS
汽车零件	QC
其他类材料表面抛光	QT

4.1.2 按刷丝材质分类及代码应符合表2的规定。

表2 刷丝分类及代码

刷丝材质	代码
高分子单丝	G
金属单丝	J
生物质材料丝	S
混合丝	H

4.1.3 按生产工艺分类及代码应符合表3的规定。

表3 生产工艺分类及代码

生产工艺	代码
植毛	ZM
缠绕	CR
冲压	CY
嵌入卡接	QR

4.2 规格型号

型号规格命名方法为：

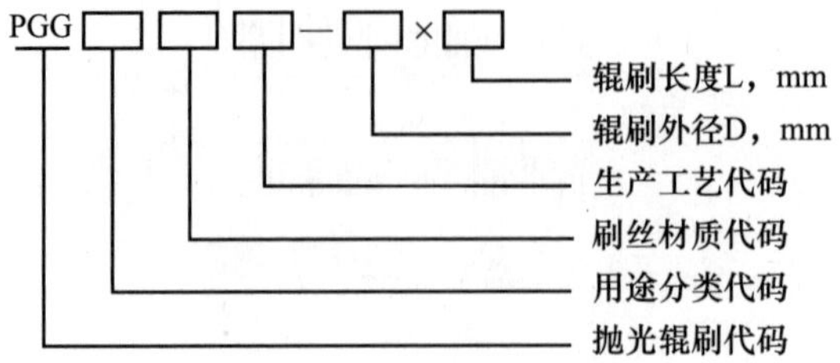

示例：PGG BL G ZM－170×1000 表示以高分子单丝材料为刷丝，采用植毛工艺，用于玻璃表面抛光的辊刷外径为170mm，辊刷长度为1000mm的抛光辊刷。

5 要求

5.1 外观

5.1.1 刷丝

刷丝应挺直、均匀，无明显扭曲，无杂质、气泡和开裂，表面应光滑、无明显色差；金属刷丝应光滑，无锈迹。

5.1.2 刷体

5.1.2.1 应表面磨光，无毛刺、龟裂、锈迹。

5.1.2.2 轴头应倒钝角，表面光滑无毛刺、划伤。

5.1.2.3 刷载体与刷辊轴结合应牢固，不应有脱层与裂口现象。

5.2 尺寸及形位公差

5.2.1 刷辊外径最大允许偏差为±0.5mm(D≤200mm)、±1mm(D>200mm)。

5.2.2 刷辊轴、刷载体外形尺寸偏差应符合图纸要求，未标注公差等级不低于 GB/T 1804—2000 中等 m 要求，刷辊轴配合面表面粗糙度应不低于 Ra3.2μ_m，刷辊轴头的径向跳动应不大于 0.05mm。

5.2.3 刷辊轴上的键槽尺寸应符合 GB/T 1096 的要求。

5.2.4 刷载体的径向跳动应不大于 0.1mm。

5.3 单丝拉脱力

单丝拉脱力应符合表 4 的规定。

表 4　单丝拉脱力

单位：N/根

单丝直径，d(mm)	单丝拉脱力		
	高分子单丝	金属单丝	生物质材料丝及其混合丝
$d<0.2$	≥2	≥3	≥1
$0.2\leqslant d\leqslant 0.5$	≥3	≥5	≥3
$d>0.5$	≥5	≥8	≥5

5.4 耐高低温性能

5.4.1 高温高湿试验

经 6.4.1 试验后，刷丝不应出现龟裂、剥离，刷载体不得出现裂纹、剥离、鼓包、变形。

5.4.2 低温试验

经 6.4.2 试验后，刷丝不应出现龟裂、剥离，刷载体不得出现裂纹、剥离、鼓包、变形。

5.5 盐雾试验

经 6.5 试验后，金属材质不应出现锈蚀现象。

5.6 动平衡

动平衡应满足客户要求，客户无要求时根据转速选择，满足表 5 的规定。

表 5　动平衡要求

辊刷外径 D(mm)	转速，n(r/min)				
	$n\leqslant 400$	$400<n\leqslant 600$	$600<n\leqslant 800$	$800<n\leqslant 1200$	$n>1200$
$D\leqslant 200$	—	≤50g	≤60g	≤70g	≤100g
$D>200$	—	≤60g	≤70g	≤80g	≤100g

6 试验方法

6.1 外观

在正常光线下目测，手感检验毛刺。

6.2 尺寸及形位公差

6.2.1 在刷辊圆柱方向上，均匀5个位置，用游标卡尺测量外径，取测量结果偏差最大值。

6.2.2 用卡尺测量刷载体和刷辊轴的外形尺寸，以及键槽尺寸，测量5次取测量结果偏差最大值。

6.2.3 用粗糙度仪测量刷载体和刷辊轴的表面粗糙度，测量5次，取测量结果最大值。

6.2.4 固定刷柄转轴，用百分表测定刷载体和刷辊轴外圆的径向跳动量，测量3次，取测量结果最大差值。

6.3 单丝拉脱力

将抛光辊刷的刷丝固定在拉力试验机拉伸夹具或手持拉力计夹头上，固定刷辊轴，保持对刷丝的垂直拉伸力，以不高于25mm/min的速度进行拉伸，直至刷丝从刷载体上拉脱或断裂，取分布均匀的5个点测量，结果取5根单丝拉脱力的最小值。

6.4 耐高低温性能

6.4.1 在温度为80℃±2℃，相对湿度为95%±2%的环境中放置24h后，取出样品放置至室温，目测样品外观。

6.4.2 在温度为－40℃±2℃的环境中放置24h后，取出样品放置至室温，目测样品外观。

6.5 盐雾试验

取一件抛光辊刷样品上的金属材料置于盐雾箱内，按QB/T 3826规定的方法进行试验，试验时间8h后取出，目测金属材料表面情况。

6.6 动平衡

将刷辊置于动平衡试验机上，设置对应转速，检验最终动平衡数据。

7 检验规则

7.1 检验分类

检验分为出厂检验和型式检验。

7.2 出厂检验

7.2.1 产品应经生产厂质量检验部门按本标准检验合格后方能出厂，并附上合格标志。

7.2.2 出厂检验项目包括外观质量、尺寸及形位公差、单丝拉脱力。

7.2.3 出厂检验采用GB/T 2828.1—2019中一般检验水平为Ⅰ的正常检查一次抽样方案，样本大小及判定数组见表6，接收质量限AQL为4.0。

表6 样本大小和判定数组

批量	样本大小，n	判定数组(Ac,Re)
1～15	2	0,1
16～25	3	0,1
26～90	5	0,1

续表

批量	样本大小，n	判定数组(Ac,Re)
91～150	8	1,2
151～280	13	1,2
281～500	20	2,3
501～1200	32	3,4
1201～3200	50	5,6
3201～10000	80	7,8

7.3 型式检验

7.3.1 抛光辊刷在下列情况之一时，应进行型式检验：

a) 新产品定型鉴定；

b) 正式生产后，如结构、材料、工艺有较大改变，可能影响产品质量时；

c) 产品停产一年以上，恢复生产时；

d) 正常情况下每年1次。

7.3.2 型式检验项目包括第5章全部内容。

7.3.3 型式检验样本不少于1件。

7.4 判定规则

7.4.1 出厂检验中除外观检测，如有一项不符合，则判该批次产品为不合格。

7.4.2 型式检验中有一项不合格时，则判该批次产品为不合格。

8 标志、包装、运输、贮存

8.1 标志

应标明制造单位名称、地址、执行标准、出厂日期、产品名称和型号、生产批次、数量等。

8.2 包装

8.2.1 产品宜采用木箱、塑胶箱包装，包装储运标志应符合GB/T 191的要求。

8.2.2 包装内应附有产品质量检验合格证或(和)说明书。

8.3 运输

产品在运输中防止碰撞、变形，在长途运输中应有防锈蚀措施。

8.4 贮存

产品应在通风、干燥、无腐蚀性气体的库房中贮存。

ICS 97.180
CCS Y 89

团　体　标　准

T/AQB 18—2022

工业刷 清洗盘刷技术规范

Industrial brush-Technical specification for disc shaped cleaning brush

2022-7-22 发布　　2022-7-22 实施

安徽省质量品牌促进会
安 徽 省 刷 业 商 会　发布

前　言

本文件按照GB/T 1.1—2020《标准化工作导则 第1部分：标准化文件的结构和起草规则》的规定起草。

请注意本文件的某些内容可能涉及专利。本文件的发布机构不承担识别专利的责任。

本文件由安徽省刷制品质量监督检验中心提出。

本文件由安徽省质量品牌促进会和安徽省刷业商会归口。

本文件起草单位：安徽日通制刷有限公司、安徽省万联标准化研究中心、潜山市市场监督检验所、安徽省刷制品质量监督检验中心、安徽省刷业商会、安徽环美刷业股份有限公司、安徽圣峰刷业股份有限公司、安徽龙威刷业有限公司、安徽保之林刷业有限公司、安徽省潜山县亿达刷制品有限公司、安徽友川刷业有限公司、安徽恒昌刷业有限公司、潜山县进贤刷业有限公司、安徽六顺达刷业有限公司、安徽省潜山县志发机电配件有限公司。

本文件主要起草人：江涛、朱小照、徐华兵、徐焰苗、张时俊、王文斌、储德节、储文明、吴方朝、俞靖雯、汪晓林、鲁天峰、徐贤国、徐吴宝、方专政、江道武。

工业刷 清洗盘刷技术规范

1 范围

本文件规定了工业刷类中清洗盘刷的分类及规格型号、要求、试验方法、检验规则、标志、包装、运输和贮存。

本文件适用于工业用清洗盘刷。

2 规范性引用文件

下列文件中的内容通过文中的规范性引用而构成本文件必不可少的条款。其中，注日期的引用文件，仅该日期对应的版本适用于本文件；不注日期的引用文件，其最新版本（包括所有的修改单）适用于本文件。

GB/T 191 包装储运图示标志

GB/T 2828.1—2019 计数抽样检验程序 第1部分：按接收质量限（AQL）检索的逐批检验抽样计划

QB/T 3826 轻工产品金属镀层和化学处理层的耐腐蚀试验方法 中性盐雾试验（NSS）法

3 术语和定义

下列术语和定义适用于本文件。

3.1

单丝 filament

构成刷丝的单一细丝。

3.2

束丝 tuft

刷体孔内的一组单丝。

3.3

混合丝 mixed brush wire

由高分子单丝、金属单丝、生物质材料丝任意两种及以上按照一定比率组合而成的刷丝。

3.4

连接件 connectors

固定刷体部件之间、刷体与安装对象之间零件的总称。

3.5

清洗盘刷 disc shaped cleaning brush

采用圆盘刷结构的清洗刷。如图1所示。

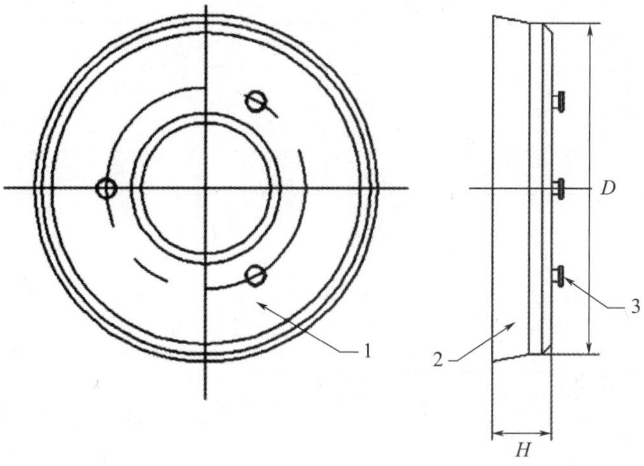

标引序号说明：
1——刷体；
2——刷丝；
3——连接件；
D——盘刷外径；
H——盘刷高度。

图 1 清洗盘刷示意图

4 分类及规格型号

4.1 分类

4.1.1 按用途分类及代码应符合表 1 的规定。

表 1 用途分类及代码

用途分类	代码
路面清洗	LM
地毯表面清洗	DT
玻璃表面清洗	BL
金属表面清洗	JS
木质材料表面清洗	MZ
其他类材料表面清洗	QT

4.1.2 按刷丝材质分类及代码应符合表 2 的规定。

表 2 刷丝材质分类及代码

刷丝材质	代码
高分子单丝	G
金属单丝	J
生物质材料丝	S
混合丝	H

4.1.3 按生产工艺分类及代码应符合表 3 的规定。

表 3　生产工艺分类及代码

生产工艺	代码
植毛	ZM
粘接	ZJ
嵌入卡接	QR

4.2　规格型号

型号规格命名方法为：

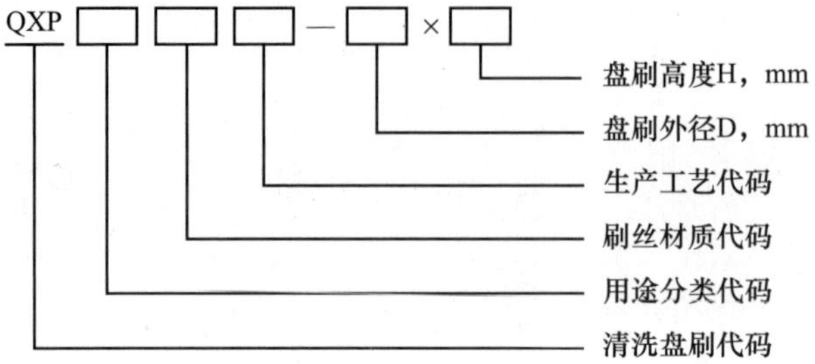

示例：QXP BL G ZM－800×25 表示以高分子材料为刷丝，采用植毛工艺，盘刷外径为 800mm，盘刷高度为 25mm，用于玻璃表面清洗的盘刷。

5　要求

5.1　外观

5.1.1　高分子材料、生物质材料丝、混合丝类刷丝应挺直、均匀，无明显扭曲，无杂质、气泡和开裂，表面应光滑、无明显色差；金属刷丝应光滑，无锈迹。

5.1.2　刷体边缘倒角应光滑，表面应平整、无毛刺残留、无裂纹。

5.2　尺寸及公差

5.2.1　清洗盘刷直径、丝长、高度、安装孔位尺寸精度等应符合图纸要求。

5.2.2　图纸未标注公差应符合表 4 的规定。

表 4　尺寸偏差要求

单位：mm

项目	分类	最大允许偏差
盘刷外径（D）	$D<350$	-3
	$D\geqslant350$	-5
盘刷高度（H）	—	±1.5

5.3　高温高湿试验

经 6.3 试验后，刷丝不应出现龟裂、剥离，刷体不得出现裂纹、剥离、鼓包、变形。

5.4　低温试验

经 6.4 试验后，刷丝不应出现龟裂、剥离，刷体不得出现裂纹、剥离、鼓包、变形。

5.5　盐雾试验

经 6.5 试验后，金属材料不应出现锈蚀现象。

5.6 单丝拉脱力

单丝拉脱力应符合表5的规定。

表5 单丝拉脱力

单位:N/根

单丝直径,d(mm)	单丝拉脱力		
	高分子单丝	金属单丝	生物质材料丝及其混合丝
$d<0.2$	≥2	≥3	≥1
$0.2\leq d\leq 0.5$	≥3	≥5	≥3
$d>0.5$	≥5	≥8	≥5

6 试验方法

6.1 外观

在正常光线下目测,手感检验毛刺。

6.2 尺寸及公差

盘刷外径(D)、盘刷高度(H)使用精度不低于0.5mm的量尺进行测量,丝长(L)等尺寸使用精度不低于0.1mm的量尺进行测量。

6.3 高温高湿试验

在温度为80℃±2℃,相对湿度为95%±2%的环境中放置24h后,取出样品放置至室温,目测样品外观。

6.4 低温试验

在温度为-40℃±2℃的环境中放置24h后,取出样品放置至室温,目测样品外观。

6.5 盐雾试验

金属材质连接件的清洗盘刷,应进行耐盐雾腐蚀试验,试验按QB/T 3826的规定进行,试验时间为24h。

6.6 单丝拉脱力

将清洗盘刷的圆盘和待测单丝分别固定在拉力试验机拉伸夹具或手持拉力计夹头上,待测单丝垂直于水平面,沿单丝轴向以不高于25mm/min的速度进行拉脱,读取单丝从圆盘上拉脱或断裂时的力值计为拉脱力值。结果取5根单丝拉脱力的最小值。

7 检验规则

7.1 检验分类

产品检验分为出厂检验和型式检验。

7.2 出厂检验

7.2.1 产品应经生产厂质量检验部门按本标准检验合格后方能出厂,并附上合格标志。

7.2.2 出厂检验项目包括外观、尺寸及公差、单丝拉脱力。

7.2.3 出厂检验采用GB/T 2828.1—2019中一般检验水平为Ⅰ的正常检查一次抽样方案,样本大小及判定数组见表6,接收质量限AQL为4.0。

表6 样本大小和判定数组

批量	样本大小，n	判定数组(Ac,Re)
1～15	2	0,1
16～25	3	0,1
26～90	5	0,1
91～150	8	1,2
151～280	13	1,2
281～500	20	2,3
501～1200	32	3,4
1201～3200	50	5,6
3201～10000	80	7,8

7.3 型式检验

7.3.1 清洗盘刷有下列情况之一时，应进行型式检验：

a) 新产品定型鉴定；

b) 正式生产后，如结构、材料、工艺有较大改变，可能影响产品质量时；

c) 产品停产一年以上，恢复生产时；

d) 正常情况下每年1次。

7.3.2 型式检验项目包括第5章全部内容。

7.3.3 型式检验样本不少于1件。

7.4 判定规则

7.4.1 出厂检验中除外观检测按照表6检测，如有一项不符合，则判该批次产品为不合格。

7.4.2 型式检验中有一项不合格，则判该批次产品为不合格。

8 标志、包装、运输、贮存

8.1 标志

应标明制造单位名称、地址、执行标准、出厂日期、产品名称和型号、生产批次、数量等。

8.2 包装

8.2.1 产品宜采用木箱、塑胶箱包装，包装储运标志应符合GB/T 191的要求。

8.2.2 包装内应附有产品质量检验合格证或(和)说明书。

8.3 运输

产品在运输中防止碰撞、变形，在长途运输中应有防锈蚀措施。

8.4 贮存

产品应在通风、干燥、无腐蚀性气体的库房中贮存。

ICS 97.180
CCS Y 89

团　体　标　准

T/AQB 19—2022

刷制品通用术语

General terms for brush products

2022-7-22 发布　　　　2022-7-22 实施

安徽省质量品牌促进会
安 徽 省 刷 业 商 会　发布

前　言

本文件按照GB/T 1.1—2020《标准化工作导则 第1部分:标准化文件的结构和起草规则》的规定起草。

请注意本文件的某些内容可能涉及专利。本文件的发布机构不承担识别专利的责任。

本文件由安徽省刷制品质量监督检验中心提出。

本文件由安徽省质量品牌促进会和安徽省刷业商会归口。

本文件起草单位:安徽省万联标准化研究中心、潜山市市场监督检验所、安徽省刷制品质量监督检验中心、安徽省刷业商会、安徽环美刷业股份有限公司、安徽保之林刷业有限公司、安徽省潜山县亿达刷制品有限公司、安徽友川刷业有限公司、安徽六顺达刷业有限公司、安徽恒昌刷业有限公司、安徽圣峰刷业股份有限公司、潜山县进贤刷业有限公司、安徽龙威刷业有限公司、安徽日通制刷有限公司、安徽省潜山县志发机电配件有限公司。

本文件主要起草人:汪馨、王奎、徐华兵、徐焰苗、张时俊、王文斌、储德节、储文明、吴方朝、俞靖雯、汪晓林、鲁天峰、徐贤国、徐吴宝、方专政、江道武。

刷制品通用术语

1 范围

本文件规定了刷制品的基础术语、结构术语、功能术语、应用术语、工艺术语、部件术语。

本文件适用于刷制品。

2 规范性引用文件

本文件没有规范性引用文件。

3 术语和定义

下列术语和定义适用于本文件。

3.1 基础术语

3.1.1

刷制品 brush products

由刷丝和刷体组装而成，具有除尘、抛光、研磨、清洗、防护、涂敷等功能的用具。

3.1.2

刷体 bristle carrier

刷制品中用于固定刷丝，且具有使用、固定接口结构功能的部件总称。

3.1.3

刷丝 brush bristle

刷制品中具有包含但不限于除尘、抛光、清洗、研磨、防护、涂敷功能的部件。

3.1.4

单丝 filament

构成刷丝的单一细丝。

3.1.5

束丝 tuft

刷体孔内的一组单丝。

3.2 结构术语

3.2.1

圆盘刷 disc shaped brush

刷体为圆盘形状的刷制品。如抛光盘刷、清洗盘刷、扫路盘刷等。

3.2.2

辊刷 roller shaped brush

刷体为辊形状的刷制品。如清洗辊刷、抛光辊刷、扫路辊刷、除锈辊刷等。

3.2.3

条形刷 Strip brush

刷体为条形状的刷制品。如剑麻条刷、塑料条刷等。

3.2.4

弹簧刷 spiral brush

条形刷经模具形变，不间断螺旋缠绕，形成弹簧状的刷制品。如内绕刷等。

3.2.5

片刷 wheel brush

刷丝紧密排列在一起放到特定的模具中，采用冲压或相关工艺制成片状的刷制品。如扫雪刷。

3.2.6

板刷 board shaped brush

刷体为板型材料的刷制品。

3.2.7

异型刷 special shaped brush

非标准形状规格的刷制品。

3.3 功能术语

3.3.1

除尘刷 dusting brush

通过隔离空气粉尘或以刷丝清洁表面粉尘的刷制品。

3.3.2

抛光刷 polishing brush

通过刷丝持续摩擦降低物件表面粗糙度，使其表面光滑的刷制品。

3.3.3

研磨刷 gurinding bursh

通过刷丝持续摩擦物件表面，获得规定的表面粗糙度和尺寸精度的刷制品。

3.3.4

清洗刷 cleaning brush

清除被清洗物内外表面的污垢，使其表面干净卫生的刷制品。

3.3.5

防护刷 protective brush

用于日常生活和工业生产中，起到人身和产品安全作用的刷制品。

3.3.6

涂敷刷 coating brush

将涂覆物涂在物体表面的刷制品。

3.4 应用术语

3.4.1

民用刷 civil brush

用于日常生活中除尘、清洗、涂敷等的刷制品。如鞋刷、床刷、油漆刷、滚筒刷、扫帚、扫地机配件毛刷、杯子清洁刷等。

3.4.2

工业刷 industrial brush

用于工业生产中除尘、抛光、清洗、研磨、防护等的刷制品。如抛光盘刷、清洗辊刷等。

3.4.3

环卫刷 sanitation brush

用于环卫行业中清扫、清洁等的刷制品。如扫路刷、洗地刷、除雪刷等。

3.5 工艺术语

3.5.1

植毛 tufting

将刷丝钉进刷体孔内的固定方式。

3.5.2

缠绕 winding

将一根和多根条刷以一定方向旋转固定在刷体上的方法。

3.5.3

嵌入卡接 assembly

将刷丝穿插到刷体槽内的方法。

3.5.4

热熔 hot melt

将一端熔粘的刷丝与热熔状态的刷体融为一体的方法。

3.5.5

冲压 stamping

通过冲压机将刷丝和刷体固定的方法。

3.5.6

模压 extrusion

使用设备将刷丝由一根钢丝压入金属带中的固定方法。

3.5.7

穿线 threading

手工将刷丝由一根线带入刷体孔内的固定方法。

3.5.8

粘接 cementing

使用胶粘剂将刷丝和刷体固定的方法。

3.6 部件术语

3.6.1

磨料丝 abrasive wire series

混有磨料颗粒的高分子单丝。如金刚石磨料丝、碳化硅磨料丝、氧化铝磨料丝等。

3.6.2

金属丝 metal wire

以金属材料制成的刷丝。如铁丝、铜丝(H80、H68等)、不锈钢(304、316等)丝、镍丝等。

3.6.3

生物质材料丝 biomass-based material wire

以动物毛、植物纤维制成的刷丝。如猪毛、马毛、剑麻、白棕等。

3.6.4

混合丝 mixed brush wire

由高分子单丝、金属单丝、生物质材料丝任意两种及以上按照一定比率组合而成的刷丝。

3.6.5

刷轴 axle head

刷体中连接刷辊且可安装的部件。

3.6.6

连接件 connectors

固定刷体部件之间、刷体与安装对象之间零件的总称。

3.6.7

马丁 matin

将单孔内对折的刷丝固定在植毛孔内的部件。

ICS 03.080.30
CCS A 12

团　体　标　准

T/AQB 20—2022

绩溪徽菜　胡适一品锅

2022-11-06 发布　　2022-11-06 实施

安徽省质量品牌促进会
绩溪县酒店餐饮烹饪协会　发布

前　言

本文件按照 GB/T 1.1—2020《标准化工作导则 第1部分：标准化文件的结构和起草规则》的规定起草。

请注意本文件的某些内容可能涉及专利。本文件的发布机构不承担识别专利的责任。

本文件由绩溪县酒店餐饮烹饪协会提出。

本文件由安徽省质量品牌促进会和绩溪县酒店餐饮烹饪协会归口。

本文件起草单位：绩溪县酒店餐饮烹饪协会、安徽徽厨技师学院、安徽徽顺酒店有限公司、绩溪县聚和圆酒店管理有限公司、绩溪县徽州故里酒店管理有限公司、安徽省绩溪县紫园山庄农家酒店、宣城市胡兴堂置业有限公司绩溪徽菜馆、安徽省万联标准化研究中心。

本文件主要起草人：王威麟、洪明祥、张光顺、汪志国、戴浩凌、胡密芬、陈亚、欧阳睿、俞靖雯、刘文娟、徐梦、王文洁、刘雅婷。

引　言

0.1　文化背景

“一品锅”为徽州绩溪一带的代表菜。乾隆皇帝出巡江南，与随从微服出行，自九华山来到绩溪拜谒天子坟，当行至岭北乡的一山村时，天色渐暗，想找个人家歇脚，恰好路边有幢农舍，便贸然叩门，农妇问清缘由后，热情接待了他们，时值中秋刚过，家中还有些熟菜，农妇怕二位客人饿了，便将笋干、红烧肉、油豆腐泡和鸭蛋饺按先素后荤的顺序一层层地码放于锅中一次烧热上桌。不一会，乾隆与随从便将这道锅菜吃得底朝天。食毕，乾隆问农妇：“这么美味的锅菜叫什么?”，农妇答道：“一锅粗菜还有什么名字，不就是一锅熟么。”乾隆听后笑曰：“此菜名欠雅，不如叫一品锅吧。”后来，农妇才获知是皇上来过她家，消息传开，附近村民争相仿制，为讨吉利，“一品锅”每逢喜庆节日烹制，后来传遍徽州各地，故又称“徽州一品锅”。

近代学者胡适先生是绩溪上庄人，对“一品锅”情有独钟，他说，每到工作压力沉重，感觉情绪压抑之时便会安排家人烹制这道家乡名菜，胡先生的夫人江冬秀女士，更是擅长烹制此菜，胡适曾以“一品锅”招待国民党元老于右任、著名学者王云五和绩溪程家女婿梁实秋先生等人，得到“一品锅，三五七层花色多，品其味，离桌不离锅”的赞许，在美国时也经常以家乡的“一品锅”招待外国友人，赢得举座赞誉，成为美谈，故后人将此菜称为“胡适一品锅”，以此褒扬其对徽菜的贡献。

0.2　菜品参考图片

菜品参考图片如图1所示。

图1　菜品参考图

绩溪徽菜　胡适一品锅

1　范围

本文件规定了绩溪徽菜　胡适一品锅的术语和定义、原辅材料及要求、制作工艺、菜品特征和最佳食用时间。

本文件适用于绩溪徽菜　胡适一品锅的制作。

2　规范性引用文件

下列文件中的内容通过文中的规范性引用而构成本文件必不可少的条款。其中，注日期的引用文件，仅该日期对应的版本适用于本文件；不注日期的引用文件，其最新版本（包括所有的修改单）适用于本文件。

GB 5749　生活饮用水卫生标准

GB 31654　食品安全国家标准 餐饮服务通用卫生规范

3　术语和定义

下列术语和定义适用于本文件。

3.1

一品锅　top-ranking pot

锅底根据季节铺上时令蔬菜或发好的干菜，向上依次分层铺上红烧肉块、豆腐泡、蛋饺、圆子，加入适量的水，调味后用小火慢炖至酥烂入味的一种徽州山区冬季常吃的特色菜肴。

4　原辅材料及要求

4.1　原辅材料

4.1.1　主料

带皮五花猪肉 600g、猪前夹肉 200g、土鸡肉 300g、黄牛肉 100g、水发豇豆 150g、水发干笋 150g、豆腐泡 16 只、生鸭蛋 5 个。

4.1.2　辅料

青菜心 100g、菠菜 100g、白萝卜 100g、水发香菇 30g、豆腐 100g。

4.1.3　调料

盐 30g、白糖 8g、生姜 20g、干辣椒 5g、八角 5g、黄酒 30mL、生抽 30mL、菜籽油 30mL、高汤 300g。

4.2　要求

4.2.1　原辅材料的采购应符合相关标准的要求。

4.2.2　原辅材料的运输和贮存应符合 GB 31654 的要求。

4.2.3　清洗和烹调用水应符合 GB 5749 的要求。

5 制作工艺

5.1 清洗切配

5.1.1 主料

5.1.1.1 将带皮五花猪肉用清水洗净晾干，切成 40mm×30mm×20mm 的块。

5.1.1.2 将猪前夹肉用清水洗净晾干，剁成末。

5.1.1.3 将土鸡肉用清水洗净晾干，剁成 30mm 见方的块。

5.1.1.4 将黄牛肉用清水洗净晾干，剁成末。

5.1.1.5 将水发豇豆用清水洗净水，切成长 50mm 的段。

5.1.1.6 将水发干笋用清水洗净水，切成长 40mm 的段。

5.1.1.7 将豆腐泡用清水洗净晾干。

5.1.2 辅料

5.1.2.1 将水发香菇用清水洗净切成末。

5.1.2.2 将白萝卜去外皮，用清水洗净晾干切成末。

5.1.2.3 将青菜心去除老叶，用清水洗净晾干，焯水后用凉水浸凉。

5.1.2.4 将菠菜去除老叶和根，用清水洗净晾干切成末。

5.1.2.5 将豆腐捣成泥。

5.1.3 调料

5.1.3.1 将生姜用清水洗净晾干，切成 2mm 的片。

5.1.3.2 将干辣椒去蒂后用清水洗净晾干，切成长 20mm 的段。

5.2 烹调

5.2.1 取一半猪前夹肉末与豆腐泥置于碗中，加入盐 5g 搅拌上劲，制成大小均匀的圆坯 14 个，入六成热油锅炸成肉圆。

5.2.2 黄牛肉末与白萝卜末、水发香菇末置于碗中，加入盐 5g 制成馅心，均匀塞入豆腐泡内。

5.2.3 鸭蛋调成蛋液用平锅煎成蛋饺皮 10 张。

5.2.4 取另一半猪前夹肉末与菠菜末，加入盐 5g 制成馅心，用蛋皮包成蛋饺。

5.2.5 炒锅置旺火上，倒入菜籽油 20mL，烧至六成热时，加姜片、干辣椒段、八角炒香后，放入五花猪肉块。

5.2.6 煸出油后放入生抽 20mL、黄酒 20mL、盐 5g、白糖、清水，盖上锅盖，用中火烧开(原汤留用)。

5.2.7 转小火继续烧至肉块上色时起锅离火。

5.2.8 另取炒锅，倒入清水、水发豇豆、水发干笋、水发香菇和盐 5g，小火煨制 30min 起锅。

5.2.9 炒锅置旺火上，放入菜籽油 10mL，烧至六成热时，放入土鸡块煸出油后加入黄酒 10mL、生抽 10mL、盐 5g、清水，中火烧开，盖上锅盖，转文火烧熟起锅(原汤留用)。

5.3 盛装与成型

5.3.1 将烧入味的水发豇豆、水发干笋和水发香菇垫入锅底，正中间放烧好的熟鸡块。

5.3.2 沿鸡块四周均匀铺上烧好的猪肉块，在猪肉块上均匀地铺上一圈鸭蛋饺。

5.3.3 沿锅四边摆放豆腐泡，内圈放入肉圆。

5.3.4 将红烧肉和鸡块的原汤兑入高汤中，调味后倒入砂锅内。

5.3.5 半成品盛装完后，置炉上用小火炖 60min，上菜时原锅配炉上桌。

6 菜品特征

菜品特征应符合表1的要求。

表1 菜品特征

项目	要求
色泽	色泽丰富,汤汁酱红
香味	各种原料香气,香气四溢
味道	咸鲜适中,滋味醇厚
质地	质感丰富,松、软、酥、脆
形态	摆放整齐,层次分明

7 最佳食用时间

上桌后30min内食用。

ICS 03.080.30
CCS A 12

团 体 标 准

T/AQB 21—2022

绩溪徽菜　干锅炖

2022-11-06 发布　　2022-11-06 实施

安徽省质量品牌促进会
绩溪县酒店餐饮烹饪协会　发布

前　　言

本文件按照 GB/T 1.1—2020《标准化工作导则 第1部分：标准化文件的结构和起草规则》的规定起草。

请注意本文件的某些内容可能涉及专利。本文件的发布机构不承担识别专利的责任。

本文件由绩溪县酒店餐饮烹饪协会提出。

本文件由安徽省质量品牌促进会和绩溪县酒店餐饮烹饪协会归口。

本文件起草单位：绩溪县酒店餐饮烹饪协会、安徽徽厨技师学院、安徽徽顺酒店有限公司、安徽皖南人家酒店有限公司、绩溪县徽味江南酒店、安徽省万联标准化研究中心。

本文件主要起草人：王威麟、洪明祥、范金平、张光顺、程敷荣、王玉高、许劲松、欧阳睿、俞靖雯、刘文娟、徐梦、王文洁、刘雅婷。

引　言

0.1　文化背景

干锅炖是徽菜中古老的传统烹饪技法之一，其特点是烹制过程中滴水不加，木炭余火将原料制熟入味。菜品原汁原味、入口即化，尤显徽菜本色。"干锅炖"是绩溪徽菜中的乡土菜，炖菜的方式与绩溪的自然资源、民风习俗有着密切关系。绩溪民间烤火取暖最为常见的是一种竹制的圆形火筒，在精致的竹篮内置一铁皮圈成的盅，用以盛炭火，上坐铁丝编成的盖。聪明的绩溪人将这一烤火器具用来烹制食品，拓展了火筒的使用功能。

干锅炖是绩溪的村民为使中午能吃到热乎乎的红烧肉，在出工前，她们将黑皮猪五花肉切块放入砂锅中，放入姜蒜、黄酒、酱油调味，将砂锅坐于火煸盖上，拎挎上覆以一块湿毛巾，利用炭火灰烬长时间炖焙，使菜肴本身的天然味道完全释放。待中午收工回家，一锅香味四溢、浓油赤酱的干锅炖便熟了。干锅炖味道鲜美，猪肉肥而不腻，醇浓可口。真乃"开锅十里香，全村爱炖味。徽馔始民间，干锅亦流芳。"绩溪干锅炖是一种徽菜典型的火功菜。在日常烹制中，当然不一定要用火煸炖制，无论何种火炉，只要以文火慢炖即可。

0.2　菜品参考图片

菜品参考图片如图1所示。

图1　菜品参考图

绩溪徽菜　干锅炖

1　范围

本文件规定了绩溪徽菜　干锅炖的术语和定义、原辅材料及要求、制作工艺、菜品特征和最佳食用时间。

本文件适用于绩溪徽菜　干锅炖的制作。

2　规范性引用文件

下列文件中的内容通过文中的规范性引用而构成本文件必不可少的条款。其中，注日期的引用文件，仅该日期对应的版本适用于本文件；不注日期的引用文件，其最新版本（包括所有的修改单）适用于本文件。

GB 5749　生活饮用水卫生标准

GB 31654　食品安全国家标准 餐饮服务通用卫生规范

3　术语和定义

下列术语和定义适用于本文件。

3.1

干锅炖　stew in a dry pot

以绩溪农家黑猪肉为主要原料，添加八角、桂皮、黄酒、冰糖等调料，滴水不加，以文火慢炖而成的一种火功菜。

4　原辅材料及要求

4.1　原辅材料

4.1.1　主料

农家黑猪的五花肉800g。

4.1.2　调料

盐5g、鸡精5g、生抽5g、老抽5g、菜籽油30g、黄酒100g、冰糖10g、八角5g、桂皮5g、生姜10g、蒜子10g、小葱50g。

4.2　要求

4.2.1　原辅材料的采购应符合相关标准的要求。

4.2.2　原辅材料的运输和贮存应符合GB 31654的要求。

4.2.3　清洗和烹调用水应符合GB 5749的要求。

5　制作工艺

5.1　清洗切配

5.1.1　主料

将猪五花肉的表皮刮洗干净，清水洗净，铁锅上火烧热，猪皮朝锅底，烫皮，待猪肉皮表皮微黄，切成

50mm×50mm 方块。

5.1.2 调料

5.1.2.1 将冰糖炒出糖色备用。

5.1.2.2 将生姜切片备用。

5.1.2.3 将蒜子洗净。

5.1.2.4 将小葱洗净切段。

5.2 烹调

5.2.1 净锅上火烧热，用菜籽油滑锅，把猪五花肉块放入锅中，用中火煸炒出油。

5.2.2 锅中继续放入八角、桂皮、姜片、蒜子翻炒均匀，加入糖色、黄酒、盐、生抽、老抽、鸡精翻炒均匀，将肉块炒至上色时离火。

5.2.3 取一大砂锅，下垫葱段，把肉块整齐地装入砂锅中，中火烧开后，加盖转小火炖 1h 左右。

5.3 盛装与成型

5.3.1 选用适当砂锅。

5.3.2 码放整齐，成品有序带炉上桌。

6 菜品特征

菜品特征应符合表 1 的要求。

表 1 菜品特征

项目	要求
色泽	棕红鲜亮
香味	酱香扑鼻，肉香
味道	咸鲜回甜，本味浓郁
质地	入口软烂，肥而不腻
形态	块型见方，整齐一致

7 最佳食用时间

开锅即食，保证菜品温度。

ICS 03.080.30
CCS A 12

团体标准

T/AQB 22—2022

绩溪徽菜 刀板香

2022-11-06 发布 2022-11-06 实施

安徽省质量品牌促进会
绩溪县酒店餐饮烹饪协会 发布

前　言

本文件按照GB/T 1.1—2020《标准化工作导则 第1部分:标准化文件的结构和起草规则》的规定起草。

请注意本文件的某些内容可能涉及专利。本文件的发布机构不承担识别专利的责任。

本文件由绩溪县酒店餐饮烹饪协会提出。

本文件由安徽省质量品牌促进会和绩溪县酒店餐饮烹饪协会归口。

本文件起草单位:安徽国泰众信检测技术有限公司、绩溪县酒店餐饮烹饪协会、安徽徽厨技师学院、绩溪县聚和圆酒店管理有限公司、绩溪县龙川食府酒店、安徽省万联标准化研究中心。

本文件主要起草人:王威麟、张光顺、许启东、汪毅斌、方巧燕、汪文慧、欧阳睿、俞靖雯、刘文娟、徐梦、王文洁、刘雅婷。

引　言

0.1　文化背景

古徽州，崇山峻岭，方圆广阔，但交通不便。农户人家依靠山区的丰富资源维持生活，到了腊月几乎家家户户都杀猪过年，把猪肉腌制起来，放到次年再慢慢食用。

徽州刀板香的名称由来与绩溪一位历史名人相关，他就是明朝兵部尚书胡宗宪。相传胡宗宪返绩溪龙川时，路过歙县问政山拜访恩师，为款待爱徒，师母将家中腌制的猪肉平铺于山笋上面，放置在刀板上一同蒸。蒸好后捞起切成薄片，与刀板一同端上桌。胡宗宪吃后，胃口大开，命名此菜为“刀板香”，故徽州刀板香一直沿用至今。

徽州刀板香，其中笋肉质鲜嫩，味道鲜美，与五花肉同煮，更使鲜、咸、香、脆、嫩融为一体，可谓徽菜中的佳肴。

0.2　菜品参考图片

菜品参考图片如图1所示。

图1　菜品参考图

绩溪徽菜　刀板香

1　范围

本文件规定了绩溪徽菜刀板香的术语和定义、原辅材料及要求、制作工艺、菜品特征和最佳食用时间。

本文件适用于绩溪徽菜刀板香的制作。

2　规范性引用文件

下列文件中的内容通过文中的规范性引用而构成本文件必不可少的条款。其中，注日期的引用文件，仅该日期对应的版本适用于本文件；不注日期的引用文件，其最新版本（包括所有的修改单）适用于本文件。

GB 5749　生活饮用水卫生标准

GB 31654　食品安全国家标准 餐饮服务通用卫生规范

3　术语和定义

下列术语和定义适用于本文件。

3.1

刀板香　meat with board

以绩溪特产的腊肉为主要原料，加入绩溪山区特产的笋，煨制后蒸制而成的一道特色菜肴。

4　原辅材料及要求

4.1　原辅材料

4.1.1　主料

带皮、肥瘦相间的绩溪腊肉 500g。

4.1.2　辅料

冬笋 150g、青菜心 15g。

4.1.3　调料

生姜 10g、小葱 5g、冰糖 2g。

4.2　要求

4.2.1　原辅材料的采购应符合相关标准的要求。

4.2.2　原辅材料的运输和贮存应符合 GB 31654 的要求。

4.2.3　清洗和烹调用水应符合 GB 5749 的要求。

5 制作工艺

5.1 清洗切配

5.1.1 主料

5.1.1.1 腊肉洗净，用冷水泡 30min，刮净表皮。

5.1.1.2 将腊肉切成 120mm×60mm 的段。

5.1.2 辅料

5.1.2.1 将鲜冬笋剥去外壳，除去老根，用清水洗净。

5.1.2.2 将净笋切成 50mm 宽、6mm 厚的片。

5.1.2.3 青菜心清水洗净。

5.2 烹调

5.2.1 腊肉和冬笋装入砂锅，加清水、冰糖、葱、姜炖 40min 捞出。

5.2.2 青菜心用汤汁焯水取出。

5.2.3 取用杂木小刀板一块，将熟冬笋均匀整齐码在刀板上。

5.2.4 将腊肉切成 60mm×40mm×5mm 厚的片。

5.2.5 将腊肉片均匀码在冬笋上，蒸 6min 取出。

5.2.6 整齐地摆上青菜心点缀。

5.3 盛装与成型

5.3.1 选用杂木小刀板。

5.3.2 装盘时，先将笋丝整齐摆放在小刀板或盘一侧，肉朝上平放在小刀板或盘的另一侧。

5.3.3 将青菜心摆放于肉旁。

6 菜品特征

菜品特征应符合表 1 的要求。

表 1 菜品特征

项目	要求
色泽	脂肪晶莹剔透、瘦肉鲜红、色泽明亮
香味	醇香浓郁，回味绵长
味道	咸鲜带有独特的腊香味
质地	肥庾滑爽，香韧耐嚼
形态	肥瘦相间，层叠有序

7 最佳食用时间

即熟即食，装盘后不超过 10min。

ICS 03.080.30
CCS A 12

团 体 标 准

T/AQB 23—2022

绩溪徽菜 绩溪炒粉丝

2022-11-06 发布 2022-11-06 实施

安徽省质量品牌促进会
绩溪县酒店餐饮烹饪协会 发布

前　言

本文件按照 GB/T 1.1—2020《标准化工作导则 第1部分：标准化文件的结构和起草规则》的规定起草。

请注意本文件的某些内容可能涉及专利。本文件的发布机构不承担识别专利的责任。

本文件由绩溪县酒店餐饮烹饪协会提出。

本文件由安徽省质量品牌促进会和绩溪县酒店餐饮烹饪协会归口。

本文件起草单位：中国检验认证集团安徽有限公司、绩溪县酒店餐饮烹饪协会、安徽徽厨技师学院、安徽徽顺酒店有限公司、安徽省绩溪县紫园山庄农家酒店、绩溪县光明大酒店、安徽省万联标准化研究中心。

本文件主要起草人：王威麟、张光顺、王纲、张旭东、孙小强、胡身龙、胡澜、汪毅斌、方俊、欧阳睿、俞靖雯、刘文娟、徐梦、王文洁、刘雅婷。

引　　言

0.1　文化背景

绩溪地处皖南山区，盛产山芋，绩溪山芋香甜可口，所制粉丝，滑润柔韧，入菜滑爽利口，咸鲜味厚，被誉为绩溪三珍之一，又称“徽州鱼翅”，是徽州绩溪地方风味菜肴中有名的传统食材。炒粉丝是绩溪的地方土菜，由山芋粉丝配以豆腐干丝及青红椒肉丝，不油不腻，是一道绩溪人逢年过节时必备的菜品。

在绩溪岭南喜庆宴席的“九碗六”“十碗八”中，就有一道“绩溪炒粉丝”。将粉丝经水发后，入锅与肉丝、燕笋丝、干丝共炒，故又称三丝线粉或三丝粉丝，炒熟后食之具有爽滑、带劲、耐嚼等特点。绩溪民间炒粉丝时还有一条规矩，忌讳将粉丝摘（切）断或在锅里用锅铲将粉条捣碎，要求尽量保持粉丝原有的长度，在婚庆、祝寿、待贵宾时，蕴含“白头偕老”、“长寿”和“常（长）来常（长）往”之意。

0.2　菜品参考图片

菜品参考图片如图1所示。

图1　菜品参考图

绩溪徽菜　绩溪炒粉丝

1　范围

本文件规定了绩溪徽菜　绩溪炒粉丝的术语和定义、原辅材料及要求、制作工艺、菜品特征和最佳食用时间。

本文件适用于绩溪徽菜　绩溪炒粉丝的制作。

2　规范性引用文件

下列文件中的内容通过文中的规范性引用而构成本文件必不可少的条款。其中，注日期的引用文件，仅该日期对应的版本适用于本文件；不注日期的引用文件，其最新版本（包括所有的修改单）适用于本文件。

GB 5749　生活饮用水卫生标准

GB 31654　食品安全国家标准 餐饮服务通用卫生规范

3　术语和定义

下列术语和定义适用于本文件。

3.1

绩溪炒粉丝　jixi fried vermicelli

以绩溪山芋粉丝为原料，添加猪五花肉、豆腐干、水发燕笋等辅料，用菜籽油、猪油等适当的调料，炒制而成的地方传统特色菜肴。

4　原辅材料及要求

4.1　原辅材料

4.1.1　主料

绩溪山芋粉丝 240g。

4.1.2　辅料

猪五花肉 50g、豆腐干 30g、水发燕笋 30g、菠菜 10g、红辣椒 5g。

4.1.3　调料

菜籽油 50g、熟猪油 50g、胡椒粉 3g、生抽 5g、小葱 5g、盐 5g。

4.2　要求

4.2.1　原辅材料的采购应符合相关标准的要求。

4.2.2　原辅材料的运输和贮存应符合 GB 31654 的要求。

4.2.3　清洗和烹调用水应符合 GB 5749 的要求。

5 制作工艺

5.1 清洗切配

5.1.1 主料

5.1.1.1 将绩溪山芋粉丝用清水浸洗。

5.1.1.2 将绩溪山芋粉丝冷水浸泡 3h 左右，让粉丝充分吸水至软，捞出沥水。

5.1.2 辅料

5.1.2.1 将猪五花肉洗净沥水切丝。

5.1.2.2 将豆腐干洗净沥水切丝。

5.1.2.3 将水发燕笋洗净沥水切丝。

5.1.2.4 将菠菜洗净沥水切丝。

5.1.2.5 将红辣椒洗净沥水切丝。

5.1.3 调料

将小葱洗净，切成 20mm 的段。

5.2 烹调

5.2.1 铁锅上火用菜籽油滑锅，留底油烧热，放入五花肉丝、燕笋丝、豆腐干丝，翻炒均匀，加入生抽，加盐调味炒香。

5.2.2 锅中下浸泡好的粉丝，放清水 50mL，加入熟猪油、胡椒粉快速翻炒 3min。

5.2.3 加盖中火焖 3min。

5.2.4 揭开锅盖，放入菠菜丝、红椒丝、葱段翻炒均匀。

5.3 盛装与成型

5.3.1 选用浅式窝盘。

5.3.2 装盘圆润、饱满，清洁卫生。

6 菜品特征

菜品特征应符合表 1 的要求。

表 1 菜品特征

项目	要求
色泽	晶莹剔透，油光发亮
香味	鲜香浓郁，突出多种原料的滋味
味道	咸鲜醇厚，地方风味浓厚
质地	滑润柔韧
形态	装盘饱满，形态呈丝状

7 最佳食用时间

即熟即食，装盘后 10min 内食用。

ICS 03.080.30
CCS A 12

团体标准

T/AQB 24—2022

绩溪徽菜　豆腐圆子

2022-11-06 发布　　2022-11-06 实施

安徽省质量品牌促进会
绩溪县酒店餐饮烹饪协会　发布

前　言

本文件按照GB/T 1.1—2020《标准化工作导则 第1部分:标准化文件的结构和起草规则》的规定起草。

请注意本文件的某些内容可能涉及专利。本文件的发布机构不承担识别专利的责任。

本文件由绩溪县酒店餐饮烹饪协会提出。

本文件由安徽省质量品牌促进会和绩溪县酒店餐饮烹饪协会归口。

本文件起草单位:绩溪县酒店餐饮烹饪协会、安徽徽厨技师学院、绩溪县聚和圆酒店管理有限公司、绩溪县龙翔商务酒店、安徽省万联标准化研究中心。

本文件主要起草人:王威麟、洪明祥、范金平、张光顺、汪志国、邵本华、欧阳睿、俞靖雯、刘文娟、徐梦、王文洁、刘雅婷。

引　言

0.1　文化背景

绩溪豆腐圆子是一道传统徽菜，是绩溪岭南地区传统宴席中必备的一道菜肴。象征着团圆、圆满的吉意。民间宴席“八碗四”“九碗六”、尤其是在大年三十的团圆宴中，这道菜是重头菜，有“举家团圆、酒席圆满”的寓意。同时，豆腐圆子的洁白，小葱的青翠，蕴含“一清二白”之意，成为对在外经商、仕途的绩溪人的精神期盼。

0.2　菜品参考图片

菜品参考图片如图1所示。

图1　菜品参考图

绩溪徽菜　豆腐圆子

1　范围

本文件规定了绩溪徽菜　豆腐圆子的术语和定义、原辅材料及要求、制作工艺和菜品特征。

本文件适用于绩溪徽菜　豆腐圆子的制作。

2　规范性引用文件

下列文件中的内容通过文中的规范性引用而构成本文件必不可少的条款。其中，注日期的引用文件，仅该日期对应的版本适用于本文件；不注日期的引用文件，其最新版本（包括所有的修改单）适用于本文件。

GB 5749　生活饮用水卫生标准

GB 31654　食品安全国家标准 餐饮服务通用卫生规范

3　术语和定义

下列术语和定义适用于本文件。

3.1

豆腐圆子　tofu balls

以黑毛猪肉和绩溪传统工艺制作的石膏豆腐为主料，加入燕笋末、火腿末等辅料剁成细泥，调和抓匀搅拌成馅搓圆，用清水煮熟而成的一种绩溪特色汤类菜肴。

4　原辅材料及要求

4.1　原辅材料

4.1.1　主料

豆腐 400g。

4.1.2　辅料

猪前夹肉 100g、水发木耳 10g、火腿 10g、干燕笋 20g、青菜心 20g。

4.1.3　调料

盐 8g、生姜 10g、小葱 3g、胡椒粉 5g、熟猪油 10g、淀粉 10g。

4.2　要求

4.2.1　原辅材料的采购应符合相关标准的要求。

4.2.2　原辅材料的运输和贮存应符合 GB 31654 的要求。

4.2.3　清洗和烹调用水应符合 GB 5749 的要求。

5 制作工艺

5.1 清洗切配

5.1.1 主料

豆腐清水漂净，用刀搨成泥，装入盆中。

5.1.2 辅料。

5.1.2.1 将猪前夹肉清洗干净，剁成末待用。

5.1.2.2 将火腿切末。

5.1.2.3 将燕笋涨发后切末。

5.1.2.4 将青菜心洗净。

5.1.3 调料

5.1.3.1 将葱切成末。

5.1.3.2 将生姜切成末。

5.1.3.3 淀粉放一小碗中，加入清水 80g 调匀成水淀粉。

5.2 烹调

5.2.1 将主配料装入碗中搅拌均匀，再加入盐 3g、葱末、姜末拌匀上劲，用手搓成直径 30mm 的圆子，再将豆腐圆子外层均匀地涂抹一层水淀粉成生坯，一一做好后待用。

5.2.2 锅内放入清水，烧至 80℃左右，沿锅边轻轻放入搓成的豆腐圆子。

5.2.3 用小火慢慢把豆腐圆子煮熟至浮起，加入水发木耳、青菜心，再用盐 5g、胡椒粉、熟猪油调味，出锅装入汤碗内。

注：在高档宴席中使用时，可另外配置鸡清汤。

5.3 盛装与成型

5.3.1 选用适当的盛器。

5.3.2 汤碗内，将青菜心和水发木耳在豆腐圆子上摆放整齐。

6 菜品特征

菜品特征应符合表 1 的要求。

表 1 菜品特征

项目	要求
色泽	圆子嫩白、菜心翠绿
香味	豆香浓郁，鲜美可口
味道	咸鲜味浓，清雅可口
质地	细腻软滑、口感丰富
形态	圆子饱满，大小均匀

ICS 03.080.30
CCS A 12

团 体 标 准

T/AQB 25—2022

绩溪徽菜 板桥肚丝汤

2022-11-06 发布 2022-11-06 实施

安徽省质量品牌促进会
绩溪县酒店餐饮烹饪协会 发布

前　言

本文件按照GB/T 1.1—2020《标准化工作导则 第1部分：标准化文件的结构和起草规则》的规定起草。

请注意本文件的某些内容可能涉及专利。本文件的发布机构不承担识别专利的责任。

本文件由绩溪县酒店餐饮烹饪协会提出。

本文件由安徽省质量品牌促进会和绩溪县酒店餐饮烹饪协会归口。

本文件起草单位：安徽省万联标准化研究中心、绩溪县酒店餐饮烹饪协会、安徽徽厨技师学院、绩溪县聚和圆酒店管理有限公司、绩溪县多利国际大酒店有限公司、绩溪县品悦大酒店、绩溪县九亩园休闲农庄。

本文件主要起草人：王威麟、洪明祥、张光顺、俞靖雯、刘文娟、徐梦、汪志国、倪建根、黄呈虎、汪卫华。

引　言

0.1　文化背景

流行于古徽州绩溪一带的民间汤菜，以黑毛猪的猪肚为主料，以火腿、冬笋、香菇等为辅料，加入适当调料，经煮制后，勾入薄芡而成的菜品。

此菜背后还有一个鲜为人知的孝道传说，相传明朝末年，绩溪板桥头乡有一方姓青年，年幼丧父，母子相依为命。母亲50岁那年，患了肠胃病，看了几位郎中未见好转，有老人提醒，你娘这病只有野猪肚能吃好，青年听了，便不声不响地去后山搭一茅舍，持了一杆土寸(猎枪)上山狩猎。这年大雪纷飞，他冒着严寒，夜夜登山卧舍死守。到第十天凌晨，忽听舍外有响动，只见一头一百来斤重的野猪在雪地里啃他布下的玉米棒，于是他持枪扣射，野猪应声倒下，他急速冲出舍外，试图将野猪拖下山。岂料，未中要害的野猪突然又站起来猛扑过来，说时迟那时快，青年操起一根粗大的树棍，与野猪进行一场殊死搏斗，最后与野猪抱成一团，从山顶滚到山脚下。由于野猪受过重创，经不住折腾而不再动弹。青年虽遍体鳞伤，庆幸未伤筋骨。在村民的帮助下，野猪被抬回村中，青年把肉食分与村民，留下野猪肚，炖烂切丝后，孝敬母亲。母亲吃完这肚丝汤后，赞不绝口。果然，胃肠顽疾也日渐痊愈了。因此，这道肚丝汤便承载着一个孝道感天的民间传说而相沿至今。

现如今，禁食野生动物，菜肴中猪肚丝选用农家饲养的家猪猪肚，精心烹制而成。

0.2　菜品参考图片

菜品参考图片见图1。

图1　菜品参考图

绩溪徽菜　板桥肚丝汤

1　范围

本文件规定了绩溪徽菜　板桥肚丝汤的术语和定义、原辅材料及要求、制作工艺、菜品特征和最佳食用时间。

本文件适用于绩溪徽菜　板桥肚丝汤的制作。

2　规范性引用文件

下列文件中的内容通过文中的规范性引用而构成本文件必不可少的条款。其中，注日期的引用文件，仅该日期对应的版本适用于本文件；不注日期的引用文件，其最新版本（包括所有的修改单）适用于本文件。

GB 5749　生活饮用水卫生标准

GB 31654　食品安全国家标准 餐饮服务通用卫生规范

3　术语和定义

下列术语和定义适用于本文件。

3.1

板桥肚丝汤　banqiao pork tripe soup

以农户散养猪的猪肚为主料，用清水烧开，转小火炖至猪肚酥烂时捞出后切丝，添加火腿丝、水发香菇丝、冬笋丝等辅料，再调味制成的一种绩溪特色汤类菜肴。

4　原辅材料及要求

4.1　原辅材料

4.1.1　主料

鲜猪肚 600g。

4.1.2　辅料

火腿 10g、水发香菇 10g、冬笋 20g、香菜 10g、葛粉 30g。

4.1.3　调料

芝麻油 5g、鸡精 5g、生抽 5mL、胡椒粉 3g、盐 3g、高汤 500g。

4.2　要求

4.2.1　原辅材料的采购应符合相关标准的规定。

4.2.2　原辅材料的运输和贮存应符合 GB 31654 的要求。

4.2.3　清洗和烹调用水应符合 GB 5749 的要求。

5 制作工艺

5.1 清洗切配

5.1.1 主料

将猪肚洗净煮至八成熟(原汤留用300g),捞出切成5mm粗、60mm长的丝,放入开水锅内氽3s捞出。

5.1.2 辅料

5.1.2.1 将火腿用清水洗净切成3mm粗、50mm长的丝。

5.1.2.2 将水发香菇用清水洗净切成3mm粗、50mm长的丝。

5.1.2.3 将冬笋用清水洗净切成3mm粗、50mm长的丝。

5.1.2.4 将香菜洗净切碎备用。

5.2 烹调

5.2.1 将切好的猪肚丝放入砂锅中,加入煮猪肚的原汤和高汤烧开,转小火炖至肚丝酥烂。

5.2.2 将切配好的火腿丝、水发香菇丝、冬笋丝焯水后一同放入砂锅。

5.2.3 在砂锅中加入盐、鸡精、生抽烧开,用水调葛粉均匀地淋入汤中勾薄芡。

5.2.4 取一汤盆,将烧好的汤盛装入内,撒上胡椒粉、香菜碎,淋上芝麻油。

5.3 盛装与成型

5.3.1 选用适当的盛器。

5.3.2 盛装时应避免汤汁沾在盛器边缘。

6 菜品特征

菜品特征应符合表1的要求。

表1 菜品特征

项目	要求
色泽	汤色银红,色彩多样
香味	古朴清雅,鲜香扑鼻
味道	咸鲜入味
质地	柔软、滑韧、脆爽。汤汁浓度适当
形态	丝状,粗细均匀

7 最佳食用时间

装盘后10min内食用。

ICS 03.080.30
CCS A 12

团　　体　　标　　准

T/AQB 26—2022

绩溪徽菜　火腿笋丝

2022-11-06 发布　　2022-11-06 实施

安徽省质量品牌促进会
绩溪县酒店餐饮烹饪协会　发布

前　言

本文件按照 GB/T 1.1—2020《标准化工作导则 第1部分:标准化文件的结构和起草规则》的规定起草。

请注意本文件的某些内容可能涉及专利。本文件的发布机构不承担识别专利的责任。

本文件由绩溪县酒店餐饮烹饪协会提出。

本文件由安徽省质量品牌促进会和绩溪县酒店餐饮烹饪协会归口。

本文件起草单位:绩溪县酒店餐饮烹饪协会、安徽徽厨技师学院、安徽徽顺酒店有限公司、绩溪县徽州故里酒店管理有限公司、绩溪县徽和天下食品有限公司、安徽省万联标准化研究中心。

本文件主要起草人:王威麟、张光顺、洪明祥、胡光、冯文敏、汪剑飞、欧阳睿、俞靖雯、刘文娟、徐梦、王文洁、刘雅婷。

引　言

0.1　文化背景

火腿笋丝是古徽州绩溪的特色菜肴，因绩溪地处亚热带气候，多山地竹林，竹笋成为当地有名的特产，绩溪人民勤劳智慧，把新鲜竹笋加工，烹饪成一道道经典菜肴，成就了传统徽菜的“山珍”特色。竹笋本身味道鲜美，同时在民间有“节节高”吉祥之意，故笋制食品深受人们喜爱。

火腿笋丝这道菜肴取料于秋冬之际未出土的冬笋，将冬笋去壳洗净，切成寸长细丝，加入同样切成细丝的火腿，用鸡汤煨之，配上滑嫩的虾仁、翠绿的菜心，相得益彰。这道菜是以刀工见长的功夫菜，冬笋丝色泽如玉，火腿丝红润，鲜香味美，别具一格。

0.2　菜品参考图片

菜品参考图片如图1所示。

图1　菜品参考图

绩溪徽菜　火腿笋丝

1　范围

本文件规定了绩溪徽菜　火腿笋丝的术语和定义、原辅材料及要求、制作工艺和菜品特征。

本文件适用于绩溪徽菜　火腿笋丝的制作。

2　规范性引用文件

下列文件中的内容通过文中的规范性引用而构成本文件必不可少的条款。其中,注日期的引用文件,仅该日期对应的版本适用于本文件;不注日期的引用文件,其最新版本(包括所有的修改单)适用于本文件。

GB 5749　生活饮用水卫生标准

GB 31654　食品安全国家标准 餐饮服务通用卫生规范

3　术语和定义

下列术语和定义适用于本文件。

3.1

火腿笋丝　ham and bamboo shoots

以秋冬之际未出土带壳冬笋为主料,添加火腿、鸡胸肉、虾仁、青菜心等辅料,用鸡汤煨炖制成的一道充分展现绩溪徽菜刀工技艺的特色菜肴。

4　原辅材料及要求

4.1　原辅材料

4.1.1　主料

带壳冬笋 600g。

4.1.2　辅料

火腿 50g、鸡胸肉 20g、虾仁 50g、青菜心 10g、鸡蛋 1 个、淀粉 10g。

4.1.3　调料

盐 5g、鸡精 2g、老母鸡汤 600g。

4.2　要求

4.2.1　原辅材料的采购应符合相关标准的要求。

4.2.2　原辅材料的运输和贮存应符合 GB 31654 的要求。

4.2.3　清洗和烹调用水应符合 GB 5749 的要求。

5 制作工艺

5.1 清洗切料

5.1.1 主料

5.1.1.1 将冬笋初步加工去壳后放入冷水锅中，中火烧沸转小火煮熟后捞出用冷水浸凉。

5.1.1.2 将冬笋切成1mm的细丝。

5.1.2 辅料

5.1.2.1 将火腿蒸至七成熟，切成1mm的细丝。

5.1.2.2 将鸡胸肉加水200g入锅中，小火炖至八成熟取出，鸡胸肉用手沿鸡肉纹路撕成丝（原汤留用）。

5.1.2.3 将虾仁洗净沥水后，加入盐1g，用蛋清10g、淀粉抓拌均匀，进行上浆。

5.1.2.4 将青菜心洗净，焯水后取出。

5.2 烹调

5.2.1 将锅放火上，倒入老母鸡汤，放入冬笋丝、盐4g、鸡精，用小火煮入味，约15min。

5.2.2 将火腿丝、鸡胸肉丝放进锅中继续小火煮5min。

5.2.3 另取一锅上火，注入煮鸡胸肉的鸡汤烧沸，放入虾仁汆熟取出。

5.2.4 将冬笋丝锅中原料装入窝盘中，虾仁、青菜心在锅中鸡汤中焐1min后，也装入窝盘中。

5.3 盛装与成型

5.3.1 选用适当的盛器。

5.3.2 冬笋丝和香菇丝、鸡胸肉丝混杂放入窝盘中，中间放火腿丝，青菜心围四周，虾仁沿窝盘散放四周，浇汤汁。

6 菜品特征

菜品特征应符合表1的要求。

表1 菜品特征

项目	要求
色泽	冬笋淡黄，辅料色泽多样，汤清见底
香味	冬笋特有的清香
味道	咸鲜清雅，鲜香入味
质地	冬笋爽口，火腿柔韧，虾仁滑嫩
形态	细丝均匀

ICS 03.080.30
CCS A 12

团　　体　　标　　准

T/AQB 27—2022

绩溪徽菜　小炒黄牛肉

2022-11-06 发布　　2022-11-06 实施

安徽省质量品牌促进会
绩溪县酒店餐饮烹饪协会　发布

前　言

本文件按照GB/T 1.1—2020《标准化工作导则 第1部分:标准化文件的结构和起草规则》的规定起草。

请注意本文件的某些内容可能涉及专利。本文件的发布机构不承担识别专利的责任。

本文件由绩溪县酒店餐饮烹饪协会提出。

本文件由安徽省质量品牌促进会和绩溪县酒店餐饮烹饪协会归口。

本文件起草单位:安徽国泰众信检测技术有限公司、绩溪县酒店餐饮烹饪协会、安徽徽厨技师学院、安徽徽顺酒店有限公司、绩溪县咏乐土菜馆、安徽省万联标准化研究中心。

本文件主要起草人:王威麟、段佳丽、洪明祥、范金平、张光顺、汤严博、孙力、许启东、汪震、欧阳睿、俞靖雯、刘文娟、徐梦、王文洁、刘雅婷。

引　言

0.1　文化背景

皖南绩溪小黄牛十分出名，常见于绩溪岭北的长安镇，与绩溪金沙、家朋等皖南黑猪同为徽菜品牌食材，有“南黑北黄”之称。小炒黄牛肉的主要食材是源于绩溪岭北牛栏坪的土种黄牛，绩溪牛栏坪是海拔近一千米的草甸，有近八百亩青草绿地，是放养黄牛的绝佳胜地。海拔高，小黄牛以青草为食，长得慢，一般成年要三年左右，故小黄牛肉质细腻、纤维密细，口感绝佳，是徽菜小炒中的理想原料，也是徽菜中用牛肉肴的珍品。

0.2　菜品参考图片

菜品参考图片如图1所示。

图1　菜品参考图

绩溪徽菜　小炒黄牛肉

1　范围

本文件规定了绩溪徽菜　小炒黄牛肉的术语和定义、原辅材料及要求、制作工艺、菜品特征和最佳食用时间。

本文件适用于绩溪徽菜　小炒黄牛肉的制作。

2　规范性引用文件

下列文件中的内容通过文中的规范性引用而构成本文件必不可少的条款。其中，注日期的引用文件，仅该日期对应的版本适用于本文件；不注日期的引用文件，其最新版本（包括所有的修改单）适用于本文件。

GB 5749　生活饮用水卫生标准

GB 31654　食品安全国家标准餐饮服务通用卫生规范

3　术语和定义

下列术语和定义适用于本文件。

3.1

小炒黄牛肉　stir-fried beef

以绩溪小黄牛的里脊或后腿肉为主要原料，经小苏打、料酒、葱姜汁腌制后，用湿淀粉上浆，倒入菜籽油、蒜、香菜等调料，炒制而成的一道绩溪特色小炒。

4　原辅材料及要求

4.1　原辅材料

4.1.1　主料

小黄牛里脊肉 400g。

4.1.2　辅料

红米椒 5g、香菜 3g。

4.1.3　调料

熟菜籽油 400g、蒜子 5g、胡椒粉 3g、盐 3g、生抽 5g、老抽 3g、料酒 10g、湿淀粉 5g、葱姜汁 10g、泡山椒 5g。

4.2　要求

4.2.1　原辅材料的采购应符合相关标准的要求。

4.2.2　原辅材料的运输和贮存应符合 GB 31654 的要求。

4.2.3　清洗和烹调用水应符合 GB 5749 的要求。

5 制作工艺

5.1 清洗切配

5.1.1 主料

5.1.2 将小黄牛肉里脊清洗干净。

5.1.3 顺纹路用刀切成 30mm×20mm 条状，再顶刀横切成 3mm 的片。

5.1.4 辅料

5.1.5 将红米椒洗净，切 5mm 厚的圆圈。

5.1.6 将香菜洗净切碎。

5.1.7 调料

5.1.8 将蒜子切片。

5.1.9 将泡姜切小段。

5.1.10 将泡山椒切小段。

5.2 烹调

5.2.1 牛肉片加入料酒、葱姜汁腌渍 10min，加盐、生抽拌匀用湿淀粉上浆备用。

5.2.2 炒锅放旺火上，烧热后倒入熟菜籽油，烧至三成热时，将牛肉片放入油锅，用手勺划开肉片，使之不粘连，断生后漏勺捞出，沥油。

5.2.3 锅内留少量余油烧热，放入蒜片、泡姜段、泡山椒段、红米椒炒香后，倒入牛肉快速翻炒。

5.2.4 加老抽调色，加香菜、胡椒粉翻炒均匀，装入盘中。

5.3 盛装与成型

5.3.1 选用适当的盛器。

5.3.2 装盘饱满，芡汁适当。

6 菜品特征

菜品特征应符合表 1 的要求。

表 1 菜品特征

项目	要求
色泽	色泽红润，光泽鲜亮
香味	牛肉和泡椒特有香味
味道	咸鲜微辣
质地	肉质滑嫩，包汁亮油
形态	装盘饱满

7 最佳食用时间

出锅即食。

ICS 03.080.30
CCS A 12

团　体　标　准

T/AQB 28—2022

绩溪徽菜　石耳炖石鸡

2022-11-06 发布　　2022-11-06 实施

安徽省质量品牌促进会
绩溪县酒店餐饮烹饪协会　发布

前　言

本文件按照GB/T 1.1—2020《标准化工作导则 第1部分:标准化文件的结构和起草规则》的规定起草。

请注意本文件的某些内容可能涉及专利。本文件的发布机构不承担识别专利的责任。

本文件由绩溪县酒店餐饮烹饪协会提出。

本文件由安徽省质量品牌促进会和绩溪县酒店餐饮烹饪协会归口。

本文件起草单位:绩溪县酒店餐饮烹饪协会、安徽徽厨技师学院、绩溪县聚和圆酒店管理有限公司、宣城市胡兴堂置业有限公司绩溪徽菜馆、绩溪县徽悦酒店、安徽省万联标准化研究中心。

本文件主要起草人:王威麟、张光顺、许启东、汪志国、谢君霞、章能文、欧阳睿、俞靖雯、刘文娟、徐梦、王文洁、刘雅婷。

引　言

0.1　文化背景

传统徽菜擅长烹制山珍，石耳与石斑鱼、石鸡并称“绩溪三石”，为山珍中珍稀精品。石耳以生长在悬崖峭壁阴湿石缝中而得名，含有高蛋白和多种微量元素，是营养价值较高的滋补食品。石鸡细嫩鲜美，营养丰富，含有高蛋白、葡萄糖、氨基酸、铁、钙、磷和多种维生素，被美食家誉为“百蛙之王”。

用绩溪当地野生石耳，与人工饲养在深山自然环境中的石鸡，采取清炖方式烹调，不仅最大程度保持原料的食用价值和滋补、养生功效，而且充分体现了石鸡、石耳鲜美的本味，是对徽菜传统特色“原汁原味”最典型的诠释，是徽菜中的珍贵名肴。

0.2　菜品参考图片

菜品参考图片如图1所示。

图1　菜品参考图

绩溪徽菜　石耳炖石鸡

1　范围

本文件规定了绩溪徽菜　石耳炖石鸡的术语和定义、原辅材料及要求、制作工艺、菜品特征和最佳食用时间。

本文件适用于绩溪徽菜　石耳炖石鸡的制作。

2　规范性引用文件

下列文件中的内容通过文中的规范性引用而构成本文件必不可少的条款。其中，注日期的引用文件，仅该日期对应的版本适用于本文件；不注日期的引用文件，其最新版本（包括所有的修改单）适用于本文件。

GB 5749　生活饮用水卫生标准

GB 31654　食品安全国家标准餐饮服务通用卫生规范

3　术语和定义

下列术语和定义适用于本文件。

3.1

石耳炖石鸡　stone ear stewed chicken

以绩溪当地野生高山石耳和人工饲养于深山自然环境中的石鸡为主料，添加火腿、枸杞、青菜心等辅料，经调味炖制而成的体现食材本味的一种绩溪特色菜肴。

4　原辅材料及要求

4.1　原辅材料

4.1.1　主料

人工饲养于深山自然环境中的一只石鸡约150g、高山大片干石耳10g。

注：此菜规格标准为位菜。

4.1.2　辅料

火腿5g、枸杞2g、青菜心1棵。

4.1.3　调料

盐3g、老母鸡汤250g、生姜5g、小葱5g。

4.2　要求

4.2.1　原辅材料的采购应符合相关标准的要求。

4.2.2　原辅材料的运输和贮存应符合GB 31654的要求。

4.2.3　清洗和烹调用水应符合GB 5749的要求。

5 制作工艺

5.1 清洗切配

5.1.1 主料

5.1.1.1 将石鸡腹开取内脏，冲洗干净后剁成四块。

5.1.1.2 将干石耳用清水泡发后去蒂、去沙，漂洗干净。

5.1.2 辅料

5.1.2.1 将火腿蒸熟后切成5mm的片。

5.1.2.2 将青菜心焯水后备用。

5.1.2.3 枸杞用清水泡发。

5.1.3 调料

5.1.3.1 将葱切成小段。

5.1.3.2 将生姜切成小片。

5.2 烹调

5.2.1 水发石耳沥干水放一小碗中，加老母鸡汤50g、盐1g，上蒸笼炖30min取出待用。

5.2.2 另取净锅，倒入剩余200g的老母鸡汤，放入石鸡，大火烧开后撇去浮沫。

5.2.3 取一位炖盅，加火腿、姜片、葱段和石鸡及炖石鸡的汤汁，加盖后上蒸笼中火炖15min取出，加入盐2g，把炖好的石耳装入炖盅中再炖5min后取出。

5.2.4 上菜时去掉葱段、姜片，放入枸杞、青菜心。

5.3 盛装与成型

5.3.1 选用适当盛器。

5.3.2 此菜为位菜量，石鸡块状、石耳、青菜心整形。

6 菜品特征

菜品特征应符合表1的要求。

表1 菜品特征

项目	要求
色泽	石耳黑亮，石鸡油黄发亮
香味	具有纯正、浓郁的石鸡香味
味道	咸香味美、浓鲜
质地	石鸡软滑脱骨，石耳柔软
形态	石鸡肉不脱皮，腿形完整

7 最佳食用时间

趁热食用。

ICS 03.080.30
CCS A 12

团　体　标　准

T/AQB 29—2022

绩溪徽菜　金银蹄鸡

2022-11-06 发布　　2022-11-06 实施

安徽省质量品牌促进会
绩溪县酒店餐饮烹饪协会　发布

前　言

本文件按照GB/T 1.1—2020《标准化工作导则　第1部分：标准化文件的结构和起草规则》的规定起草。

请注意本文件的某些内容可能涉及专利。本文件的发布机构不承担识别专利的责任。

本文件由绩溪县酒店餐饮烹饪协会提出。

本文件由安徽省质量品牌促进会和绩溪县酒店餐饮烹饪协会归口。

本文件起草单位：绩溪县酒店餐饮烹饪协会、安徽徽厨技师学院、安徽皖南人家酒店有限公司、绩溪县徽州故里酒店管理有限公司、安徽省万联标准化研究中心。

本文件主要起草人：王威麟、张光顺、许启东、戴浩凌、邵千红、程峰、欧阳睿、俞靖雯、刘文娟、徐梦、王文洁、刘雅婷。

引　言

0.1 文化背景

在绩溪民间，这是一道象征着吉祥富贵的菜肴。“鸡”与“吉”谐音，寓意为“吉祥如意”，“蹄”象征着走四方，火腿前蹄髈与新鲜猪蹄髈呈色为红黄和白色，寓意“金”和“银”，有富贵之意，古代徽商荣归故里或出行送别之际，餐桌上常见这道菜，饱含满满的祝福。

0.2 菜品参考图片

菜品参考图片如图1所示。

图1　菜品参考图

绩溪徽菜　金银蹄鸡

1　范围

本文件规定了绩溪徽菜　金银蹄鸡的术语和定义、原辅材料及要求、制作工艺、菜品特征和最佳食用时间。

本文件适用于绩溪徽菜　金银蹄鸡的制作。

2　规范性引用文件

下列文件中的内容通过文中的规范性引用而构成本文件必不可少的条款。其中，注日期的引用文件，仅该日期对应的版本适用于本文件；不注日期的引用文件，其最新版本（包括所有的修改单）适用于本文件。

GB 5749　生活饮用水卫生标准

GB 31654　食品安全国家标准 餐饮服务通用卫生规范

3　术语和定义

下列术语和定义适用于本文件。

3.1

金银蹄鸡　gold and silver shoes chicken

以徽州地区出产的火腿蹄髈、鲜猪蹄髈和老母鸡为主料，小火慢炖，是一种保留食材原汁原味的绩溪传统名菜。

4　原辅材料及要求

4.1　原辅材料

4.1.1　主料

净老母鸡半只约 500g、鲜猪蹄髈 400g、火腿蹄髈 300g。

4.1.2　辅料

青菜心 20g。

4.1.3　调料

冰糖 10g、生姜 20g、小葱 15g、盐 5g。

4.2　要求

4.2.1　原辅材料的采购应符合相关标准的要求。

4.2.2　原辅材料的运输和贮存应符合 GB 31654 的要求。

4.2.3　清洗和烹调用水应符合 GB 5749 的要求。

5 制作工艺

5.1 清洗切配

5.1.1 主料

5.1.1.1 老母鸡宰杀后，烫搅、除毛、去内脏、清洗干净，用刀剖开取用半只洗净，沥水待用。

5.1.1.2 火腿蹄髈、鲜猪蹄髈均选用前蹄(二腕)部分，将皮面刮洗干净，焯水后洗净。

5.1.1.3 老母鸡与猪蹄髈均保持形状自然，火腿蹄髈剁成20mm圆段。

5.1.2 辅料

青菜心洗净保持形状完整。

5.1.3 调料

5.1.3.1 将生姜洗净、去皮切块。

5.1.3.2 将小葱洗净挽成结。

5.2 烹调

5.2.1 砂锅中依次放入老母鸡、两种蹄髈，再加入清水至淹没原料。

5.2.2 旺火烧开，撇去浮沫，放入冰糖、姜块、葱结。

5.2.3 换小火炖60min至原料酥烂，加盐调味，摆好造型，放入焯水后的青菜心。

5.3 盛装与成型

5.3.1 选用砂锅装盘。

5.3.2 三种主料分别排列，整齐地摆放在砂锅内。

6 菜品特征

菜品特征应符合表1的要求。

表1 菜品特征

项目	要求
色泽	红、白、黄色泽分明
香味	浓香四溢，回味绵长
味道	鲜醇带有腊香
质地	软烂酥香，肉质脱骨
形态	整形自然，错落有致

7 最佳食用时间

即熟即食。

ICS 03.080.30
CCS A 12

团　　体　　标　　准

T/AQB 30—2022

绩溪徽菜　富贵如意鸡

2022-11-06 发布　　2022-11-06 实施

安徽省质量品牌促进会
绩溪县酒店餐饮烹饪协会　发布

前　言

本文件按照GB/T 1.1—2020《标准化工作导则　第1部分:标准化文件的结构和起草规则》的规定起草。

请注意本文件的某些内容可能涉及专利。本文件的发布机构不承担识别专利的责任。

本文件由绩溪县酒店餐饮烹饪协会提出。

本文件由安徽省质量品牌促进会和绩溪县酒店餐饮烹饪协会归口。

本文件起草单位:安徽国泰众信检测技术有限公司、绩溪县酒店餐饮烹饪协会、安徽徽厨技师学院、绩溪县聚和圆酒店管理有限公司、绩溪县徽州故里酒店管理有限公司、安徽省万联标准化研究中心。

本文件主要起草人:王威麟、何俊杰、洪明祥、张光顺、张媛媛、李剑、汪志国、段佳丽、戴浩凌、欧阳睿、俞靖雯、刘文娟、徐梦、王文洁、刘雅婷。

引　言

0.1　文化背景

在徽州文化中,“鸡”与“吉利”谐音,寓意吉祥好运。成菜外表金黄,肉质白嫩,如金银之色泽,再配上烧好的猪蹄尖,更显富足之意,故称为“富贵如意鸡”,是对人生美好的祈盼。

0.2　菜品参考图片

菜品参考图片如图 1 所示。

图 1　菜品参考图

绩溪徽菜　富贵如意鸡

1　范围

本文件规定了绩溪徽菜　富贵如意鸡的术语和定义、原辅材料及要求、制作工艺、菜品特征和最佳食用时间。

本文件适用于绩溪徽菜　富贵如意鸡的制作。

2　规范性引用文件

下列文件中的内容通过文中的规范性引用而构成本文件必不可少的条款。其中，注日期的引用文件，仅该日期对应的版本适用于本文件；不注日期的引用文件，其最新版本（包括所有的修改单）适用于本文件。

GB 5749　生活饮用水卫生标准

GB 31654　食品安全国家标准 餐饮服务通用卫生规范

3　术语和定义

下列术语和定义适用于本文件。

3.1

富贵如意鸡　rich and lucky chicken

绩溪民间将家养满180天以上的整只母鸡作为主要原料，用荷叶包裹，采用盐焗、温火慢炖的技艺，配以烧好的猪蹄尖同煨的一种绩溪特色菜。

4　原辅材料及要求

4.1　原辅材料

4.1.1　主料

净母鸡900g。

4.1.2　辅料

鲜猪蹄尖350g、新鲜荷叶一张。

4.1.3　调料

老抽10g、料酒20g、白糖10g、鲍汁20g、盐10g、生姜20g、蒜子30g、小葱5g、高汤500g。

4.2　要求

4.2.1　原辅材料的采购应符合相关标准的要求。

4.2.2　原辅材料的运输和贮存应符合GB 31654的要求。

4.2.3　清洗和烹调用水应符合GB 5749的要求。

5 制作工艺

5.1 清洗切配

5.1.1 主料

将净母鸡背开后去内脏，清洗干净。

5.1.2 辅料

5.1.2.1 鲜猪蹄尖泡 30min 刮洗干净。

5.1.2.2 将荷叶洗净。

5.1.3 调料

5.1.3.1 将生姜洗净切片。

5.1.3.2 将蒜子洗净切片。

5.1.3.3 将小葱洗净挽成结。

5.2 烹调

5.2.1 将鸡、猪蹄尖迅速在沸水锅中焯水，去掉血污，用清水漂洗干净。

5.2.2 鸡放入盆中，加盐 5g，老抽 5g、白糖 5g、蒜片 15g、料酒 10g、姜片 10g、葱结将鸡腌 30min，用荷叶将鸡包裹严实。

5.2.3 取砂锅一只，底部垫一张篾片，猪蹄尖爪尖朝外，沿锅底摆一圈。

5.2.4 将鸡去掉荷叶、葱、姜后，摆放猪蹄尖上面。

5.2.5 加入高汤、老抽 5g、料酒 10g、白糖 5g、盐 5g，姜片 10g、蒜片 15g 调味后烧至八成熟。

5.2.6 倒入鲍汁，盖上锅盖，用小火焖 20min。

5.3 盛装与成型

5.3.1 选用大号砂锅。

5.3.2 汤汁色泽红亮，母鸡形状完整。

6 菜品特征

菜品特征应符合表 1 的要求。

表 1 菜品特征

项目	要求
色泽	色泽棕红，酱色均匀
香味	酱香、荷香、鲜香突出
味道	咸鲜醇厚，回味微甜
质地	鸡肉滑润，猪爪软糯
形态	鸡体完整，胶汁丰富

7 最佳食用时间

即熟即食。

ICS 03.080.30
CCS A 12

团　　　体　　　标　　　准

T/AQB 31—2022

绩溪徽菜　燕笋炖老鸭

2022-11-06 发布　　　　2022-11-06 实施

安徽省质量品牌促进会
绩溪县酒店餐饮烹饪协会　发布

前　言

本文件按照GB/T 1.1—2020《标准化工作导则　第1部分：标准化文件的结构和起草规则》的规定起草。

请注意本文件的某些内容可能涉及专利。本文件的发布机构不承担识别专利的责任。

本文件由绩溪县酒店餐饮烹饪协会提出。

本文件由安徽省质量品牌促进会和绩溪县酒店餐饮烹饪协会归口。

本文件起草单位：绩溪县酒店餐饮烹饪协会、安徽徽厨技师学院、绩溪县聚和圆酒店管理有限公司、绩溪县徽州故里酒店管理有限公司、绩溪新城国际大酒店有限公司、安徽省万联标准化研究中心。

本文件主要起草人：王威麟、张光顺、许启东、汪志国、戴浩凌、章云钢、欧阳睿、俞靖雯、刘文娟、徐梦、王文洁、刘雅婷。

引　言

0.1 文化背景

燕笋富含高纤维和多种维生素等营养价值，是徽菜中十分重要的特色食材。燕笋炖老鸭，是用深山大障村的燕笋以及登源河畔农家饲养的土鸭烹制成的一道美味可口、营养丰富、老少皆宜的经典养生名菜。

食材选燕笋干洗净，放入温开水里浸泡两小时，泡至发软，捞起冲净，沥干水。取笋尖嫩部手撕成段；老麻鸭洗净焯去血水，锅内加水烧开，放入老鸭武火煮沸，滗去杂质，转文火慢炖，加入燕笋段细炖而成。

0.2 菜品参考图片

菜品参考图片如图 1 所示。

图 1　菜品参考图

绩溪徽菜　燕笋炖老鸭

1　范围

本文件规定了绩溪徽菜　燕笋炖老鸭的术语和定义、原辅材料及要求、制作工艺和菜品特征。

本文件适用于绩溪徽菜　燕笋炖老鸭的制作。

2　规范性引用文件

下列文件中的内容通过文中的规范性引用而构成本文件必不可少的条款。其中，注日期的引用文件，仅该日期对应的版本适用于本文件；不注日期的引用文件，其最新版本（包括所有的修改单）适用于本文件。

GB 5749　生活饮用水卫生标准

GB 31654　食品安全国家标准 餐饮服务通用卫生规范

3　术语和定义

下列术语和定义适用于本文件。

3.1

燕笋炖老鸭　stewed duck with swallow shoots

以散养麻鸭为主料、绩溪燕笋干为辅料，经调味炖至酥烂而成的，一种突出食材本味的绩溪特色汤类菜肴。

4　原辅材料及要求

4.1　原辅材料

4.1.1　主料

老麻鸭一只约 1300g。

4.1.2　辅料

燕笋干 200g、青菜心 50g、枸杞 5g。

4.1.3　调料

料酒 20mL、盐 10g、生姜 20g、中葱 15g。

4.2　要求

4.2.1　原辅材料的采购应符合相关标准的要求。

4.2.2　原辅材料的运输和贮存应符合 GB 31654 的要求。

4.2.3　清洗和烹调用水应符合 GB 5749 的要求。

5 制作工艺

5.1 清洗切配

5.1.1 主料

麻鸭从腹部开腔取出内脏洗净。

5.1.2 辅料

5.1.2.1 将燕笋干用冷水浸泡 2h 变软后，切去根茎硬老部位。

5.1.2.2 将燕笋干用手撕成 5mm 粗、100mm 长的段，洗去燕笋干多余的盐味。

5.1.2.3 将青菜心洗净保持完成形状。

5.1.2.4 将枸杞洗净。

5.1.3 调料

5.1.3.1 将生姜洗净切片。

5.1.3.2 将中葱洗净切段。

5.1.3.3 将洗净的麻鸭加姜片 5g、葱段 5g、料酒 5mL，入冷水锅焯水。

5.2 烹调

5.2.1 将麻鸭放入大砂锅，加水 1200g、葱段 10g、姜片 15g、料酒 15mL。

5.2.2 大火烧开后撇去浮沫转小火炖至酥烂。

5.2.3 加入燕笋，继续炖 20min 后，加盐调味，放入青菜心和枸杞。

5.3 盛装与成型

5.3.1 宜选用原砂锅。

5.3.2 将燕笋整齐摆放在鸭子上。

6 菜品特征

菜品特征应符合表 1 的要求。

表 1 菜品特征

项目	要求
色泽	汤汁清纯，本色清雅
香味	突出鸭肉和燕笋的自然香味
味道	咸鲜醇厚，原汁原味
质地	燕笋嫩爽柔软，鸭肉酥烂
形态	整鸭完整，笋段排列规整

ICS 03.080.30
CCS A 12

团 体 标 准

T/AQB 32—2022

绩溪徽菜 羊排臭鳜鱼

2022-11-06 发布 2022-11-06 实施

安徽省质量品牌促进会
绩溪县酒店餐饮烹饪协会 发布

前　言

本文件按照 GB/T 1.1—2020《标准化工作导则 第1部分：标准化文件的结构和起草规则》的规定起草。

请注意本文件的某些内容可能涉及专利。本文件的发布机构不承担识别专利的责任。

本文件由绩溪县酒店餐饮烹饪协会提出。

本文件由安徽省质量品牌促进会和绩溪县酒店餐饮烹饪协会归口。

本文件起草单位：绩溪县酒店餐饮烹饪协会、安徽徽厨技师学院、绩溪多利国际大酒店有限公司、安徽徽顺酒店有限公司、绩溪县臭鳜鱼山庄、安徽省万联标准化研究中心。

本文件主要起草人：王威麟、范金平、张光顺、李剑、王玉平、王莅红、欧阳睿、俞靖雯、刘文娟、徐梦、王文洁、刘雅婷。

引　言

0.1　文化背景

中国汉字源于生活,“鲜”字代表鱼和羊一道烹饪其味特别鲜美。羊排臭鳜鱼就是展示中国汉字文化精髓“鲜”的经典名菜。羊肉含有丰富的维生素、碳水化合物以及蛋白质等,经常吃羊肉有利于增强抵抗力。特别是寒冷的冬季,品食羊肉更能助暖御寒。臭鳜鱼是徽菜的招牌菜,鱼肉经发酵后闻起来臭,吃起来香,并富含氨基酸,肉质鲜嫩、醇滑爽口,为食客大众之爱。羊排臭鳜鱼就是将羊排切断加料烹饪成熟后,鱼羊结合,用香菜点缀。臭鳜鱼香柔,相时呈现,别有意趣。

0.2　菜品参考图片

菜品参考图片如图 1 所示。

图 1　菜品参考图

绩溪徽菜　羊排臭鳜鱼

1　范围

本文件规定了绩溪徽菜　羊排臭鳜鱼的术语和定义、原辅材料及要求、制作工艺、菜品特征和最佳食用时间。

本文件适用于绩溪徽菜　羊排臭鳜鱼的制作。

2　规范性引用文件

下列文件中的内容通过文中的规范性引用而构成本文件必不可少的条款。其中，注日期的引用文件，仅该日期对应的版本适用于本文件；不注日期的引用文件，其最新版本（包括所有的修改单）适用于本文件。

GB 5749　生活饮用水卫生标准

GB 31654　食品安全国家标准 餐饮服务通用卫生规范

3　术语和定义

下列术语和定义适用于本文件。

3.1

羊排臭鳜鱼　stewed mandarin fish with lamb chops

以臭鳜鱼、羊排为主料，加入菜籽油、盐、酱油、胡椒粉等，小火焖至而成的一道创新徽菜。

4　原辅材料及要求

4.1　原辅材料

4.1.1　主料

臭鳜鱼 600g、羊排 400g。

4.1.2　辅料

西蓝花 80g。

4.1.3　调料

菜籽油 80g、盐 5g、胡椒粉 3g、老抽 15mL、小葱 20g、生姜 20g、蒜子 50g、高汤 700g。

4.2　要求

4.2.1　原辅材料的采购应符合相关标准的要求。

4.2.2　原辅材料的运输和贮存应符合 GB 31654 的要求。

4.2.3　清洗和烹调用水应符合 GB 5749 的要求。

5 制作工艺

5.1 清洗切配

5.1.1 主料

5.1.1.1 将臭鳜鱼洗净,改刀成25mm～30mm的条状。

5.1.1.2 将羊排洗净,剁成与臭鳜鱼一样大小的条状。

5.1.1.3 将羊排焯水后捞起。

5.1.2 辅料

将西蓝花洗净切小块,焯水后捞起。

5.1.3 调料

5.1.3.1 将小葱洗净,切成30mm的葱段。

5.1.3.2 将生姜洗净,切成2mm的薄片。

5.1.3.3 将蒜子洗净。

5.2 烹调

5.2.1 将锅烧热,加入菜籽油,放入臭鳜鱼煎至两面微黄取出。

5.2.2 将原锅留底油烧热,放入葱段、姜片、蒜子煸香。

5.2.3 将臭鳜鱼放入锅中,加入高汤300g、老抽10mL,烧至七成熟捞出。

5.2.4 另取一净锅,放入羊排,加入高汤400g、老抽5mL、盐,烧至八成熟离火。

5.2.5 再取一大砂锅,将羊排和臭鳜鱼块分别整齐地放入砂锅中,浇入烧羊排和臭鳜鱼块的汤汁,小火焖至酥烂收汁。

5.2.6 撒上胡椒粉,摆入西蓝花。

5.3 盛装与成型

5.3.1 宜用砂锅盛装。

5.3.2 羊排和臭鳜鱼分两列有序摆放。

6 菜品特征

菜品特征应符合表1的要求。

表1 菜品特征

项目	要求
色泽	色泽红亮,汁浓均衡
香味	鱼羊合鲜,香味纯正
味道	咸鲜醇厚,汤汁浓郁
质地	羊排酥烂可口、鳜鱼滑嫩独特
形态	排列整齐,条块清晰

7 最佳食用时间

起锅后30min内食用。

ICS 03.080.30
CCS A 12

团　体　标　准

T/AQB 33—2022

绩溪徽菜　冬瓜烧鱼

2022-11-06 发布　　2022-11-06 实施

安徽省质量品牌促进会
绩溪县酒店餐饮烹饪协会　发布

前　　言

本文件按照GB/T 1.1—2020《标准化工作导则　第1部分：标准化文件的结构和起草规则》的规定起草。

请注意本文件的某些内容可能涉及专利。本文件的发布机构不承担识别专利的责任。

本文件由绩溪县酒店餐饮烹饪协会提出。

本文件由安徽省质量品牌促进会和绩溪县酒店餐饮烹饪协会归口。

本文件起草单位：中国检验认证集团安徽有限公司、绩溪县酒店餐饮烹饪协会、安徽徽厨技师学院、安徽徽顺酒店有限公司、绩溪县九亩园休闲农庄、安徽省万联标准化研究中心。

本文件主要起草人：王威麟、王纲、张旭东、洪明祥、张光顺、孙小强、汪志国、汪剑飞、黄呈虎、欧阳睿、俞靖雯、刘文娟、徐梦、王文洁、刘雅婷。

引　言

0.1 文化背景

“冬瓜烧鱼”是绩溪岭北的特色菜肴，夏秋两季冬瓜及草鱼上市，则盛行做“冬瓜烧鱼”。烧鱼的原料一般选用草鱼，必须是以青草喂养的池塘草鱼，冬瓜以当地的土种冬瓜为佳。鱼的外观呈青黄色，属淡水鱼，因以青草为食故名，其肉甚为味美。绩溪岭北一带的水塘皆为沙质底，所饲养的草鱼鱼肉概无泥腥味。“冬瓜烧鱼”是一道荤素搭配的锅菜，岭北乡村中做此菜时，下料数量多视宾客人数而定，一般以每人半斤鱼、一斤冬瓜计数下料，故有“每客鱼半斤”之说。以活鱼宰杀入锅烹制，其味更加酥嫩鲜美，锅底内的冬瓜块，以鲜鱼的汤汁煨过，更是别有一番风味。冬瓜是一种消脂瓜果，淡水鱼则多数性凉，“冬瓜烧鱼”是一道老少皆宜的夏秋养生菜肴。

0.2 菜品参考图片

菜品参考图片如图 1 所示。

图 1　菜品参考图

绩溪徽菜　冬瓜烧鱼

1　范围

本文件规定了绩溪徽菜　冬瓜烧鱼的术语和定义、原辅材料及要求、制作工艺、菜品特征和最佳食用时间。

本文件适用于绩溪徽菜　冬瓜烧鱼的制作。

2　规范性引用文件

下列文件中的内容通过文中的规范性引用而构成本文件必不可少的条款。其中，注日期的引用文件，仅该日期对应的版本适用于本文件；不注日期的引用文件，其最新版本（包括所有的修改单）适用于本文件。

GB 5749　生活饮用水卫生标准

GB 31654　食品安全国家标准 餐饮服务通用卫生规范

3　术语和定义

下列术语和定义适用于本文件。

3.1

冬瓜烧鱼　roasted fish with wax gourd

以绩溪县岭北一带地区所产的塘草鱼、冬瓜为主要原料，采用徽式红烧烹调技艺技法，结合碳炉保温，将鱼的鲜味与冬瓜的清香完美融合的一道地方特色菜肴。

4　原辅材料及要求

4.1　原辅材料

4.1.1　主料

塘草鱼 700g。

4.1.2　辅料

冬瓜 800g、西兰花 50g。

4.1.3　调料

菜籽油 100g、盐 8g、白糖 2g、黄酒 5g、老抽 5g、生抽 15g、小葱 5g、生姜 4g、蒜子 3g、干辣椒 3g、红辣椒 10g、高汤 600g。

4.2　要求

4.2.1　原辅材料的采购应符合相关标准的要求。

4.2.2　原辅材料的运输和贮存应符合 GB 31654 的要求。

4.2.3　清洗和烹调用水应符合 GB 5749 的要求。

5 制作工艺

5.1 清洗切配

5.1.1 主料

塘草鱼初步加工整理后洗净,切成 30mm×20mm 的大块。

5.1.2 辅料

5.1.2.1 将冬瓜去皮、瓤,洗净,切成每块约 30mm×20mm 的冬瓜块。

5.1.2.2 将西蓝花洗净切小块,焯水后冷凉。

5.1.3 调料

5.1.3.1 将生姜洗净去皮切片。

5.1.3.2 将蒜子洗净切片。

5.1.3.3 将红辣椒洗净切丝。

5.1.3.4 将小葱洗净切丝。

5.1.3.5 将干辣椒洗净切段。

5.2 烹调

5.2.1 冬瓜块焯水,捞出用清水控凉备用。

5.2.2 炒锅放旺火上烧热,倒入菜籽油烧至五成热。

5.2.3 放入姜片、蒜片、干辣椒煸出香味,倒入鱼块两面略煎。

5.2.4 烹入黄酒,加入盐、白糖、生抽、老抽和高汤,大火烧开后转小火烧 10min。

5.2.5 取双耳铁锅一只,将冬瓜铺入锅底,鱼块连汤倒入,置碳炉上,用中火继续烧 5min。

5.2.6 在锅四周摆上西蓝花,中间撒入葱丝、红椒丝。

5.3 盛装与成型

5.3.1 宜用锅盛装。

5.3.2 鱼呈块状,码在冬瓜上。

6 菜品特征

菜品特征应符合表 1 的要求。

表 1 菜品特征

项目	要求
色泽	色泽酱红,略带汤汁
香味	清香
味道	咸、鲜
质地	鲜嫩、软滑
形态	块状

7 最佳食用时间

开锅即食,炭火炉保温。

ICS 03.080.30
CCS A 12

团 体 标 准

T/AQB 34—2022

绩溪徽菜 清蒸臭鳜鱼

2022-11-06 发布 2022-11-06 实施

安徽省质量品牌促进会
绩溪县酒店餐饮烹饪协会 发布

前　　言

本文件按照 GB/T 1.1—2020《标准化工作导则 第1部分:标准化文件的结构和起草规则》的规定起草。

请注意本文件的某些内容可能涉及专利。本文件的发布机构不承担识别专利的责任。

本文件由绩溪县酒店餐饮烹饪协会提出。

本文件由安徽省质量品牌促进会和绩溪县酒店餐饮烹饪协会归口。

本文件起草单位:中国检验认证集团安徽有限公司、绩溪县酒店餐饮烹饪协会、安徽徽厨技师学院、安徽徽顺酒店有限公司、绩溪县徽州故里酒店管理有限公司、安徽徽都徽菜食品有限公司、绩溪县徽和天下食品有限公司、安徽省万联标准化研究中心。

本文件主要起草人:王威麟、王纲、洪明祥、范金平、张旭东、孙小强、张光顺、冯文敏、胡迁发、欧阳睿、俞靖雯、刘文娟、徐梦、王文洁、刘雅婷。

引　言

0.1　文化背景

早年徽商远行，沿途放排，打鱼为食，存的鳜鱼时间久了，易生异味，便以盐抹之，翻来覆去，千里之外鱼仍未变色，形正而味浓，滚油爆炒，异香（应该说是臭）扑鼻，成矣。后人将劳动者的智慧发扬光大，把臭鳜鱼的腌法进行了提炼形成套路。先用上好的精盐浸水，将鳜鱼浸渍六天，比例要正好，否则味道就偏了。制作精良的臭鳜鱼出缸后，鱼鳃仍是红色，鳞不脱，质未变，只是表皮散发出一种似臭非臭的特殊气味，但是洗净后清蒸或热油稍煎，非但无异味，反而鲜香（或臭）无比，是为上等佳肴，此菜已成徽菜样板，有道是，没吃臭鳜鱼，等于没吃徽菜。

0.2　菜品参考图片

菜品参考图片如图 1 所示。

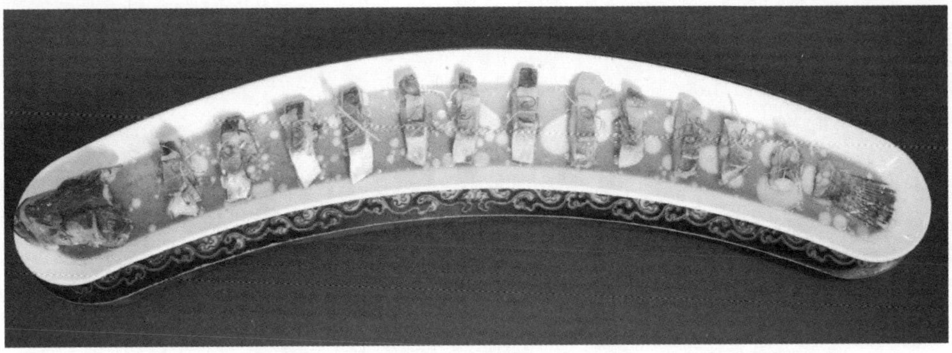

图 1　菜品参考图

绩溪徽菜　清蒸臭鳜鱼

1　范围

本文件规定了绩溪徽菜　清蒸臭鳜鱼的术语和定义、原辅材料及要求、制作工艺、菜品特征和最佳食用时间。

本文件适用于绩溪徽菜　清蒸臭鳜鱼的制作。

2　规范性引用文件

下列文件中的内容通过文中的规范性引用而构成本文件必不可少的条款。其中，注日期的引用文件，仅该日期对应的版本适用于本文件；不注日期的引用文件，其最新版本（包括所有的修改单）适用于本文件。

GB 5749　生活饮用水卫生标准

GB 31654　食品安全国家标准 餐饮服务通用卫生规范

3　术语和定义

下列术语和定义适用于本文件。

3.1

清蒸臭鳜鱼　steamed smelt mandarin fish

以绩溪特色臭鳜鱼为主要原料，配上绩溪火腿佐味，用徽式经典烹饪制作工艺“清蒸”进行制作，成菜形状完整，鱼肉呈蒜瓣状，最大程度突出臭鳜鱼特有的鲜香和口感，是一种绩溪传统菜肴。

4　原辅材料及要求

4.1　原辅材料

4.1.1　主料

臭鳜鱼一条约 800g

4.1.2　辅料

火腿 50g、红辣椒 50g、青菜心 6 棵。

4.1.3　调料

生姜 5g、蒜子 5g、小葱 3g、胡椒粉 3g、料酒 10mL、猪油 20g、芝麻油 10mL。

4.2　要求

4.2.1　原辅材料的采购应符合相关标准的要求。

4.2.2　原辅材料的运输和贮存应符合 GB 31654 的要求。

4.2.3　清洗和烹调用水应符合 GB 5749 的要求。

5 制作工艺

5.1 清洗切配

5.1.1 主料

5.1.1.1 将臭鳜鱼洗净，用清水泡 30min。

5.1.1.2 沿鱼脊椎骨将两边鱼身上的肉取下，改刀成 20mm 宽厚的净鱼块备用。

5.1.1.3 鳜鱼头、尾留用，脊椎骨不用。

5.1.2 辅料

5.1.2.1 绩溪火腿旺火蒸定型，切成与鱼块大小一致的薄片，再用温水泡 20min。

5.1.2.2 将红辣椒洗净，去籽、蒂切丝。

5.1.2.3 将青菜心洗净，焯水。

5.1.3 调料

5.1.3.1 将生姜切片。

5.1.3.2 将蒜子切片。

5.1.3.3 将小葱切细丝。

5.2 烹调

5.2.1 取鱼盘一只，把鱼头、尾摆入盘中两端，鳜鱼块两两相对，整齐有序码于盘中，呈完整鱼形。

5.2.2 将火腿片逐一放在鱼片块上。

5.2.3 将红辣椒丝、生姜片、蒜片码上。

5.2.4 放入料酒，均匀浇上猪油，上蒸笼用大火蒸 10min，撒入葱丝、胡椒粉，摆上青菜心配色，淋上芝麻油。

5.3 盛装与成型

5.3.1 选用鱼盘或其他盛器装盘。

5.3.2 摆盘成整鱼形状。

6 菜品特征

菜品特征应符合表 1 的要求。

表 1 菜品特征

项目	要求
色泽	红白相间，艳丽鲜亮，色泽淡雅悦目
香味	有独特的发酵香味，香气诱人
味道	咸鲜味美，醇厚入味
质地	肉质嫩滑，呈蒜瓣片，有弹性
形态	摆成完整鱼形

7 最佳食用时间

即熟即食，装盘后 15min 内食用。

ICS 03.080.30
CCS A 12

团 体 标 准

T/AQB 35—2022

绩溪特色小吃 水馅包

2022-11-06 发布 2022-11-06 实施

安徽省质量品牌促进会
绩溪县酒店餐饮烹饪协会 发布

前　言

本文件按照GB/T 1.1—2020《标准化工作导则 第1部分:标准化文件的结构和起草规则》的规定起草。

请注意本文件的某些内容可能涉及专利。本文件的发布机构不承担识别专利的责任。

本文件由绩溪县酒店餐饮烹饪协会提出。

本文件由安徽省质量品牌促进会和绩溪县酒店餐饮烹饪协会归口。

本文件起草单位:绩溪县酒店餐饮烹饪协会、安徽徽厨技师学院、安徽徽顺酒店有限公司、绩溪县红泥美食坊、安徽省万联标准化研究中心。

本文件主要起草人:王威麟、洪明祥、张光顺、胡身龙、张美玲、方红、邵辉红、欧阳睿、俞靖雯、刘文娟、徐梦、王文洁、刘雅婷。

引　　言

0.1　文化背景

水馅包是绩溪民间逢年过节时的常备面点，将各种时令蔬菜、豆腐等配上猪肉、牛肉等做成馅料，用面皮包成月牙样，放入蒸笼中大火蒸上十五分钟，开锅即食。古代水馅包常以老南瓜、冬瓜、黄瓜和豆腐做馅料，现在以豆腐为主馅料，黄色与白色相映，又称金银包，象征财源广进，水馅包是徽州的传统美食。绩溪人常用这道美食招待贵宾。

水馅包的文化渊源可追溯到徽商，明清时期徽商兴盛，徽州男子结婚后常年在外经商，几月甚至几年都不回家，留下徽州女子独居在家，上奉公婆，下育子女，常年思念丈夫，故在节庆日做水馅包。水馅包做成半月形，表示丈夫在外，常年不得团圆，同时在包皮上擀十二道皱褶，暗示着十二月的日日思念。

0.2　菜品参考图片

菜品参考图片如图1所示。

图1　菜品参考图

绩溪特色小吃　水馅包

1　范围

本文件规定了绩溪特色小吃　水馅包的术语和定义、原辅材料及要求、制作工艺和菜品特征。

本文件适用于绩溪特色小吃　水馅包的制作。

2　规范性引用文件

下列文件中的内容通过文中的规范性引用而构成本文件必不可少的条款。其中，注日期的引用文件，仅该日期对应的版本适用于本文件；不注日期的引用文件，其最新版本（包括所有的修改单）适用于本文件。

GB 5749　生活饮用水卫生标准

GB 31654　食品安全国家标准 餐饮服务通用卫生规范

3　术语和定义

下列术语和定义适用于本文件。

3.1

水馅包　steamed stuffed bun

以面粉为主料擀成圆薄片皮，用豆腐、猪前夹肉制成末状，经调味搅拌后，包成月牙形蒸饺的一道绩溪特色名小吃。

4　原辅材料及要求

4.1　原辅材料

4.1.1　主料

面粉 500g、豆腐 500g、猪前夹肉 200g。

4.1.2　辅料

肉皮冻 100g、干香菇 10g。

4.1.3　调料

生抽 3g、花椒粉 3g、盐 3g、生姜 15g、芝麻油 5g。

4.2　要求

4.2.1　原辅材料的采购应符合相关标准的要求。

4.2.2　原辅材料的运输和贮存应符合 GB 31654 的要求。

4.2.3　清洗和烹调用水应符合 GB 5749 的要求。

5 制作工艺

5.1 清洗切配

5.1.1 主料

5.1.1.1 将面粉加水搅拌成絮状，揉成光滑的面团，盖上干净的湿布醒面 15min。

5.1.1.2 将豆腐洗净，碾碎成泥，装入碗中。

5.1.1.3 将猪前夹肉洗净晾干，剁成肉末。

5.1.2 辅料

5.1.2.1 将肉皮冻切成末。

5.1.2.2 将干香菇用清水泡发至柔软，洗净沥去水分切成末。

5.1.3 调料

将生姜洗净晾干切成末。

5.2 烹调

5.2.1 取前夹肉末和豆腐泥装入碗中，放入盐、姜末、花椒粉、芝麻油调味搅拌上劲成馅。

5.2.2 将面团揉光滑，取一小块面团，先搓成长条，再摘成大小均匀的剂子，擀成直径为 80mm～100mm 的圆形饺子皮，越薄越好。

5.2.3 取一片饺子皮放入 10g 左右的馅，面皮顺一个方向包成 12 个褶子的月牙状。

5.2.4 蒸锅中加入清水烧开，将包好的蒸饺整齐摆放在蒸笼上。

5.2.5 将蒸笼放置蒸锅上，蒸 15min 出锅。

5.3 盛装与成型

5.3.1 取出蒸笼，直接上桌。

5.3.2 饺子摆放整齐，中间可摆放食用花卉点缀。

6 菜品特征

菜品特征应符合表 1 的要求。

表 1 菜品特征

项目	要求
色泽	晶莹剔透，洁白如玉
香味	清香四溢
味道	鲜美清口，风味独特
质地	外皮柔韧，软嫩味鲜
形态	形似月牙，饱满丰盈

ICS 03.080.30
CCS A 12

团　体　标　准

T/AQB 36—2022

绩溪特色小吃　拓粿

2022-11-06 发布　　2022-11-06 实施

安徽省质量品牌促进会
绩溪县酒店餐饮烹饪协会　发布

前　言

本文件按照 GB/T 1.1—2020《标准化工作导则 第1部分:标准化文件的结构和起草规则》的规定起草。

请注意本文件的某些内容可能涉及专利。本文件的发布机构不承担识别专利的责任。

本文件由绩溪县酒店餐饮烹饪协会提出。

本文件由安徽省质量品牌促进会和绩溪县酒店餐饮烹饪协会归口。

本文件起草单位:绩溪县酒店餐饮烹饪协会、安徽徽厨技师学院、安徽徽顺酒店有限公司、安徽省绩溪县紫园山庄农家酒店、绩溪县聚和圆酒店管理有限公司、绩溪县红泥美食坊、安徽省万联标准化研究中心。

本文件主要起草人:王威麟、张光顺、张美玲、程敷荣、胡澜、汪春花、章云东、欧阳睿、俞靖雯、刘文娟、徐梦、王文洁、刘雅婷。

引　言

0.1　文化背景

绩溪拓粿(ta guo),是全国十大经典美食之一。拓粿在绩溪具有一千多年的历史。相传隋朝末年,出生于绩溪的汪华愤于当时隋炀帝的暴政,领兵起义,转战六州,至绩溪时,深受城乡百姓的拥戴。当时,义军缺粮少饷,百姓纷纷制作以面皮包裹咸菜后烙制的面饼——拓粿,作干粮犒劳起义将士。拓粿不仅便于行军携带,且短期内可以冷食,深受将士欢迎,为义军提供了一定的生活保障。经千余年的流传,拓粿成了绩溪百姓的主食之一,并有不同名称,村民上山下田劳作带的叫冷饭拓粿,徽商出门做干粮的叫盘缠拓粿。

徽州拓粿的工艺不复杂,将腌菜及干萝卜丝、干香椿等用水泡发后,加香油做成馅,用面皮包裹挞成饼状,放入锅中文火烙熟。传统拓粿常用香油干菜作馅,干菜放长时间不坏,香油冷食无恙,还便于携带,故古代徽商外出经商跋山涉水,家人常多做拓粿以在路途充饥,故曰"盘缠粿"。现今的拓粿进行了改良,常用新鲜蔬菜、猪肉和猪油等制作馅料,其味道更为鲜美。

0.2　菜品参考图片

菜品参考图片如图1所示。

图1　菜品参考图

绩溪特色小吃　拓粿

1　范围

本文件规定了绩溪特色小吃　拓粿的术语和定义、原辅材料及要求、制作工艺、菜品特征和最佳食用时间。

本文件适用于绩溪特色小吃　拓粿的制作。

2　规范性引用文件

下列文件中的内容通过文中的规范性引用而构成本文件必不可少的条款。其中，注日期的引用文件，仅该日期对应的版本适用于本文件；不注日期的引用文件，其最新版本（包括所有的修改单）适用于本文件。

GB 5749　生活饮用水卫生标准

GB 31654　食品安全国家标准 餐饮服务通用卫生规范

3　术语和定义

下列术语和定义适用于本文件。

3.1

拓粿　tart rice

以面粉为外皮，包裹着由五花肉、干香椿或者腌菜以及干萝卜丝、冬笋等季节性的食材，加入猪油、盐做成的馅心，经过文火烙熟的一种绩溪传统面食。

4　原辅材料及要求

4.1　原辅材料

4.1.1　主料

面粉 500g（约 10 个拓粿用量）。

4.1.2　辅料

五花肉 150g、干香椿 200g。

4.1.3　调料

熟猪油 35g、盐 3g、鸡精 2g、小葱 3g。

4.2　要求

4.2.1　原辅材料的采购应符合相关标准的要求。

4.2.2　原辅材料的运输和贮存应符合 GB 31654 的要求。

4.2.3　清洗和烹调用水应符合 GB 5749 的要求。

5 制作工艺

5.1 清洗切配

5.1.1 主料

面粉加冷水和开，揉成面团醒发。

5.1.2 辅料

5.1.2.1 将五花肉切成 3mm～5mm 大小的方肉丁。

5.1.2.2 将干香椿用清水泡 30min 后捞出，挤干切碎。

5.2 调料

将小葱洗净切成葱花。

5.3 烹调

5.3.1 锅上火注入熟猪油，放五花肉小丁炒至六成熟后，加入香椿碎、盐、鸡精炒拌均匀后装入碗中冷却，撒入葱花拌匀。

5.3.2 将发好的面团分成大小均匀的小剂子，擀成面皮。

5.3.3 取一面皮，根据面皮大小包入足量的馅心，沿着面皮边缘包好。

5.3.4 用擀面杖将包有馅的面饼褶子擀平，力度适中，馅不外露，擀成圆形。

5.3.5 将擀好的面饼放入平底锅中小火炕熟，加热 10min 左右。炕至两面略有金黄，香味四溢时出锅。

注：按照饮食习惯面皮可大可小。

5.4 盛装与成型

5.4.1 选用竹篮或盘子作盛器。

5.4.2 拓粿在盛器内码放整齐。

6 菜品特征

菜品特征应符合表 1 的要求。

表 1 菜品特征

项目	要求
色泽	色泽微黄，馅心棕褐
香味	入口芳香，风味独特
味道	咸鲜可口
质地	外软内润，软硬适中
形态	呈圆饼形，皮薄馅多

7 最佳食用时间

即熟即食。

ICS 03.080.30
CCS A 12

团 体 标 准

T/AQB 37—2022

绩溪特色小吃 绩溪浇头面

2022-11-06 发布 2022-11-06 实施

安徽省质量品牌促进会
绩溪县酒店餐饮烹饪协会 发布

前　　言

本文件按照GB/T 1.1—2020《标准化工作导则　第1部分:标准化文件的结构和起草规则》的规定起草。

请注意本文件的某些内容可能涉及专利。本文件的发布机构不承担识别专利的责任。

本文件由绩溪县酒店餐饮烹饪协会提出。

本文件由安徽省质量品牌促进会和绩溪县酒店餐饮烹饪协会归口。

本文件起草单位:绩溪县酒店餐饮烹饪协会、安徽徽厨技师学院、安徽徽顺酒店有限公司、绩溪新城国际大酒店有限公司、绩溪县徽悦酒店、绩溪花园面馆、安徽省万联标准化研究中心。

本文件主要起草人:王威麟、张光顺、张美玲、程凯、章云钢、章能文、龙胜利、欧阳睿、俞靖雯、刘文娟、徐梦、王文洁、刘雅婷。

引 言

0.1 文化背景

浇头面又称“俏头面”，在徽州方言中“俏头”称“兆头”，浇头面又被喊成了兆头面。浇头面是绩溪的特色传统面食，就是盖上浇头菜的碗面，它的精华之处就在于面条上的浇头菜。浇头菜丰富多样，常见的有大肉、笋丝、大排和猪大肠等，其中绩溪最具特色的浇头面是豆干笋丝浇头面。浇头菜一般用肉丝、豆干丝和燕笋干加香菇炒制而成，清香美味。一碗俏头面，淡黄色的汤清澈见底，面洁白精细，几颗葱花碧绿，加上香气袅袅的俏头，不知不觉中便让人感受到绩溪风味面食特有的精雅和品味。

绩溪人有大年初一早餐吃浇头面的习俗，寓意新年的开始迎来了好兆头。来贵客用浇头面招待，象征着友情绵长久远。

0.2 菜品参考图片

菜品参考图片如图1所示。

图1 菜品参考图

绩溪特色小吃　绩溪浇头面

1　范围

本文件规定了绩溪特色小吃　绩溪浇头面的术语和定义、原辅材料及要求、制作工艺、菜品特征和最佳食用时间。

本文件适用于绩溪特色小吃　绩溪浇头面的制作。

2　规范性引用文件

下列文件中的内容通过文中的规范性引用而构成本文件必不可少的条款。其中，注日期的引用文件，仅该日期对应的版本适用于本文件；不注日期的引用文件，其最新版本（包括所有的修改单）适用于本文件。

GB 5749　生活饮用水卫生标准

GB 31654　食品安全国家标准 餐饮服务通用卫生规范

3　术语和定义

下列术语和定义适用于本文件。

3.1

绩溪浇头面　jixi topping noodles

以面条为主要原料，浇上用猪肉、香菇、笋干、豆腐干、红椒、小葱、菠菜等配菜和适量调料炒制成的浇头菜，以高汤做面汤的传统面食。

4　原辅材料及要求

4.1　原辅材料

4.1.1　主料

水面条150g。

4.1.2　辅料

燕笋干60g、猪五花肉50g、香菇20g、豆腐干50g、红辣椒5g。

4.1.3　调料

菜籽油30g、猪油5g、料酒3g、生抽3g、盐2g、白胡椒粉3g、高汤500g、小葱2g、生姜10g、芝麻油5g。

4.2　要求

4.2.1　原辅材料的采购应符合相关标准的要求。

4.2.2　原辅材料的采购、运输和贮存应符合GB 31654的要求。

4.2.3　清洗和烹调用水应符合GB 5749的要求。

5 制作工艺

5.1 清洗切配

5.1.1 辅料

5.1.1.1 将燕笋干泡发后切粗丝。

5.1.1.2 将猪五花肉洗净切粗丝。

5.1.1.3 将香菇泡发洗净切粗丝。

5.1.1.4 将豆腐干洗净切粗丝。

5.1.1.5 将红辣椒洗净切粗丝。

5.1.2 调料

5.1.2.1 将小葱洗净切成5mm的段。

5.1.2.2 将生姜洗净切丝。

5.2 烹调

5.2.1 将锅烧热，加入菜籽油润滑。

5.2.2 将五花肉丝煸炒出油，放入姜丝烹入料酒后加笋丝、香菇丝、豆腐干丝翻炒均匀。

5.2.3 将生抽、盐、高汤调味加入锅中，待汁未收干前加入红辣椒丝炒匀，出锅。

5.2.4 取一汤碗，加入生抽、猪油、盐、胡椒粉，将高汤拌匀，调制成面汤。

5.2.5 将锅内加清水，烧开后放入面条煮开后加入凉水继续煮。

5.2.6 将煮好的面条捞出，装入5.2.4的汤碗摆放整齐，盖上5.2.3制作的浇头，撒上葱花，淋上芝麻油。

5.3 盛装与成型

5.3.1 面条成熟后，用长筷将面条整齐捞出，摆放于用汤碗中。

5.3.2 将浇头放置于面条之上，摆放整理。

6 菜品特征

菜品特征应符合表1的要求。

表1 菜品特征

项目	要求
色泽	汤色微黄鲜亮，浇头酱红
香味	猪油香、葱香
味道	汤鲜味美
质地	面条柔滑筋道，浇头口感丰富
形态	面条摆放均匀，形态整齐

7 最佳食用时间

出锅即食，10min内食用。

ICS 03.080.30
CCS A 12

团 体 标 准

T/AQB 38—2022

绩溪特色小吃 绩溪点心

2022-11-06 发布 2022-11-06 实施

安徽省质量品牌促进会
绩溪县酒店餐饮烹饪协会 发布

前　言

本文件按照GB/T 1.1—2020《标准化工作导则 第1部分:标准化文件的结构和起草规则》的规定起草。

请注意本文件的某些内容可能涉及专利。本文件的发布机构不承担识别专利的责任。

本文件由绩溪县酒店餐饮烹饪协会提出。

本文件由安徽省质量品牌促进会和绩溪县酒店餐饮烹饪协会归口。

本文件起草单位:安徽省万联标准化研究中心、绩溪县酒店餐饮烹饪协会、安徽徽厨技师学院、安徽徽顺酒店有限公司、绩溪县徽州故里酒店管理有限公司。

本文件主要起草人:王威麟、张光顺、俞靖雯、刘文娟、徐梦、毛甜甜、周小山、胡迁发、邵辉红。

引　言

0.1　文化背景

在绩溪，饺子叫点心，包饺子叫打点心，所谓点心，就是指点点爱意，尽在心里的意思。这与绩溪当地广泛流传的“前世不修，生在徽州，十三四岁往外一丢”歌谣有关。在徽州绩溪，古代年轻男子十三四岁就外出经商“打工”，贤惠的母亲们就是用这种方式抒发对自己孩子的惜别情感，她们精心调好馅，常见的点心馅有肉末豆腐、嫩南瓜丁、嫩黄豆泥以及各种新鲜素菜，剁碎调好味，放进方形面皮内，面皮互相对折，然后两头往中心合拢黏合，形同孩子们远行时背的包袱。寓意是让在外的孩子别忘了自己此行的抱负，远方的家乡，还有家人的期盼与等待。

0.2　菜品参考图片

菜品参考图片如图1所示。

图1　菜品参考图

绩溪特色小吃　绩溪点心

1　范围

本文件规定了绩溪特色小吃　绩溪点心的术语和定义、原辅材料及要求、制作工艺、菜品特征和最佳食用时间。

本文件适用于绩溪特色小吃　绩溪点心的制作。

2　规范性引用文件

下列文件中的内容通过文中的规范性引用而构成本文件必不可少的条款。其中，注日期的引用文件，仅该日期对应的版本适用于本文件；不注日期的引用文件，其最新版本（包括所有的修改单）适用于本文件。

GB 5749　生活饮用水卫生标准

GB 31654　食品安全国家标准 餐饮服务通用卫生规范

3　术语和定义

下列术语和定义适用于本文件。

3.1

绩溪点心　jixi dumplings

方形面皮放上用猪肉、豆腐以及葱、姜、猪油等调制的馅儿，对折成元宝状，汤碗内放入用生抽、猪油、盐、胡椒粉调制的汤制作而成的一种绩溪特色小吃。

4　原辅材料及要求

4.1　原辅材料

4.1.1　主料

面粉 400g、猪肉 300g。

4.1.2　辅料

豆腐 200g。

4.1.3　调料

小葱 5g、生姜 3g、猪油 10g、盐 10g、生抽 3g、胡椒粉 3g。

4.2　要求

4.2.1　原辅材料的采购应符合相关标准的要求。

4.2.2　原辅材料的运输和贮存应符合 GB 31654 的要求。

4.2.3　清洗和烹调用水应符合 GB 5749 的要求。

5 制作工艺

5.1 清洗切配

5.1.1 主料

5.1.1.1 在面粉中缓缓倒入少许水，先将面粉搅拌成絮状，再入手和面，将面团揉光滑，静置15min。

5.1.1.2 将猪肉剁成肉末放在盆里备用。

5.1.2 辅料

豆腐洗净，沥水20min后碾碎。

5.1.3 调料

5.1.3.1 将小葱切成葱花。

5.1.3.2 将生姜切片泡姜水。

5.1.3.3 将姜水倒入肉盆中，加盐顺时针搅打上劲。

5.1.3.4 加入豆腐碎和葱末、姜末搅拌均匀。

5.2 烹调

5.2.1 面团用擀面杖卷搓揉，擀薄片，越薄越好，用刀切成80mm×75mm方形面皮。

5.2.2 取一片面皮放入适量馅儿，开始包点心，包成元宝状。

5.2.3 在烧水煮点心的间歇时间调制汤，在碗里加生抽、猪油、盐、胡椒粉、小葱。

5.2.4 加半碗开水或者高汤拌匀，点心煮好捞出放入碗内。

5.3 盛品与成型

5.3.1 选用适当的汤碗盛装。

5.3.2 点心摆放整齐。

6 菜品特征

菜品特征应符合表1的要求。

表1 菜品特征

项目	要求
色泽	油煎金黄和水煮的汤汁清澈，微酱色
香味	醇香
味道	咸鲜
质地	面皮劲道，馅芯软糯
形态	元宝状

7 最佳食用时间

趁热食用。

ICS 03.080.30
CCS A 12

团 体 标 准

T/AQB 39—2022

绩溪特色小吃 笋焖饭

2022-11-06 发布 2022-11-06 实施

安徽省质量品牌促进会
绩溪县酒店餐饮烹饪协会 发布

前　言

本文件按照 GB/T 1.1—2020《标准化工作导则 第1部分：标准化文件的结构和起草规则》的规定起草。

请注意本文件的某些内容可能涉及专利。本文件的发布机构不承担识别专利的责任。

本文件由绩溪县酒店餐饮烹饪协会提出。

本文件由安徽省质量品牌促进会和绩溪县酒店餐饮烹饪协会归口。

本文件起草单位：绩溪县酒店餐饮烹饪协会、安徽徽厨技师学院、安徽徽顺酒店有限公司、宣城市胡兴堂置业有限公司绩溪徽菜馆、北京徽都大酒店管理有限公司绩溪饭店、安徽省万联标准化研究中心。

本文件主要起草人：王威麟、范金平、张光顺、许启东、李剑、方诚、欧阳睿、俞靖雯、刘文娟、徐梦、王文洁、刘雅婷。

引　言

0.1　文化背景

“笋”在绩溪方言中的发音同“醒”，寓意为“醒”，在绩溪有“吃过笋焖饭，一年春光醒”之说法。绩溪传统徽菜中对食材的搭配和味道融合十分讲究，大部分新鲜春蔬的烹饪，需要用火腿腊肉来调味中和，特别是春笋，用腊肉烹制，可以有效清除春笋的涩味，食用更加鲜美。春日里，各种笋菜粉墨登场，说起笋焖饭，材料就地取用新鲜娇嫩的笋，配上腌腊肉，再加上时鲜的蔬菜，用大铁锅，在土柴灶焖出来，令人垂涎欲滴，揭开锅盖的一刹那，香味扑鼻而来。笋焖饭是各种特色食材本味融合的代表菜之一，肉香、笋香与米香充分融合，还有香脆的锅巴，更为美食者的最爱。

0.2　菜品参考图片

菜品参考图片如图1所示。

图1　菜品参考图

绩溪特色小吃　笋焖饭

1　范围

本文件规定了绩溪特色小吃　笋焖饭的术语和定义、原辅材料及要求、制作工艺、菜品特征和最佳食用时间。

本文件适用于绩溪特色小吃　笋焖饭的制作。

2　规范性引用文件

下列文件中的内容通过文中的规范性引用而构成本文件必不可少的条款。其中，注日期的引用文件，仅该日期对应的版本适用于本文件；不注日期的引用文件，其最新版本（包括所有的修改单）适用于本文件。

GB 5749　生活饮用水卫生标准

GB 31654　食品安全国家标准 餐饮服务通用卫生规范

3　术语和定义

下列术语和定义适用于本文件。

3.1

笋焖饭　bamboo shoot stuffed rice

以糯米、春笋为主料，腊肉、豌豆、香菇、胡萝卜为辅料，加入盐、葱焖熟搅拌均匀的一种绩溪特色小吃。

4　原辅材料及要求

4.1　原辅材料

4.1.1　主料

糯米 500g、春笋 300g。

4.1.2　辅料

腊肉 150g、豌豆 50g、干香菇 20g、胡萝卜 50g。

4.1.3　调料

盐 3g、小葱 2g。

4.2　要求

4.2.1　原辅材料的采购应符合相关标准的要求。

4.2.2　原辅材料的运输和贮存应符合 GB 31654 的要求。

4.2.3　清洗和烹调用水应符合 GB 5749 的要求。

5 制作工艺

5.1 清洗切配

5.1.1 主料

5.1.1.1 将糯米泡 2h,沥干备用。

5.1.1.2 将春笋用开水烫 10min,切成长 20mm 斜刀丁。

5.1.2 辅料

5.1.2.1 将腊肉洗净切中丁。

5.1.2.2 将豌豆洗净。

5.1.2.3 将干香菇用水泡软切丁。

5.1.2.4 将胡萝卜去皮洗净切丁。

5.1.3 调料

将小葱洗净切成葱花。

5.2 烹调

5.2.1 将腊肉丁、春笋丁放入锅中煸炒至五成熟。

5.2.2 将糯米、豌豆、胡萝卜丁、香菇丁一起放入锅中,加入水、盐,大火烧开后转小火焖 20min。

5.2.3 糯米饭焖熟后,将腊肉丁、春笋丁和糯米饭拌匀后撒上葱花。

5.3 盛装与成型

5.3.1 宜选用铁锅做盛器。

5.3.2 成品饭居中。

6 菜品特征

菜品特征应符合表 1 的要求。

表 1 菜品特征

项目	要求
色泽	晶莹明亮,色彩多样
香气	香气浓郁,肉香味突出
味道	咸鲜入味,滋味混合
质地	米饭软糯,腊肉酥软质感丰富
形态	丁、粒、颗状,形态统一

7 最佳食用时间

开锅即食,保证菜品温度。

ICS 43.020
CCS T 00

团　体　标　准

T/AQB 41—2023

乘用车标准车头质量评价规范

Standard head quality evaluation specification for passenger car

2023-07-31 发布　　2023-08-08 实施

安徽省质量品牌促进会　发布

前　言

本文件按照GB/T 1.1—2020《标准化工作导则　第1部分：标准化文件的结构和起草规则》的规定起草。

请注意本文件的某些内容可能涉及专利。本文件的发布机构不承担识别专利的责任。

本文件由奇瑞汽车股份有限公司提出。

本文件由安徽省质量品牌促进会归口。

本文件起草单位：奇瑞汽车股份有限公司、安徽江淮汽车集团股份有限公司、安徽华菱汽车有限公司、安徽省锦瑞汽车部件有限公司、安徽省万联标准化研究中心、安徽省质量认证咨询中心。

本文件主要起草人：潘燕龙、谢奎、刘华林、张岩、杨涵、洪高明、李炎、钱立胜、曹斌、吴方朝、江宏、范志强、张会珍、俞靖雯。

引　言

随着人民物质生活水平的提高，汽车越来越普及，成为人们日常出行常见的交通工具。汽车厂商也在加快新品的研发，更迭换代。传统燃油车发动机、变速箱作为汽车的心脏，承载着动力的产生及输出。而随着新能源汽车的推广，其销量也在节节攀升，成为市场不可小觑的洪流。

为满足国家法律法规要求，满足整车各项技术要求，超越用户期望的质量，具备市场竞争力的产品性能和服务保障。标准车头作为质量管理重要的活动，定义了乘用车领域标准车头设计、评审改进和验收等主要活动，在项目设计开发阶段、产品设计验证阶段和投产及量产阶段，保证整车安全、可靠、装配便利、维修方便、美观等重要度进行标准车头改进活动。

标准车头关注设计和生产过程对用户使用存在隐患的风险点，进一步规范各种车型产品前舱、底盘零部件的布置方案和结构设计，延长零部件使用寿命，排除隐患，提高流水线装配效率和售后服务便利性，优化装配工艺，提高整车产品安全性、可靠性和一致性。为各车企新产品投产期间质量控制提供了可借鉴、可应用的评价方法。

乘用车标准车头质量评价规范

1 范围

本文件规定了乘用车标准车头评价内容、评分标准和质量控制等内容。

本文件适用于乘用车企业全新平台、成熟平台全新整车、大改款、适应性开发、换动开发，包含右舵车型、PHEV 混动车型、EV 电动车型等产品开发过程中的标准车头质量评价工作。

2 规范性引用文件

本文件没有规范性引用文件。

3 术语和定义

下列术语和定义适用于本文件。

3.1

标准车头 standard head

由发动机舱、发动机变速箱及控制模块、线束、管路等主要系统及零部件构成。按产品开发阶段划分为数字车头(3.2)和实物车头(3.3)。

3.2

数字车头 digital head

项目开发过程中使用发布的数据装配起来的数字化样车，用来进行零部件布置方案、结构工艺、性能、可装配性和维修性的虚拟验证和评估的车头。

3.3

实物车头 physical head

项目开发过程中体现最新设计状态且经过检测合格的样件，依据装配工艺、设计标准制作的实体样车，用来开展实物状态的技术分析和风险评估。

4 评价内容

4.1 发动机舱

4.1.1 发动机舱总成评价内容包括：

——整体空间平衡和均匀，大件布置在同一平面；

——可视区域零件采用同色系；

——总体布置装配及维修便利。

4.1.2 发动机变速箱及控制模块评价内容包括：

——发动机变速箱本体以及安装在发动机与变速箱上的附件，与周边零部件保持安全距离；

——控制模块与热源件部件距离大于 120mm，同时温度场验证满足要求；

——控制模块布置在车辆雨水不能侵入的位置。

4.2 线束

4.2.1 发动机舱线束评价内容包括：

——线束外观整齐；

——线束沿边、槽布置，按横平竖直的棋盘式排列；

——线束固定点位置合理、固定可靠；

——线束与周边零部件保证安全距离；

——音响、组合仪表、发动机与变速箱控制模块等信号线束有防电磁干扰措施，远离干扰源；

——在车辆容易受到水、泥侵入的地方，线束布置及接插件有防水措施；

——线束及插件与高温部件距离大于设计的安全距离，同时经过环境和寿命验证；

——发动机舱内线束保护周全，车轮处及底板线束有防护措施；

——线束插接件公母端匹配；

——线束保持有绕度；

——搭铁可靠；

——线束与尖角突出物，钣金断面保证安全距离；

——线束及接插件布置方便装配与维修。

4.2.2 底盘线束

评审按照本文件 4.2.1 的要求执行。

4.2.3 室内线束

评审按照本文件 4.2.1 的要求执行。

4.2.4 传感器线束

评审按照本文件 4.2.1 的要求执行。

4.3 管路

4.3.1 发动机舱管路

发动机舱管路主要包括进气系统、排气系统、燃油系统、冷却系统、空调系统、照明系统、悬架系统、传动系统、转向系统、制动系统、离合系统等零部件，评价内容：

——各管路外观整齐；

——管路布置按横平竖直的棋盘式排列；

——管路布置方便装配与维修；

——管路及拉线固定点固定可靠；

——软管及拉线等柔性件，长度超过 300mm 直线段上有固定点，拐弯段增加一个以上固定支撑点；

——连接两个相对运动零件的管路及拉线，保留运动的挠度；

——各管路及拉线与钣金锋利边缘、运动件零部件，保持安全距离；

——各类材料易燃性管路及拉线，与高温部件距离大于设计的安全距离，同时经过环境和寿命验证；

——燃油系统的管路布置，避开大电流及高电压线路；

——各管路接口应可靠、紧固；

——采用卡箍/接头等连接管路时，按照设计标准选择对应型号卡箍/接头；

——硬管连接处有限位凸台和凸点；

——参数调整工具便利性；

——用户检查及操作便利性；

——液体加注装配及维修便利性。

4.3.2 发动机周边系统

包括进气系统、排气系统、燃油系统、冷却系统、空调系统、照明系统、悬架系统、传动系统、转向系统、制动系统、离合系统等零部件。

评审按照本文件4.3.1的要求执行。

4.3.3 底盘管路

包括进气系统、排气系统、燃油系统、冷却系统、空调系统、照明系统、悬架系统、传动系统、转向系统、制动系统、离合系统等零部件。

评审按照本文件4.3.1的要求执行。

4.3.4 室内线束/管路

包括冷却系统、空调系统、线束系统等零部件。

评审按照本文件4.3.1的要求执行。

5 评分标准

5.1 目标要求

5.1.1 标准车头满足各阶段质量目标:在数字车头中,标准车头问题关闭率≥90%,无A/B类否决项问题,C类问题数量不超过5个,并落实整改措施。

5.1.2 在实物车头中,标准车头问题关闭率≥98%,无A/B类否决项问题,C类问题数量不超过5个,并落实整改措施。

5.2 标准车头缺陷等级、扣分标准

标准车头缺陷等级、扣分标准见表1。

表1 缺陷等级和扣分标准

缺陷等级	级别	扣分值	缺陷描述	标准车头缺陷描述
严重缺陷	A	100	违反法规的缺陷,让人不能容忍的或过分担心的缺陷,车辆会在"计划外"送到维修站维修类的缺陷	任何一种有损于安全,妨碍车辆的变数,如: —在相关运动的情况下,与粗糙部件、锐角的相互干涉; —在无防护或适当保护装置的情况下与热源或运动机件的相互干涉,或间距小于规定值1/2的; —不遵循法律规定
	B	60	肯定会引起顾客抱怨,通常会要求返工的缺陷,顾客将在下一次按计划把车送到维修站维修的缺陷	该缺陷会对一个或多个零部件造成功能性的影响或潜在的停车故障或影响安全性能如: —靠近热源或靠近运动件的危险; —在缺少相关运动的情况下,与零部件、锐边之间的接触
重要缺陷	C	30	顾客容易发现,有缺陷返工需求	不影响汽车的正常运行与/或其某些部件、不造成危险的相互作用的缺陷

5.3 缺陷计分参照表

标准车头缺陷计分参照表见表2。

表2 缺陷计分参照表

评价内容缺陷描述	缺陷计分													
	发动机舱		线束	管路										
	发动机舱总成	发动机变速箱及控制模块	线束系统	进气系统	排气系统	燃油系统	冷却系统	空调系统	照明系统	悬架系统	传动系统	转向系统	制动系统	离合系统
整体不均衡,大件布置不在同一平面	60	60	30	60	30	—	30	60	—	—	—	—	60	60

续表

评价内容缺陷描述	缺陷计分													
	发动机舱		线束	管路										
	发动机舱总成	发动机变速箱及控制模块	线束系统	进气系统	排气系统	燃油系统	冷却系统	空调系统	照明系统	悬架系统	传动系统	转向系统	制动系统	离合系统
可视区域零部件颜色非同色系	30	30	30	30	30	30	30	30	30	30	—	30	30	30
总体布置装配性、可维修性差	60	60	—	—	—	—	30	—	60	—	—	30	30	30
与周边零部件未保持安全距离	100	100	100	—	100	100	100	100	100	100	100	100	100	100
与热源零部件未保持安全距离	100	100	100	—	—	100	100	100	100	100	100	100	100	100
接插件或控制单元布置在油、雨水涉及区域	—	100	100	—	—	—	—	60	60	—	—	—	—	—
零部件外观不整齐	30	30	30	30	30	30	30	30	30	30	—	30	30	30
线束/管路布置未按照横平竖直布置	—	—	30	30	30	30	30	30	30	30	30	30	30	30
线束/管路固定或卡接不牢	60	—	60	—	—	60	30	30	—	—	—	30	30	30
零部件与周边有电磁干扰	—	60	30	—	—	—	30	30	60	—	—	—	—	—
车轮、底板线束无防护	—	—	60	—	—	—	—	—	—	—	—	—	—	—
搭铁点、小支架紧固时跟转，松动	—	—	60	60	—	60	—	—	—	—	—	60	30	30
零部件装配与维修时，操作空间不足	60	60	60	60	60	30	60	60	30	60	30	30	60	60
线束/软管安装后，处于拉紧或扭曲状态	60	—	60	60	—	60	60	60	—	—	—	60	60	60
燃油未避开大电流及高压线路	—	—	60	—	—	100	—	60	—	—	—	—	—	—
硬管连接处无限位凸台和凸点	—	—	—	60	—	60	60	—	—	—	—	60	30	30
线束/管路连接型号不匹配	60	60	60	60	60	60	60	30	60	60	60	30	60	60
参数调整工具操作空间不足	—	—	—	—	—	—	—	—	60	60	—	30	—	—
液体加注工具操作空间不足	60	—	—	—	—	—	60	30	—	—	—	60	60	60
用户检查及操作，查看模糊不清或操作空间不足	60	—	—	—	—	—	30	—	—	—	—	30	30	30

6 质量控制

6.1 数字车头

6.1.1 根据整车尺寸及配置、整车总布置、发布各系统布置分析方案及整车边界数据，产品设计部门开展系统、零部件的结构优化和设计工作，发布整车各系统评审数据。

6.1.2 根据标准车头评价内容、标准车头缺陷计分参照表的要求，基于整车各系统评审数据，运用计算机仿真软件(如 CATIA/CAD)，开展数字车头核查和评审，并对标准车头问题进行推进管理。

6.1.3 对数字车头评审问题进行设计、结构和工艺上的数据优化后，产品设计部门分别发布整车各系统正式数据，作为启动实物车头的依据之一。

6.2 实物车头

6.2.1 按照整车试制装车计划，确认实物样件资源后，确定实物车头的样件和数据的符合性、一致性，按照装配技术调整说明书，进行试制阶段的装车。

6.2.2 根据标准车头评价内容、标准车头缺陷计分参照表、整车各系统数据和整车实车状态，进行手工阶段、工装阶段实物车头的评价，针对问题缺陷，进行问题推进管理。

6.2.3 实物车头开展整车强化路试、综合路试和可靠性路试的动态测量，根据试验验证结果和装车现状评审，进行整车实物车头的动态评价。针对实物车头动态路试问题，进行问题推进管理。

6.2.4 针对实物车头、可靠性路试测量评价、实物改进的结果，标准车头进行初验收，作为启动投产及量产的依据之一。

6.3 投产及量产

6.3.1 生产质量依据标准车头评价内容、标准车头缺陷计分参照表，编制生产现场质量控制文件，开展日常检验。针对实物车头检验问题缺陷，进行问题推进管理。

6.3.2 开展投产及量产阶段的车头符合性检查，对标准车头缺陷评审标准进行验证，评审标准应100％执行到位。针对问题缺陷进行问题管理推进。

6.3.3 在量产阶段前进行整车标准车头终验收，作为批量化生产的依据之一。

ICS 03.080
CCS A 12

团 体 标 准

T/AQB 42—2023

乘用车售后服务满意度评价规范

Specification for assessment of passenger car after-sales service satisfation

2023-07-31 发布　　2023-08-08 实施

安徽省质量品牌促进会　发布

前　言

本文件按照GB/T 1.1—2020《标准化工作导则 第1部分:标准化文件的结构和起草规则》的规定起草。

请注意本文件的某些内容可能涉及专利。本文件的发布机构不承担识别专利的责任。

本文件由奇瑞汽车股份有限公司提出。

本文件由安徽省质量品牌促进会归口。

本文件起草单位:奇瑞汽车股份有限公司、安徽江淮汽车集团股份有限公司、安徽华菱汽车有限公司、安徽省锦瑞汽车部件有限公司、安徽省万联标准化研究中心、安徽省质量认证咨询中心。

本文件主要起草人:潘燕龙、熊志旺、湛先好、张岩、钱立胜、江宏、俞靖雯、胡建成、于亚杰、李世武、吴方朝、娄鑫、胡新伟。

乘用车售后服务满意度评价规范

1 范围

本文件规定了乘用车售后服务满意度评价指标、评价实施、评价结果与改进等内容。

本文件适用于乘用车企业开展售后服务满意度评价活动。

2 规范性引用文件

下列文件中的内容通过文中的规范性引用而构成本文件必不可少的条款。其中,注日期的引用文件,仅该日期对应的版本适用于本文件;不注日期的引用文件,其最新版本(包括所有的修改单)适用于本文件。

GB/T 3730.1—2022 汽车、挂车及汽车列车的术语和定义 第1部分:类型

GB/T 27922—2011 商品售后服务评价体系

3 术语和定义

下列术语和定义适用于本文件。

3.1

乘用车 passenger car

设计、制造和技术特性上主要用于载运乘客及其随身行李和/或临时物品,包括驾驶员座位在内最多不超过9个的汽车。

[来源:GB/T 3730.1—2022,3.3.1]

3.2

售后服务 after-sales service

向顾客售出商品或从顾客接受无形产品开始,所提供的有偿或无偿的服务。

注:汽车行业的售后服务包括汽车维修、保养及在客户买车后经销商为其提供的所有服务活动。

[来源:GB/T 27922—2011,3.1,有修改]

3.3

评价指标 evaluation index

具体的、可观察的、可测量的评价内容。

[来源:GB/T 27922—2011,3.6]

4 评价指标

4.1 构建原则

4.1.1 一致性

评价指标应充分体现乘用车企业的特点以及客户需求的多样性,应围绕售后服务过程中的产品性能、

服务项目、服务措施、服务便利性及服务人员等各方面进行设计。

4.1.2 可操作性

评价指标应能被客户理解，使客户在使用、购买和接受售后服务过程中的一系列主观体验可量化，并通过既定的数学方法途径处理，能够得到明确的评价结论。

4.1.3 独立性

评价指标设计不宜出现2个及以上的类似指标，避免出现共性问题，干扰最终的数据分析结果。

4.2 指标选取与问卷设计

4.2.1 维度

乘用车售后服务满意度评价指标分为以下五个维度（因子）：

a) 响应性，即及时快捷地提供服务的能力；

b) 保证性，售后服务人员具有的知识、礼仪以及表达出自信与可信的能力；

c) 有形性，有形的设备、设施和环境；

d) 移情性，设身处地地为顾客着想和对顾客给予特别的关注；

e) 可靠性，即准确地履行服务承诺的能力。

4.2.2 问卷量表设计

4.2.2.1 将客户的满意度分成10级，最不满意为1分，最满意为10分。

4.2.2.2 不同级别的分数赋值标准根据客户感知设定为：

a) “无法接受”赋值为1分；

b) “一般”赋值为4分；

c) “满意”赋值为7分；

d) “超乎想象的体验”赋值为10分；

e) 其他介于不同区间的分值根据与以上四种情况的接近程度赋值。

4.2.3 评价指标设计

乘用车售后服务满意度评价指标模型由五大因子和19个要素构成，在这个分层次模型中，每个类别包括这个类别的总体满意度项目，以及整体产品体验的总体满意度项目，见表1。

表1 售后服务满意度评价指标总表

因子	问卷题目编号	评价项（R1～R19即为评价要素）
预约服务（响应性）	R1	服务人员会在车辆保养日期来临前主动提醒您来店保养方面事宜
	R2	对您的预约电话反应及时并能按您的需求灵活安排保养/维修时间（等待接听时间短，立即安排相关事宜）
	M1	综合来看，您对保养/维修预约的情况打几分
售后人员整体表现（保证性）	R3	接车过程及时高效（等待被招待时间短，车辆等待被运送到检查修理区域时间短）
	R4	售后人员服务态度好（耐心、热情主动、有礼貌）
	R5	售后人员先具体清楚地给您解释每次保养/维修内容和价格，然后等您确认无误和允许后再去执行
	R6	售后人员可信任度高，不强行推销/引导没必要的东西或服务
	R7	售后人员办理售后相关业务熟练
	M2	综合来看，您对售后服务人员的整体表现打几分
售后服务环境设施（有形性）	R8	4S店所处的地理位置便利，方便到店维修
	R9	4S店网点多，分布广（市内网点多，全国网点多）
	R10	休息区舒适、饮品丰富、硬件设施齐全（包括上网、电视、电影、儿童游乐场等）
	R11	维修/保养场所干净整洁
	M3	综合来看，您对售后环境的满意情况打几分

续表

因子	问卷题目编号	评价项(R1～R19 即为评价要素)
服务环节(移情性)	R12	技师能够有效地找出重要问题,故障诊断准确率高
	R13	解决全部问题、修好的同时不带来新的问题,且返修率低
	R14	维修/保养价格符合期望值
	R15	提供多种附加的人性化服务(洗车、午饭时间的免费用餐等)
	R16	整个保养/维修过程的公开透明度高,方便您观察和了解
	M4	综合来看,您对服务环节的满意情况打几分
交车环节(可靠性)	R17	4S 店完成保养/维修时间短
	R18	4S 店完成交车过程时间短,交车相关书面文件简洁
	R19	保养/维修后的车干净且车况良好(无损坏,车内设置无变化)
	M5	综合来看,您对交车环节的满意情况打几分
	M6	总体来看,您对经销商/4S 店售后服务的整体表现打多少分

5 评价实施

5.1 样本容量

应综合考虑企业实际情况和成本预算进行选取,样本量越大越具备可靠性,最小样本量宜不低于 200。

5.2 评价方式

5.2.1 应采用问卷调查方式,有条件的应尽量使用网络平台实施。

5.2.2 网络平台应支持对问卷的管理、投放、统计指标的自动化统计及数据库查询。

5.3 质量控制

5.3.1 评价前

5.3.1.1 控制关键点:客户名单清理。

5.3.1.2 客户信息调取时,根据不同评价项目对合格样本的要求进行初步的条件限定(如:城市、销售日期、车辆属性等)。

5.3.1.3 网络问卷应在评价前进行多人多轮调试,确保问卷准确无误。

5.3.2 评价中

5.3.2.1 控制关键点:问卷设置与网络问卷调试。

5.3.2.2 问卷中设置相应问题对样本合格性进行进一步筛选。

5.3.2.3 系统设置时间检测条件,根据答题时间长短判定样本有效性。

5.3.3 评价后

5.3.3.1 控制关键点:样本有效性筛选原则。

5.3.3.2 样本信息整理时,根据不同评价项目对车辆精确的使用时间、进站时间及不同评价项目的其他特殊要求等进行手工筛选和复核,确保样本有效性。

5.3.3.3 去除非理想客户对评价结果的影响。可考虑:问卷填写不完整的样本判定为无效;存在非理性答案的样本判定为无效(如问卷中所有问题打分完全一样的样本判定为无效)。

6 评价结果与改进

6.1 评价结果

6.1.1 计算评价分数

乘用车售后服务满意度评价分数的计算过程如下：

1) 通过要素层的用户直接打分(即1～10分的原始打分)平均值得出每个要素分数(十分制)；

2) 通过构成某因子的具体要素得分和要素权重加权平均，再转化为千分制得出每个因子得分；

3) 通过构成指数的各因子得分和因子权重加权平均，得出指数总体的满意度得分，千分制。

注1：要素权重指某因子包含的各要素对该因子的影响程度；

注2：因子权重指售后服务满意度指数包含的各因子对指数总体的影响程度。

6.1.2 形成评价结果

6.1.2.1 评价结果的内容应包含：

——评价对象情况；

——评价方案；

——评价依据；

——评价时间；

——评价实施；

——评价分数及解释；

——评价结论及描述；

——评价者情况。

6.1.2.2 评价结果主要以评价报告的形式呈现，通常宜采用电子文档形式。

6.1.2.3 宜使用图表等表现形式，直观反映评价分数、评价结论等内容。

6.1.2.4 应注重保护顾客信息，防止信息泄露、丢失，如发生此类情况，应立即采取补救措施。

6.2 改进

6.2.1 通过不同项目满意度得分的对比，找出得分低或相对其他品牌差距大的因子或要素，即为影响客户满意度的主要短板或弱项。

6.2.2 企业内部应持续开展满意度的短板或弱项改进，促进企业客户售后服务满意度的持续提升。

ICS 03.120.01
CCS A 00

团体标准

T/AQB 43—2023

质量管理小组活动指南

Guidelines for quality control group activities

2023-07-31 发布　　　　2023-08-08 实施

安徽省质量品牌促进会　发布

前　言

本文件按照 GB/T 1.1—2020《标准化工作导则 第1部分:标准化文件的结构和起草规则》的规定起草。

请注意本文件的某些内容可能涉及专利。本文件的发布机构不承担识别专利的责任。

本文件由奇瑞汽车股份有限公司提出。

本文件由安徽省质量品牌促进会归口。

本文件起草单位:奇瑞汽车股份有限公司、安徽江淮汽车集团股份有限公司、安徽华菱汽车有限公司、国网安徽省电力有限公司青阳县供电公司、安徽省烟草公司阜阳市公司、安徽省烟草公司六安市公司、安徽省万联标准化研究中心、安徽省质量认证咨询中心。

本文件主要起草人:潘燕龙、熊志旺、翟郢、吴正阔、吴方朝、刘华林、谢奎、叶添文、孙毅、王瑶、张岩、杨涵、熊欣、钱晓佳、闫锋、桂妍、俞靖雯。

质量管理小组活动指南

1 范围

本文件给出了质量管理小组(以下简称"QC 小组")活动程序、方法、评审、评选、改进等内容。

本文件适用于各类组织员工开展质量管理小组活动。

2 规范性引用文件

下列文件中的内容通过文中的规范性引用而构成本文件必不可少的条款。其中,注日期的引用文件,仅该日期对应的版本适用于本文件;不注日期的引用文件,其最新版本(包括所有的修改单)适用于本文件。

GB/T 19000 质量管理体系 基础和术语

3 术语和定义

GB/T 19000 界定的术语和定义适用于本文件。

3.1

质量管理小组 quality control circle

由生产、服务及管理等工作岗位的员工自愿结合,围绕组织的经营战略、方针目标和现场存在的问题或需求,以改进质量、降低消耗、改善环境、提高人的素质和经济效益为目的,运用质量管理理论和方法开展活动的团队。

3.2

活动程序 activity procedures

遵循 PDCA 循环开展质量管理小组(3.1)活动的步骤。

3.3

问题解决型课题 problem-solving project

小组针对已经发生不合格或不满意的生产、服务或管理现场存在的问题进行质量改进,所选择的活动课题。

3.4

创新型课题 innovative project

小组针对现有的技术、工艺、技能和方法等不能满足实际需求,运用新的思维研制新产品、服务、项目、方法等所选择的活动课题。

4 职责权限

4.1 QC 小组主管部门积极引导员工群众自觉自愿参加 QC 小组,其中一线员工占比宜高于 60%,倡导小组成员由领导干部、专业技术、技术工人“三结合”组成。

4.2 设立 QC 小组组长，组长职责包括但不限于：

——抓好 QC 小组质量教育；

——制定 QC 小组活动计划并有效组织 QC 小组活动；

——对 QC 组织成员进行分工，管理 QC 小组日常工作。

4.3 QC 小组成员人数宜 3 人～10 人，小组成员职责包括但不限于：

——根据 QC 小组活动计划按时参加活动，在活动中积极发挥自己的聪明才智和特长；

——按时完成小组分配的任务；

——小组组员当好本 QC 小组的成员，宜成为组织中不断改进的积极分子。

4.4 QC 小组的注册登记由组织中的 QC 小组活动主管部门统一管理，原则上每一年重新登记信息，小组成员变更后需重新登记注册。

5 QC 活动程序

5.1 总则

QC 活动可分为问题解决型课题、创新型课题两类。QC 活动常用质量工具方法见附录 A。

5.2 问题解决型课题

5.2.1 总则

问题解决型课题根据课题目标来源不同分为自定目标和指令性目标课题，不同目标课题在活动程序上有差异，活动程序见图 1。

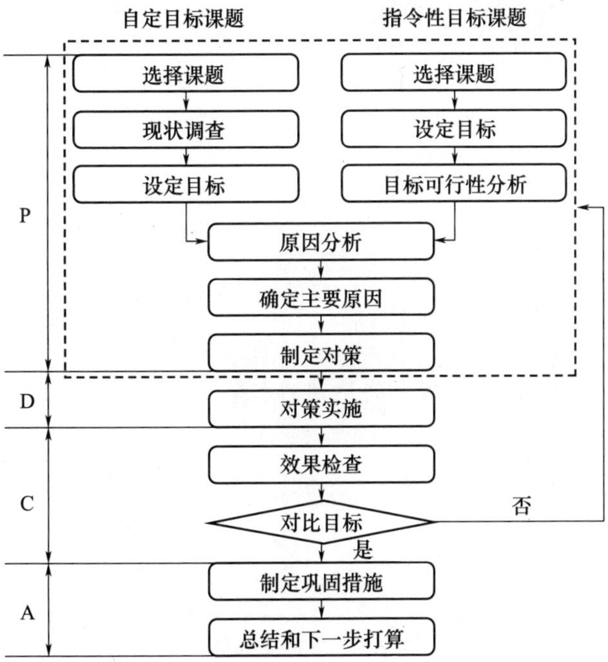

图 1 问题解决型课题活动程序图

5.2.2 选择课题

5.2.2.1 选题来源

针对存在问题，小组结合实际，选择适宜的课题。课题来源一般有：

——指令性课题；

——指导性课题；

——自选性课题。

小组自选课题时，可考虑以下几个方面：

1） 落实组织方针、目标的关键点；

2） 在质量、效率、成本、安全、环保等方面存在问题；

3） 内、外部顾客及相关方的意见和期望。

5.2.2.2 选题要求

小组选题要求考虑：

——小组能力范围内，课题宜小不宜大；

——课题名称直接，尽可能表达课题的特性值；

——选题理由明确，用数据说明。

5.2.3 现状调查

为了解问题的现状和严重程度，小组进行现状调查考虑：

——收集的有关数据和信息，数据和信息具有客观性、全面性、时效性和可比性；

——对数据和信息进行分层整理和分析；

——通过分析数据明确现状，找出症结，确定改进方向和程度，为目标设定和原因分析提供依据。

注：这是自定目标课题的第二步（参见图1），指令性目标课题没有此步骤。

5.2.4 设定目标

5.2.4.1 目标来源

根据所选课题，小组设定活动目标，以明确课题改进的程度，并为效果检查提供依据。课题目标来源：

——自定目标：由小组成员共同制定的课题目标；

——指令性目标：上级下达给小组的课题目标或小组直接选择上级考核指标、顾客要求等作为课题目标。

5.2.4.2 目标设定依据

小组自定目标可考虑：

——上级下达的考核指标或要求；

——顾客需求；

——国内外同行业先进水平；

——组织曾经接近或达到的最好水平；

——针对症结，预计其解决程度，测算课题将达到的水平。

5.2.4.3 目标设定要求

目标设定与小组活动课题相一致，并满足如下要求：

——目标数量不宜多；

——目标可测量、可检查；

——目标具有挑战性。

注：这是自定目标课题的第三步（参见图1），是指令性目标课题的第二步。

5.2.5 目标可行性论证

指令性目标课题在设定目标后进行目标可行性论证，目标可行性论证可考虑：

——国内外同行业先进水平；

——组织曾经达到的最好水平；

——把握现状，找出症结，论证需解决的具体问题，以确保课题目标实现。

注：这是指令性目标课题的第三步（参见图1），自定目标课题没有此步骤。

5.2.6 原因分析

小组进行原因分析考虑以下内容：

——针对问题或症结进行原因分析；

——因果关系清晰，逻辑关系紧密；

——可从人、机、料、法、环、测等方面考虑，以充分展示产生问题的原因，避免遗漏；

——将每一条原因逐层分析到末端，以便直接采取对策。

5.2.7 确定主要原因

小组针对末端原因，依据数据和事实，客观地确定主要原因：

——收集所有的末端原因，识别并排除小组能力范围以外的原因；

——对每个末端原因进行逐条确认，必要时可制定要因确认计划；

——依据末端原因对问题或症结的影响程度判断是否为主要原因；

——确定方式为现场测量、试验及调查分析。

5.2.8 制定对策

小组制定对策考虑以下内容：

——针对主要原因逐条制定对策；

——必要时，针对主要原因提出多种对策，并用客观的方法进行对策效果的评审和选择；

——按5W1H制定对策表，对策明确、对策目标可测量、措施具体。

注：5W1H即What(对策)、Why(目标)、Who(负责人)、Where(地点)、When(时间)、How(措施)。

5.2.9 对策实施

小组实施对策考虑以下内容：

——按照对策表逐条实施对策，并与对策目标进行比较，确认对策效果；

——当未达到对策目标时，修改措施并按新的措施实施；

——必要时，验证对策实施结果在安全、质量、管理、成本、环保等方面的负面影响。

5.2.10 效果检查

所有对策实施完成后，小组进行效果检查考虑以下内容：

——检查小组设定的课题目标是否完成；

——与对策实施前的现状对比，判断改善程度；

——必要时，确认小组活动产生的经济效益和社会效益。

5.2.11 制定巩固措施

制定巩固措施，小组考虑以下内容：

——将对策表中通过实施证明有效的措施，纳入相关标准，如工艺标准、作业指导书、设备管理制度、人员管理制度等，并报主管部门批准；

——必要时，对巩固措施实施后的效果进行跟踪。

5.2.12 总结及下一步打算

小组对活动全过程进行回顾和总结，有针对性地提出今后打算。包括：

——针对专业技术、管理方法和小组成员综合素质等方面进行全面总结；

——提出下一次活动课题。

5.3 创新型课题

5.3.1 总则

创新型课题开展活动程序见图2。

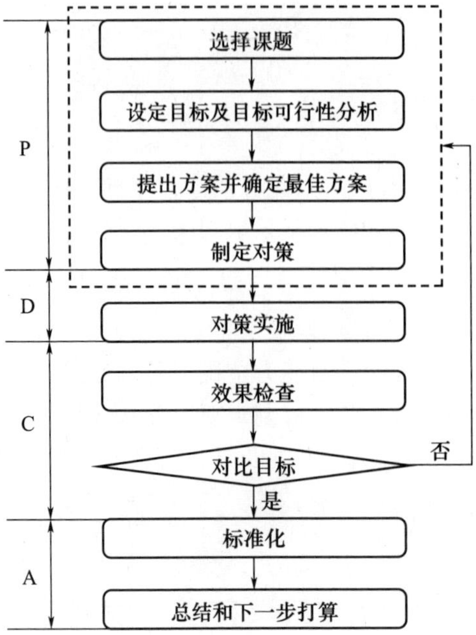

图 2　创新型课题活动程序图

5.3.2　选择课题

5.3.2.1　选题来源

小组针对现有的技术、工艺、技能、方法等无法满足内、外部顾客及相关方的需求，运用新思维选择创新课题。

5.3.2.2　选题要求

小组选题考虑以下内容：

——针对需求，通过广泛借鉴，启发小组创新的灵感、思路、方法等，研制新的产品、服务、方法、软件、工具及设备等；

——课题名称直接描述研制对象；

——必要时，论证课题的可行性。

5.3.3　设定目标及目标可行性论证

5.3.3.1　设定目标

设定目标考虑以下内容：

——与课题需求保持一致；

——目标可测量、可检查；

——目标设定不宜多。

5.3.3.2　目标可行性论证

小组针对设定的课题目标，进行目标可行性论证：

——依据借鉴的相关数据进行论证；

——依据事实和数据，进行定量分析与判断。

5.3.4　方案提出及确定

5.3.4.1　提出方案

小组针对课题目标，根据借鉴内容，提出方案考虑以下内容：

——提出可能达到课题目标的各种方案，并对所有的方案进行整理；

——方案包括总体方案与分级方案，总体方案具有创新性和相对独立性；分级方案具有可比性，以供比较和选择。

5.3.4.2　确定方案

小组对所有整理后的方案进行评审和比较，确定最佳方案：

——方案分解逐层展开到可以实施的具体方案；

——基于现场测量、试验和调查分析的事实和数据，对每个方案进行逐一评审和选择。

5.3.5　制定对策

小组制定对策考虑以下内容：

——将方案分解中选定的可实施的具体方案，逐项纳入对策表；

——按5W1H制定对策表，对策目标可测量、可检查，措施可操作。

5.3.6　对策实施

小组实施对策考虑以下内容：

——按照制定的对策表逐条实施；

——每条对策实施完成后，检查相应目标的完成情况，未达到目标时，应修改措施，并按新措施实施；

——必要时，验证对策实施结果在安全、质量、管理、成本、环保等方面的负面影响。

5.3.7　效果检查

所有对策实施完成后，小组进行效果检查考虑以下内容：

——检查课题目标的完成情况；

——必要时，确认小组创新成果的经济效益和社会效益。

5.3.8　标准化

小组对创新成果的推广应用价值进行评审，并进行处置：

——对有推广价值的创新成果进行标准化，形成相应的技术标准（设计图纸、工艺文件、作业指导书）或管理制度等；

——对专项或一次性的创新成果，将创新过程相关材料整理存档。

5.3.9　总结

小组对活动全过程从创新角度在专业技术、管理方法和小组成员素质等方面进行全面总结，有针对性地提出下一次活动课题。

6　成果报告

6.1　原则

小组全体成员在整理成果报告时遵循的原则包括：

——要严格按质量管理小组活动程序进行整理；

——重点突出，条理清楚、简明扼要；

——尽量不用专业技术性很强的名词术语。

6.2　内容

6.2.1　成果报告内容应根据“问题解决型课题活动程序”或“创新型课题活动程序”的内容，通常亦可包括专业解释或说明、小组介绍、小组课题计划等强相关内容。

6.2.2　成果报告内容应以PPT或Word格式进行，成果报告中的数据、图表应注明制表人、时间、地点等基本信息，以利于成果验证和推广。

6.2.3　成果报告应根据所在组织的档案管理要求，可以书面档案或电子档案的形式进行归档保管。

附 录 A
（资料性）
QC 活动常用质量工具方法

QC 活动常用质量工具方法见表 A.1。

表 A.1 QC 活动常用质量工具方法

序号	活动程序	分层法	调查表	排列图	头脑风暴法	亲和图	因果图	树图	关联图	水平对比法	流程图	PDPC法	简易图表	直方图	散布图	控制图	优选法	正交试验设计法	矩阵图	箭条图
1	选择课题	●	●	●	●	○				○	○		●		○	○			○	
2	现状调查（自定目标课题）	●	●	●						○	○		●	○	○	○				
3	设定目标		○							●			●							
4	目标可行性论证（指令性目标课题）	●	●	●						○	○		●	○	○	○				
5	原因分析				○		●	●	●											
6	确定主要原因		○										●	○	●					
7	制定对策	○			○	○		○			○	○	○	○			○	○	○	○
8	对策实施																			
9	效果检查	●	○	●						○			●	○		○				
10	制定巩固措施		○								○		●			○				
11	总结和下一步打算	○	○							○			●							

注 1：●表示经常用，○表示可用

注 2：简易图表包括：折线图、柱状图、饼分图、甘特图、雷达图

附 录 B
(资料性)
质量管理小组活动现场评审表

质量管理小组活动现场评审表见表B.1。

表B.1 质量管理小组活动现场评审表

序号	评审项目	评审方法	评审内容	分值
1	质量管理小组的组织	查看记录	1. 小组和课题进行注册登记,一线职工占比高于70%; 2. 小组活动时,小组成员出勤及参与各步骤活动情况; 3. 小组活动计划及完成情况	10分
2	活动情况与活动记录	听取介绍,查看记录,现场验证	1. 活动过程按质量管理小组活动程序开展; 2. 活动记录(包括各项原始数据、质量工具方法等)保存完整、真实; 3. 活动记录的内容与发表资料一致	30分
3	活动真实性与有效性	现场验证,查看记录	1. 小组课题对技术、管理、服务的改进点有改善; 2. 各项改进或创新在专业方面科学有效; 3. 取得的经济效益得到相关部门的认可; 4. 质量工具方法运用适宜、正确	30分
4	成果的维持与巩固	查看记录,现场验证	1. 小组活动课题目标达成,有验证记录; 2. 改进的有效措施或创新成果已纳入有关标准或制度; 3. 现场已按新标准或制度执行; 4. 活动成果应用于生产和服务实践	20分
5	质量管理小组教育	提问或考试	1. 小组成员掌握质量管理小组活动程序; 2. 小组成员对方法的掌握程度和水平; 3. 通过本次活动,小组成员专业技术、管理方法和综合素质得到提升	10分

附 录 C
(资料性)
课题成果发表评审表

问题解决型课题成果发表评审表见表C.1。

表C.1 问题解决型课题成果发表评审表

序号	评审项目	评审内容	分值
1	选题	1. 所选课题与上级方针目标相结合,或是本小组现场急需解决的问题; 2. 选题理由明确、用数据说明; 3. 现状调查(自定目标课题)为设定目标和原因分析提供依据;目标可行性论证(指令性目标课题)为原因分析提供依据; 4. 目标可测量、可检查	15分
2	原因分析	1. 针对问题或症结分析原因,逻辑关系要清晰、紧密; 2. 每一条原因已逐层分析到末端,能直接采取对策; 3. 针对每个末端原因逐条确认,以末端原因对问题或症结的影响程度判断主要原因; 4. 判定方式为现场测量、试验和调查分析方法	30分
3	对策与实施	1. 针对所确定的主要原因,逐条提出相应对策,必要时对主要原因进行多种对策选择; 2. 对策表按"5W1H"原则制定; 3. 按照对策表逐条实施,每条对策实施后检查对策目标是否完成;未达到对策目标时,有修改措施并按新的措施实施	20分
4	效果	1. 将取得效果与实施前现状比较,确认改进的有效性,与所制定的目标比较,检查是否已达到; 2. 取得经济效益的计算实事求是; 3. 必要时对无形效果进行评审; 4. 实施中的有效措施已纳入有关标准,并按新标准实施; 5. 改进后的效果能维持、巩固在良好的水准,并有数据依据; 6. 质量工具方法运用正确、适宜	20分
5	成果	1. 成果报告真实,有逻辑性; 2. 成果报告通俗易懂,以图表、数据为主	5分
6	特点	1. 小组课题体现"小、实、活、新"特色,即选题小、活动实、活动形式灵活、活动方式新颖; 2. 质量工具方法应用有创新和效果	10分

创新型课题成果发表评审表,见表C.2。

表C.2 创新型课题成果发表评审表

序号	评审项目	评审内容	分值
1	选题	1. 题目选定有创新; 2. 选题来自内、外部顾客及相关方的需求; 3. 选题借鉴已有的知识、经验等; 4. 目标具挑战性,有量化的目标和可行性分析	20分

续表

序号	评审项目	评审内容	分值
2	原因分析	1. 提出的总体方案具有创新性和相对独立性，分级方案具有可比性； 2. 方案分解应逐层展开到可以实施的具体方案； 3. 用事实和数据对每个方案进行逐一分析、论证和评审； 4. 用现场测量、试验和调查分析的方式评审并确定最佳方案； 5. 质量工具方法运用适宜、正确	30 分
3	对策与实施	1. 按 5W1H 原则制定对策表，对策明确、目标可测量、措施具体； 2. 将方案分解中选定的可实施的具体方案，逐项纳入对策表； 3. 按照制定的对策表逐条实施； 4. 每条对策实施后，应检查相应对策目标的完成情况，必要时应调整、修正措施； 5. 质量工具方法运用适宜、正确	20 分
4	效果	1. 确认课题目标的完成情况； 2. 必要时，确认小组创新成果的经济效益和社会效益； 3. 将有推广价值的创新成果进行标准化，形成相应的技术标准、包括(设计图纸、工艺文件、作业指导书)或管理制度等； 4. 对专项或一次性的创新成果，将创新过程相关材料整理存档	15 分
5	成果	1. 成果报告真实，有逻辑性； 2. 成果报告通俗易懂，以图表、数据为主	5 分
6	特点	1. 充分体现小组成员的创造性，成果有启发和借鉴意义； 2. 创新成果具有推广应用价值	10 分

ICS 03.120.01
CCS A 00

团 体 标 准

T/AQB 44—2023

8D 质量问题解决法实施指南

Implementation guidelines for eight disciplines quality problem solving method

2023-07-31 发布　　2023-08-08 实施

安徽省质量品牌促进会　发布

前　言

本文件按照GB/T 1.1—2020《标准化工作导则 第1部分：标准化文件的结构和起草规则》的规定起草。

请注意本文件的某些内容可能涉及专利。本文件的发布机构不承担识别专利的责任。

本文件由奇瑞汽车股份有限公司提出。

本文件由安徽省质量品牌促进会归口。

本文件起草单位：奇瑞汽车股份有限公司、安徽江淮汽车集团股份有限公司、安徽华菱汽车有限公司、安徽省烟草公司六安市公司、安徽省万联标准化研究中心、安徽省质量认证咨询中心。

本文件主要起草人：潘燕龙、熊志旺、湛先好、张岩、杨涵、翟郢、苏云刚、桂妍、胡建成、洪高明、吴方朝、卫邦胜、吴正阔、程跃志、俞靖雯。

引　言

解决质量问题的工具和方法很多，规范和统一问题分析解决的方法和工具，可以为问题分析解决提供指导，有利于质量问题解决方法的推广和问题解决能力的提升，提高企业在问题解决过程中的沟通效率、工作效率和部门间的协作配合，快速高效找到问题的根本原因并彻底解决，形成知识经验，防止问题再发生，以有效满足客户要求和增强客户满意度。

汽车产品作为需要适应不同使用环境、不同客户使用习惯的复杂工业集成品，在持续改善产品、服务质量以满足客户需求方面积累了大量解决问题的方法和经验，这些方法在各行各业都有广泛的适用性，对解决这些问题的方法进行总结、分享，有利于促进企业产品和服务质量的提升，为国家产业提升、质量强国战略助力。

8D质量问题解决法实施指南

1 范围

本文件给出了8D质量问题解决法(以下简称“8D”方法)的总则、主要步骤、工作流程、实施方法等内容。

本文件适用于8D质量问题解决法的实施。

2 规范性引用文件

本文件没有规范性引用文件。

3 术语和定义

下列术语和定义适用于本文件。

3.1

8D质量问题解决法 eight discip lines problem solving method

基于小组的解决问题的标准方法,由8个步骤和一个准备步骤组成。这些步骤用来客观地确定、定义和解决问题并防止相似问题的再次发生。

4 总则

4.1 8D是基于小组和针对复杂问题的解决方法,当问题及相关信息比较复杂,超出一个人能力所及时,小组的方法最有效。

4.2 使用多功能的输入。使用了多功能小组开展工作,意味着每一次解决问题人员不需要了解事情的所有技术细节,需要的信息可以从不同的小组成员处获得。

4.3 促进标准化。利用小组方法解决问题能够引导用语一致,从而提高有效性和一致性,节约时间,增强更改控制。

4.4 用来处理根本原因未知的问题。问题解决程序用于找出问题的根本原因,并提出纠正措施。

4.5 从形式上看,8D方法是一个阶段结束后,再进入下一个阶段。在实际分析和解决问题的过程中,各个阶段是穿插进行的,某些阶段的工作需要平行开展。8D方法实施流程图见图1。常见的统计方法见附录A。

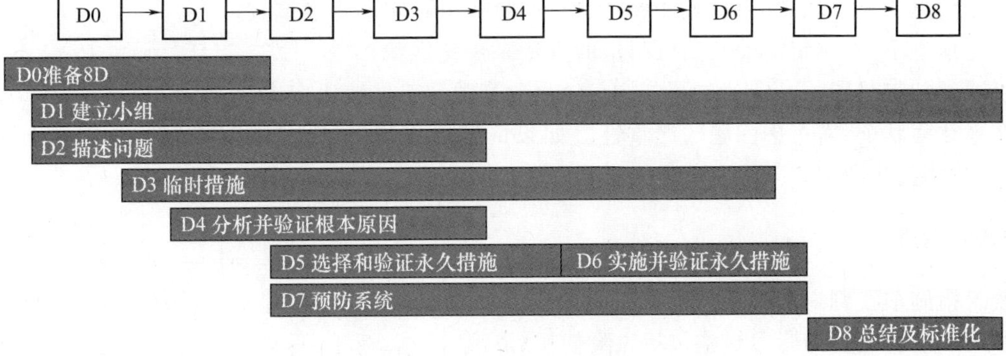

图1 8D方法实施流程图

4.6　8D 方法可以分解为 9 个主要步骤及 25 个分解步骤，见表 1，根据不同问题类型、问题复杂程度、所处阶段可进行相应裁剪运用。

表 1　8D 方法分解步骤

过程	主要步骤	分解步骤 1	分解步骤 2	分解步骤 3	分解步骤个数	合计
D0	准备 8D	定义和量化问题症状	启动紧急措施	确定是否启动 8D	3	
D1	建立小组	评估问题	确定小组成员及角色	制定工作计划及目标	3	
D2	描述问题	调查收集信息	描述问题		2	
D3	实施并验证临时措施	制定临时措施	实施并验证临时措施		2	
D4	分析并验证根本原因	评审问题描述	分析根本原因	验证确认根本原因	3	25
D5	选择并验证永久纠正措施	制定可能的解决方案	验证解决方案	选择最佳解决方案	3	
D6	实施并验证永久纠正措施	制定计划并实施	验证实施效果	取消临时措施	3	
D7	预防再发生措施	问题横展	文件更新	知识归集和预防	3	
D8	总结及标准化	8D 过程经验总结	标准化	文件记录	3	

5　D0 准备

根据现象评估 8D 过程是否需要，如果有必要，采取紧急反应行动来保护顾客，并开始 8D 过程。

5.1　流程图

D0 准备过程包括定义和量化问题症状、启动紧急措施、确定是否启动 8D 三个步骤，见图 2。

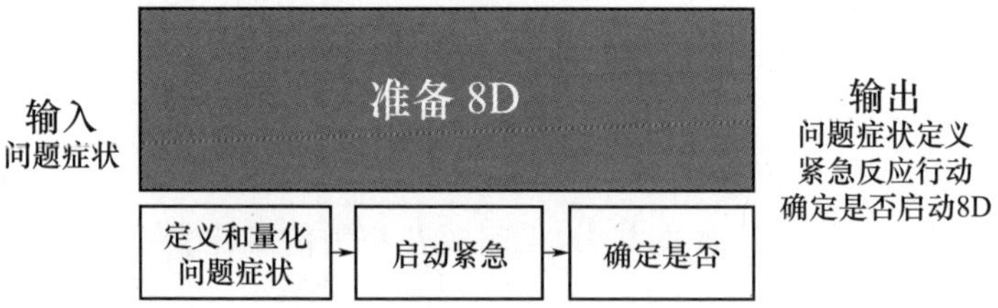

图 2　DO 准备

5.2　定义和量化问题症状

5.2.1　区分症状和问题

症状是存在一个或多个问题的可测量的事件或结果的外在显示。问题是指与期望或标准状态的差距。

5.2.2　定义和量化症状

定义和量化症状需注意：

——量化信息来自于现有的数据，如保修、投诉、救援或顾客满意度调查；

——量化信息不足，小组需要开发可测量的方法来量化症状；

——可通过如趋势图(Trend)、帕累托图(Pareto)等质量工具量化症状；

——在量化症状前，需考虑问题的严重性。如果情况严重，影响人身或财产安全时应立即执行紧急反应行动，然后收集量化数据。

5.3　启动紧急措施

采取紧急措施前要判定和确认问题产品的范围和数量、问题的严重程度等。紧急措施应该严谨，需要经过验证和确认。可选择的紧急措施包括风险使用、隔离、挑选、返工、返修或报废等。必要时，实施紧急措施可不计成本。

5.4 确定是否启动 8D 跨部门攻关小组

启动 8D 的条件包括：

——症状已被定义和量化，量化的测量结果表明有性能差异或通过优先度评估（严重度、频度、增长趋势）适合使用 8D 问题解决方法；

——找出根本原因并预防再次发生；

——症状的复杂性超出了个人能解决的范围；

——没有其他的 8D 小组正在解决相同或相似的问题。

6 D1 建立小组

建立一个小组来解决问题和执行纠正计划，小组成员应具有过程和/或产品知识、分配的时间、权威和需要的技能。

6.1 流程图

D1 建立小组包括评估问题、确定小组成员及角色、制定工作计划及目标三个步骤，见图 3。

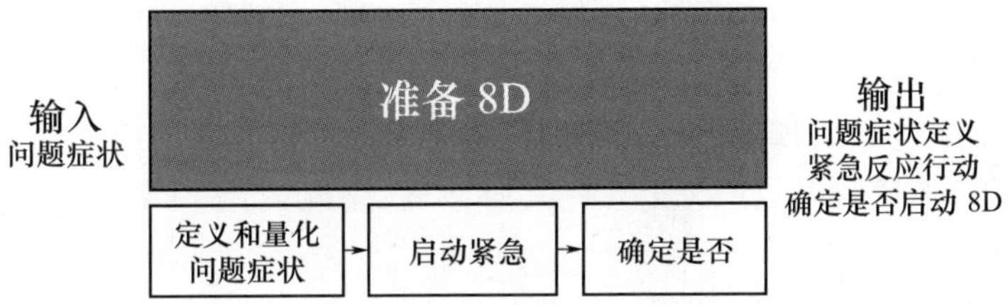

图 3　D1 建立小组

6.2 评估问题

对问题初步了解后，首先对问题进行评估，根据问题确定小组的成员及小组各成员的职责，确定：

——项目负责人；

——解决问题的技术专家；

——在问题解决的各阶段需要的小组人员和支持领导；

——问题的产生和流出涉及的过程。

6.3 确定小组成员及主要角色

小组负责人：负责 8D 工作小组的总体组织和协调，为涉及过程/产品的自然控制者（如：负责产品设计控制的设计人员、负责制造过程控制的制造和工艺人员、负责外协件质量控制的供应商品质保证模块人员等），小组负责人可能会随着问题识别工作的深入而更换，但仍必须保证是涉及过程/产品的自然控制者。

小组成员：问题发生或流出涉及环节的各部门人员，如：设计、制造、采购、采购质量等对应过程/或零部件的工程师，负责涉及本部门的小组工作安排，对问题原因进行分析，寻找问题根本原因并负责实施。

支持领导：多为行政管理者，管理者的参加能有效支持小组活动，对成功解决问题起到关键作用，为此支持领导主要做到认真考虑领导建议。

技术专家：问题的解决专家，负责在问题的处理过程中提供有效的技术指导、问题解决工具或思路，评审专业工程师提供涉及问题的技术数据的可靠性、准确性，指引解决问题的方向。

7 D2 描述问题

通过“什么（对象）出现什么（问题）”、通过确定可量化的项、5W2H 方法来描述内部/外部顾客的问题。

7.1 流程图

D2 描述问题包括调查收集信息、描述问题两个步骤,见图 4。

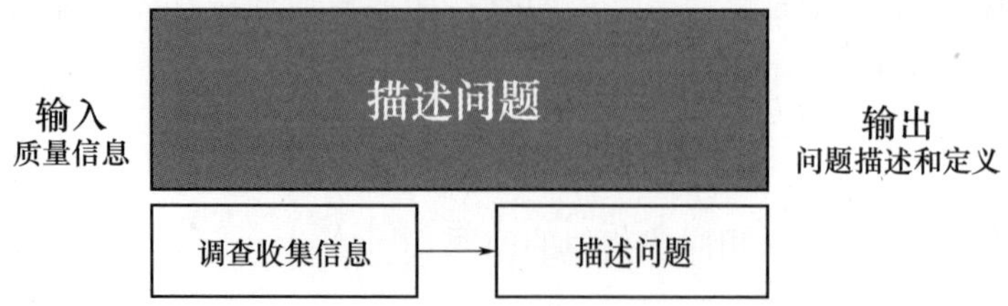

图 4 D2 描述问题

7.2 调查收集信息

在发现问题或怀疑发生问题的现场收集证据,了解问题的全部影响,从各个来源收集数据,包括以前是否发生过类似问题及解决的经验教训。调查收集信息包括以下四个步骤:

a) 故障信息收集:零部件试验、整车试验、现场返工返修记录、一次下线合格率、AUDIT 审核、市场保修信息、技术支持信息、论坛/抱怨信息、市场救援信息等信息收集;

b) 故障件确认:故障图片/故障视频确认,故障件的生产批次、故障单件检测、台架检测或装车测试确认结果;

c) 故障车确认:车辆的生产日期、销售日期、故障发生日期、故障里程、返工返修信息、故障现场对故障车实车排查分析、故障确认,故障发生有关的环境、路况、行驶工况、触发条件、车辆状况等有关信息;

d) 客户之声收集:内外部客户之声调研的相关信息、客户抱怨相关信息。

7.3 问题描述

对收集到的信息进行统计、分析、整理,可运用 5W2H 方法、QC 七大工具等量化的工具整理形成问题描述。

5W2H 方法见表 2。

表 2 5W2H 方法表

谁(Who)?	"谁"发现问题?问题影响到谁?与问题有关的相关方都有谁?
什么(What)?	问题陈述或定义:对象和缺陷是什么?涉及的零件是什么?问题的症状和表现,问题的趋势?
何时(When)?	问题发生的日期和时间,问题发生的特定条件
何地(Where)?	问题发生的地点、零件缺陷的位置
为什么(Why)?	客户为什么会抱怨,问题是怎样发生的?是怎样被发现的?对客户产生了什么影响?
怎么样(Howmany)?	问题的大小和频率:有多少零件出现问题?每个零件有多少?是否越来越严重?
多少(How mach)?	问题造成了多少损失(金额)

8 D3 实施并验证临时措施

定义、验证和执行临时控制行动以将问题的影响同内部和外部的顾客隔离开。临时行动将执行到永久修正计划采用为止。证实临时行动的有效性。

8.1 流程图

D3 实施并验证临时措施包括制定临时措施、实施并验证临时措施两个步骤,见图 5。

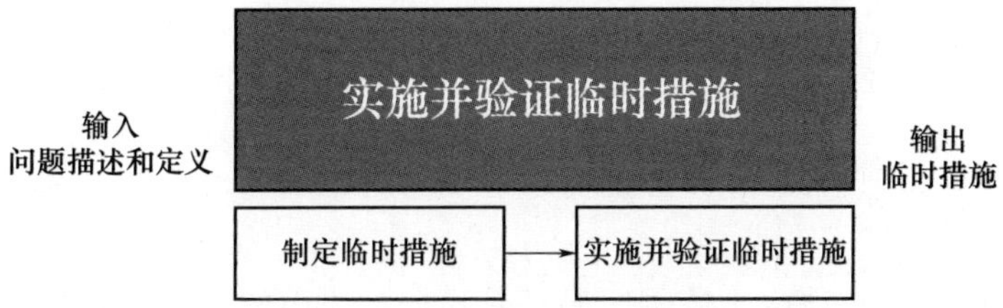

图 5　D3 实施并验证临时措施

8.2　制定临时措施

临时措施主要解决在没有找到根本原因之前维持生产，制定临时措施保证客户免受或最低限度的承受质量风险，临时措施包括：

a)　100%挑选，合格品供应生产和供应客户，不合格品隔离待处理；

b)　在短期内使用高成本手段，采取迂回生产、辅助工序加工手段等；

c)　适当放宽标准，但要取得客户或销售部门的同意；

d)　承担一定副作用的质量风险，但副作用的风险应该受控；

8.3 实施并验证临时措施

实施并验证临时措施需注意：

——经过严格验证，以确定临时措施有效；

——临时措施需要具有临时工艺、临时检验指导书，操作者需得到培训，执行过程需要得到质量部门的跟踪和验证；

——记录临时措施实施时间和相关验证结论并跟踪实施措施后的改进效果。

9　D4 分析并验证根本原因

通过列出可能的原因，测试验证每一个可能原因并通过故障复现确认根本原因。

9.1　流程图

D4 分析并验证根本原因包括评审问题描述、分析根本原因、验证确认根本原因三个步骤，见图 6。

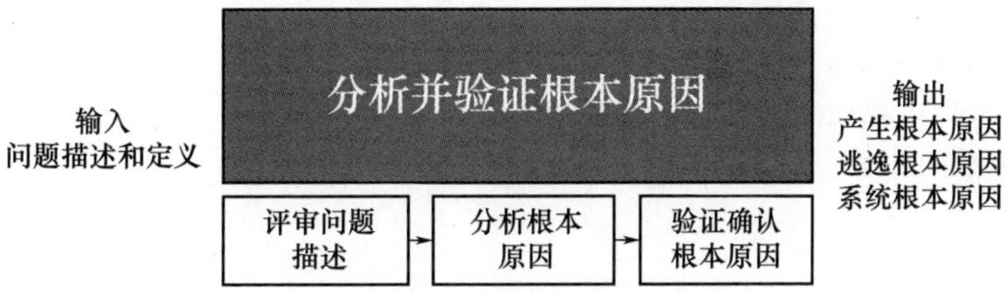

图 6　D4 确定并验证根本原因

9.2　评审问题描述

在开始根本原因分析前，首先进行评审问题描述，必须确保问题描述的要素是真实的、正确的，描述问题是解决问题的一半，问题描述不正确，后面的根本原因分析及解决措施就会出现偏差。

9.3　分析根本原因

在缩小了可能的根本原因的范围后，分析问题是怎样发生的，列出所有潜在的可能原因，以可得到的数据为基础，分析排除，得到最有可能原因。根本原因应归结到管理原因层面。根本原因分析由许多问题解决工具组成，用于识别相关问题的根本原因。根本原因分析并非一种单一界限分明的方法，团队可以使用很多方法、工具或过程，常用的方法工具见附录C。

9.4 验证确认根本原因

可能原因并不是根本原因，只有经过验证证明才能成为根本原因。确定了最可能原因后，通过验证确认是否由它引起了问题。

验证可以主动和被动进行，被动验证是通过观察寻找根本原因的存在而不改变任何东西，主动验证通过模拟再现问题，调整可能是根因的变量来让问题重现和消除完成。

10 D5 选择并验证永久纠正措施

选取最佳的永久性措施，验证永久措施有效性且不会引发其他问题。

10.1 流程图

D5 选择并验证永久纠正措施包括制定可能的解决方案、验证解决方案、选择最佳解决方案三个步骤，见图7。

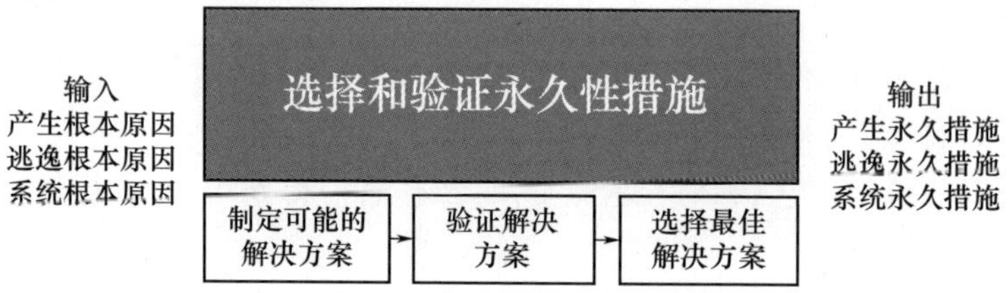

图7 D5 选择并验证永久纠正措施

10.2 制定可能的解决方案

可能的解决方案来源于以下方面：

——根本原因：针对根本原因制定措施；

——项目目标：依据项目目标制定方案；

——行业标杆：不应限于目前的业绩水平，更应着眼于行业标杆，着眼于未来业绩水平；

——头脑风暴：小组成员开展头脑风暴法；

——其他项目的启示：借鉴其他项目的经验教训；

——实践经验：可为改进提供创意，但是也不能干扰创意；

——项目推进过程的“发现”：在整个问题分析改进阶段产生的想法。

10.3 验证解决方案

只有将团队分析得出的最佳改进对策方案在实际生产工艺(流程)中进行验证，才能将项目的成果转换到实际生产中。

验证改进方案首先要制定一个合理的验证计划：

——定义验证的目的及范围；

——验证时间的安排；

——规划必要的资源，预算，人力，装备；

——决定实施步骤；

——确定测量系统，包括测量内容、方法、人员等；

——决定如何收集数据，收集样本量等。

10.4 选择最佳解决方案

选择改进方案的方法有定性和定量两种方法：

——定性：可通过头脑风暴、投票法筛选最佳方案。

——定量：从改进周期、成本、有效性等方面考虑综合评估。

选择最佳改进方案的定量分析可参考使用《措施可行性分析表》，见表 3。

表 3 措施可行性分析表

序号	评价值			
	评价内容	5 分	3 分	1 分
1	有效性	预计很有效	会有一定效果	把握不大，要试着看
2	可实施性	本小组能自行实施	需其他部门协助	难度大，需外单位合作
3	经济性	费用低	需要一定费用，但尚能承担、筹措	费用很高，很难承担
4	可靠性	彻底改造	较彻底改造	临时措施，以后还会再发生
5	时间性	时间很短，1 个月以内	时间在 0.5～3 个月	时间在 3 个月以上

11 D6 实施永久纠正措施

计划和执行选取的永久性措施，去除临时措施。验证永久性措施并监控长期的效果。

11.1 流程图

D6 实施永久纠正措施包括制定计划并实施、验证实施效果、取消临时措施三个步骤，见图 8。

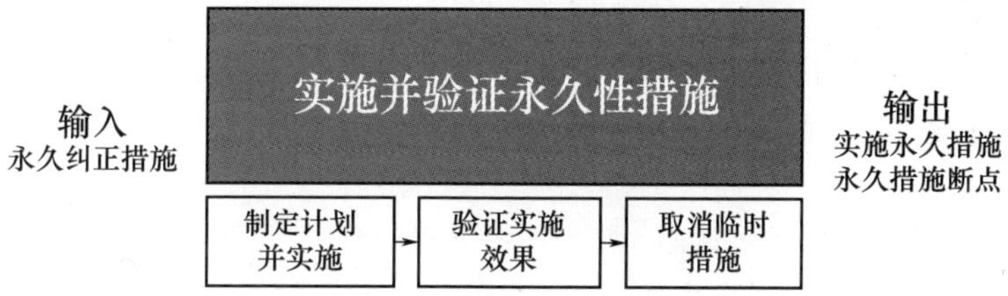

图 8 D6 实施永久纠正措施

11.2 制定计划并实施

制定一个实施永久纠正措施的计划，明确责任、时间安排，所需资源，确定过程控制方法并纳入文件。计划应该涵盖实施所需要的人、机、料、法、环、测。

11.3 验证实施效果

应采用定量记录等数据来证明方案实施有效性。

11.4 取消临时措施

实施永久纠正措施后，需要取消临时措施。新的“正常状态”应包含已经实施并验证的纠正措施，要对适用文件资料进行修订，如：控制计划、作业指导书等。

12 D7 预防再发生措施

修改必需的系统包括政策、程序等来防止同一或相似问题的再发生。如果需要可以对系统改进提出建议，并将学到的技术教训形成文件。

12.1 流程图

D7 预防再发生措施包括问题横展、文件更新、知识归集和预防三个步骤，见图 9。

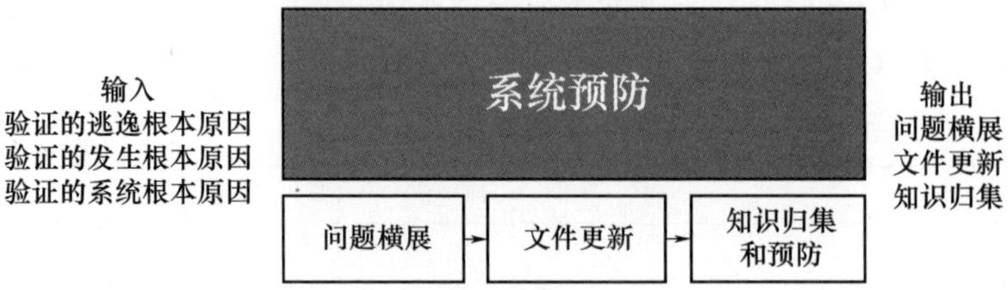

图 9 D7 预防再发生措施

12.2 问题横展

预防类型包括：

——“车型横展”预防：针对发生的质量问题，开展平台化车型排查预防，从设计、生产制造、工艺过程等整个质量活动过程正向排查；

——“相同设计/零部件”横展预防：拥有相同设计、零部件，以及零部件的供应商排查预防；

——“工厂横展”预防：横展到其他工厂（包括海外 KD 工厂）排查生产制造和工艺过程。

12.3 文件更新

重新修订公司包括供应商 FMEA、DVP&R、设计/工艺/检验标准核查规范、控制计划、作业指导书等。

12.4 知识经验归集和预防

对发生过的质量问题，通过以往改进完成的问题进行总结和反思，分别从采购商务、外协件质量、设计、制造及售后服务等五个角度，归集成标准化的建议类型，形成有效的历史问题知识库，以便新品开发进行历史问题规避参考。

13 D8 总结及标准化

完成小组的经验总结，对固化的制度或文件进行标准化。

13.1 流程图

D8 总结及标准化包括 8D 过程经验总结、标准化、文件记录三个步骤，流程图见图 10。

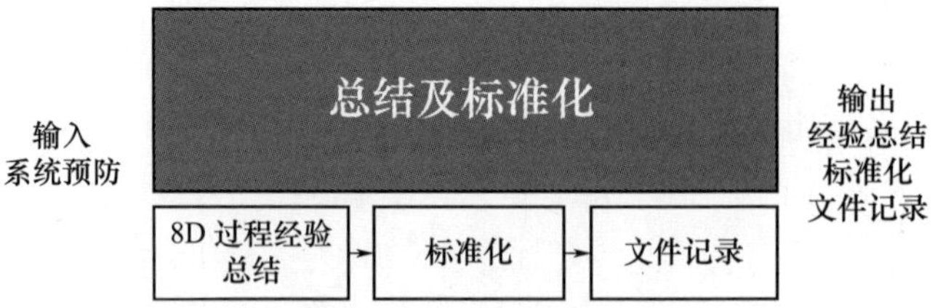

图 10 D8 总结及标准化

13.2 8D 过程经验总结

应对 8D 的整个过程进行总结，形成完整的 8D 报告，8D 报告中除了标准化的问题解决过程以及原因、措施等记录外，还应包括以下方面：

——过程经验教训总结：回顾整个 8D 流程，从小组运行情况、项目改进情况两方面总结过程中的优势与不足，为其他项目提供经验借鉴；

——方法或工具适宜性与有效性总结：回顾整个 8D 流程，本次改进过程运用了哪些质量工具，哪些是有效的，哪些是无效的，哪些工具是最有用的，哪些方面值得改进；

——对于 8D 活动过程的评价，参见附录 B《8D 小组活动成果现场发布评审表》。

13.3 标准化

对纠正措施实施的过程中修改的文件进行标准化，完善程序文件、标准操作流程。将固化的文件和流程分享给其他同类型的产品、其他地区的工厂，形成全面的改进。

13.4 文件记录

为了给后续其他问题改进提供参考，形成知识经验积累，项目完成后要形成 8D 总结报告，并对 8D 报告及改进过程的关键文件进行存档管理。问题关闭审核人员在审核关闭问题的同时要审核问题改进过程关键文档记录的完整性、有效性。

附 录 A
（资料性）
常见的统计方法

8D问题解决法的成功运用，不仅取决于按照8D的方法和思路，综合运用适宜的质量工具也至关重要，以下为按阶段推荐的主要问题解决工具，可根据需要选择使用。常见的统计方法见表A.1。

表A.1 常见的统计方法

方法	阶段								
	D0 准备8D	D1 建立小组	D2 描述问题	D3 实施并验证临时措施	D4 分析并验证根本原因	D5 选择并验证永久纠正措施	D6 实施并验证永久纠正措施	D7 预防再发生措施	D8 总结及标准化
5W 分析	+				++				
5W2H 分析	+		++		+				
行动计划（甘特图）				++			++		
头脑风暴	+	+		+	++	++	+	+	
因果图（鱼骨图）					++				
因果矩阵			0		++		0		
检查表	+		++	+	0		+	+	
分布图			++	+	0		+		
创造性思维							++	++	
决策矩阵	++			0			++		
描述性统计			++		+				
试验设计（DOE）					++	++	+	++	
防错（预防）							++	++	
FMEA					0			++	
故障树分析					++				
流程图			+	+	+		+	+	
是/非分析			++		0				
回归分析					+		+		
测量系统分析			+	++	++		++	++	
防误（检测）				0			++	++	
过程控制计划				+			+	++	
SPC					+		+	++	
作业流程分析						0			
图解分析	+		++	+	++		+	+	
可靠性寿命数据分析					++		++		
产品风险评估与控制							++		
注：++：高度推荐；　+：推荐；　0：中立或可能有用；　空白：不推荐									

附 录 B
(资料性)
8D 小组活动成果现场发布评审表

8D 小组活动成果现场发布评审表见表 B.1。

表 B.1 8D 小组活动成果现场发布评审表

类目	评审内容	分值
项目选择	1. 对问题/故障/失效表现进行了充分评估； 2. 在必要时采取应急响应措施(临时纠正措施,ERA)以保护顾客； 3. 成立强有力的跨职能小组,小组分工、职责清楚； 4. 调查并用量化的术语详细说明与该问题有关的内外部顾客抱怨信息； 5. 正确、恰当运用图表、图片、质量工具。	20
对策与实施	1. 在永久纠正措施实施前,将问题采取临时的遏制隔离措施； 2. 采取临时措施,防止问题继续恶化,或扩大化； 3. 分析问题起因的所有潜在原因,确定产生问题的根本原因； 4. 正确、恰当运用图表、图片、质量工具。	30
永久纠正措施	1. 测试/验证方案,并对方案进行评审； 2. 取缔和修正问题根源,修改流程,使作业过程重新得到控制； 3. 制定一个实施永久性措施的计划,确定过程控制方法并纳入文件； 4. 实施该措施时监控其长期效果； 5. 正确、恰当运用图表、图片、质量工具。	15
标准化和推广应用	1. 修改现有的管理系统、操作系统、工作惯例,以及设计与作业规程； 2. 有效防止这一问题/缺陷和所有类似问题/缺陷的重复发生； 3. 采取措施防止问题复发并消除潜在的威胁,标准化和防错的应用； 4. 正确、恰当运用图表、图片、质量工具。	15
项目的创新性	1. 项目选题新颖,能够围绕客户、企业质量管理突出问题； 2. 项目应用了创新的工具和方法,并取得显著效果。	10
发表效果	1. 项目展示表达清晰、肢体语言使用恰当、专业语言运用准确适度； 2. 汇报完整、重点突出、时间控制得当；回答问题正确,简明扼要。	10

附 录 C
(资料性)
常见的分析根本原因的方法

C.1 零部件分析

原因分析最直接的方法是按照三现原则(现场、现物、现实)开展故障件的检测分析,通过故障件的检测,查找零部件失效原因,故障件的检测分析(逆向)和与其有关的生产装配、物流过程(正向,可运用过程流程图法)排查可同步进行。

C.2 比较分析法

对于异常问题(特殊原因),根本原因很可能在变化点或差异点中,列出差别,寻找变化,通过比较分析确定潜在根本原因,如果是改变引起的问题,根本原因一定是与一个或多个已经被确定的变化相关的改变。在比较分析中的任何信息必须是事实,通过现场现物的客观调查或有数据支持,不能是凭经验的猜想或主观意见。

C.3 因果图(鱼刺图)分析

因果图也称鱼刺图,可用于集体运用头脑风暴法研讨以发现质量问题的潜在原因。团队可以借此识别并确定问题的因果关系,发现一系列具体原因并确定其优先次序以备进一步研究。另外,团队还需要制定一个假说测试,用来评估已确认起源过程的每个潜在原因。确定因果之间的高度正相关对有效解决问题是很重要的。

用因果图来分析问题的原因,要展示造成问题的原因全貌,也就是要把所有可能影响问题的原因都分析到因果图上。为避免遗漏某一方面的问题,要先确定原因的类别,然后按每一类别一层一层地展开分析。因果图通常是用5MIE来作为原因类别,即:人(Man)、机器设备(Machine)、材料(Material)、方法(Method)、测量(Measure)、环境(Environment),从这几个角度展开分析,就能避免遗漏。在应用时,可根据问题的实际情况来选取。要对管理问题作分析时,则可根据所分析问题的实际情况自行设定原因类别。

ICS 71.100.40
CCS G 71

团 体 标 准

T/AQB 45—2023

工业用吲哚-2-甲酸

Indole-2-carboxylic acid for industrial use

2023-11-15 发布 2023-12-15 实施

安徽省质量品牌促进会 发布

前　言

本文件按照 GB/T 1.1—2020《标准化工作导则 第1部分:标准化文件的结构和起草规则》的规定起草。

请注意本文件的某些内容可能涉及专利。本文件的发布机构不承担识别专利的责任。

本文件由安徽世华化工有限公司提出。

本文件由安徽省质量品牌促进会归口。

本文件起草单位:安徽世华化工有限公司、安徽盛华橡塑有限公司、安徽应林塑业有限公司、巢湖香枫塑胶助剂有限公司。

本文件主要起草人:孙徽、孔令航、孔晓伟、王修福、杨林。

工业用吲哚-2-甲酸

1 范围

本文件规定了吲哚-2-甲酸的要求、试验方法、检验规则、标识、包装、运输和贮存。

本文件适用于邻硝基甲苯和草酸二乙酯为主要原料制得的工业用吲哚-2-甲酸。

分子式：$C_9H_7NO_2$

结构式：

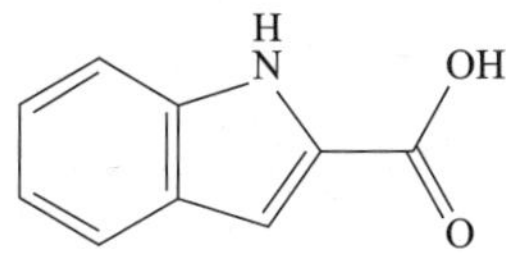

相对分子质量：161.14（按2023年国际相对原子质量）

2 规范性引用文件

下列文件中的内容通过文中的规范性引用而构成本文件必不可少的条款。其中，注日期的引用文件，仅该日期对应的版本适用于本文件；不注日期的引用文件，其最新版本（包括所有的修改单）适用于本文件。

GB/T 191　包装储运图示标志

GB/T 601　化学试剂　标准滴定溶液的制备

GB/T 602　化学试剂　杂质测定用标准溶液的制备

GB/T 603　化学试剂　试验方法中所用制剂及制品的制备

GB/T 617　化学试剂　熔点范围测定通用方法

GB/T 6283　化工产品中水分含量的测定　卡尔·费休法（通用方法）

GB/T 6678　化工产品采样总则

GB/T 6679　固体化工产品采样通则

GB/T 7531　有机化工产品灼烧残渣的测定

GB/T 8170—2008　数值修约规则与极限数值的表示和判定

HG/T 5280—2017　工业用吲哚-2-甲酸

3 术语和定义

本文件没有需要界定的术语和定义。

4 要求

4.1 外观

白色或类白色粉末。

4.2 理化性能

理化性能应符合表1的规定。

表1 理化性能

项目	指标
吲哚-2-甲酸含量,%	≥98.5
熔点范围,℃	204.0～208.0
水分,%	≤0.5
灼烧残渣,%	≤0.5

5 试验方法

警示:试验方法规定的一些试验过程可能导致危险情况,操作者应当采取适当的安全和防护措施。

5.1 一般规定

5.1.1 试验方法中所用试剂和水,在没有注明其他要求时,均指分析纯试剂和符合GB/T 6882规定的三级水。

5.1.2 试验方法中所用标准滴定溶液、杂质测定用标准溶液、试剂及制品,在没有注明其他要求时,均按GB/T 601、GB/T 602和GB/T 603的规定制备。

5.1.3 试验数据的表示和修约规则应符合GB/T 8170—2008中4.3.3修约值比较法的有关规定。

5.2 外观的测定

取适量样品,置于清洁、干燥的白色瓷盘中,在自然光下目测观察。

5.3 吲哚-2-甲酸含量的测定

按HG/T 5280—2017中4.4的规定进行。

5.4 熔点范围的测定

按GB/T 617的规定进行。

5.5 水分的测定

按GB/T 6283的规定进行。

5.6 灼烧残渣的测定

按GB/T 7531的规定进行。

6 检验规则

6.1 出厂检验

本文件第4章规定的全部项目为出厂检验项目。

6.2 组批规则

同一原料、同一工艺、同一反应釜生产的产品为一批。

6.3 采样

按 GB/T 6678、GB/T 6679 的规定采样，以批为单位采样，采样量不少于 100g，分装于两个清洁、干燥的采样袋中，密封，贴上标签。标签上应注明：生产厂名称、产品名称、批号、采样日期及采样人姓名，一份由检验部门检验，另一份密封保存备查。

6.4 合格判定

检验结果全部符合表 1 的要求时，判定该批产品合格。该批产品检验结果若有不符合项时，应重新从同批产品两倍量的包装件中采样进行全项目复检，复检结果仍有不合格项时，则判定该批产品不合格。

7 标志、包装、运输和贮存

7.1 标志

7.1.1 外包装上应有清晰、牢固的标志，其内容应包括：

a) 产品名称；

b) 文件编号；

c) 生产厂名称和厂址；

d) 批号和生产日期；

e) 净含量；

f) 按 GB/T 191 的规定标明“怕晒”“怕雨”等标志；

g) 保质期。

7.1.2 每批出厂的产品附质量合格证明书，其内容应包括：

a) 产品名称；

b) 文件编号；

c) 生产厂名称；

d) 批号和生产日期；

e) 净含量。

7.2 包装

应用清洁、干燥的双层黑色塑料袋密封，再装入符合要求的包装桶中，每袋净含量 25kg，每袋净含量允许范围(25±0.25)kg，每批产品平均每袋净含量不低于 25.0kg。也可根据用户要求采取其他包装方式。

7.3 运输

运输过程中要确保包装不泄漏、不倒塌、不坠落、不损坏，运输工具应清洁、卫生，不得与有毒、有害、有腐蚀性、易挥发或有异味的物品混装运输。

7.4 贮存

7.4.1 应贮存于阴凉、通风的仓库内，远离火种、热源，防止阳光直射。

7.4.2 不应与有毒、有害、有腐蚀性、易挥发或有异味的物品同库贮存。

7.4.3 在符合本文件规定的运输、贮存条件下，自生产之日起，保质期为 12 个月。

ICS 71.100.40
CCS G 71

团 体 标 准

T/AQB 46—2023

偏苯三酸三(2-丙基庚)酯

Tri(2-proylheptyl)trimelhyl phthalate

2023-11-15 发布 2023-12-15 实施

安徽省质量品牌促进会 发布

前　言

本文件按照GB/T 1.1—2020《标准化工作导则 第1部分:标准化文件的结构和起草规则》的规定起草。

请注意本文件的某些内容可能涉及专利。本文件的发布机构不承担识别专利的责任。

本文件由安徽世华化工有限公司提出。

本文件由安徽省质量品牌促进会归口。

本文件起草单位:安徽世华化工有限公司、安徽盛华橡塑有限公司、安徽应林塑业有限公司、巢湖香枫塑胶助剂有限公司。

本文件主要起草人:孙徽、孔令航、孔晓伟、王修福、杨林。

偏苯三酸三(2-丙基庚)酯

1 范围

本文件规定了偏苯三酸三(2-丙基庚)酯的技术要求、试验方法、检验规则、标志、包装、运输和贮存。

本文件适用于以偏苯三酸酐与2-丙基庚醇经酯化法制得的偏苯三酸三(2-丙基庚)酯。

分子式:$C_{39}H_{66}O_6$

结构式:

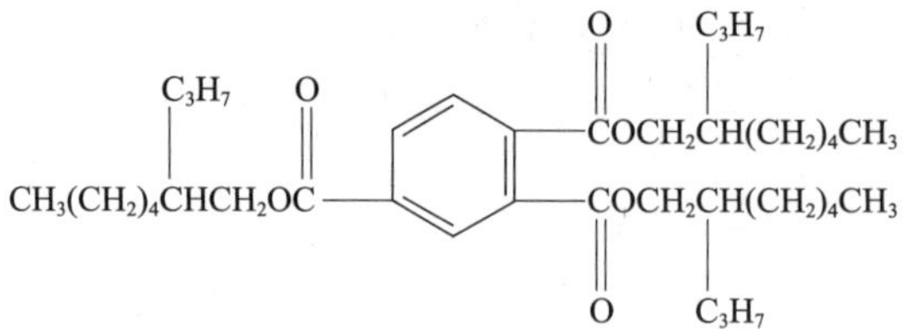

相对分子质量:630.94(按2023年国际相对原子质量)

2 规范性引用文件

下列文件中的内容通过文中的规范性引用而构成本文件必不可少的条款。其中,注日期的引用文件,仅该日期对应的版本适用于本文件;不注日期的引用文件,其最新版本(包括所有的修改单)适用于本文件。

GB/T 191 包装储运图示标志

GB/T 601 化学试剂 滴定溶液的制备

GB/T 602 化学试剂 杂质测定用标准溶液的制备

GB/T 603 化学试剂 方法中所用制剂及制品的制备

GB/T 1664 增塑剂外观色度的测定

GB/T 1665—2008 增塑剂皂化值及酯含量的测定

GB/T 1668 增塑剂酸值及酸度的测定

GB/T 1671 增塑剂闪点的测定 克利夫兰开口杯法

GB/T 1672 液体增塑剂 体积电阻率的测定

GB/T 4472 化工产品密度、相对密度的测定

GB/T 6680 液体化工产品采样通则

GB/T 6682 分析实验室用水规格和试验方法

GB/T 8170—2008 数值修约规则与极限数值的表示和判定

3 术语和定义

本文件没有需要界定的术语和定义。

4 要求

4.1 外观

透明、无可见杂质的油状液体。

4.2 理化性能

理化性能应符合表 1 的规定。

表 1 理化性能

项目	指标
偏苯三酸三(2 丙基庚)酯含量,%	≥99.20
色度,(Pt-Co)号	≤50
酸值,以 mgKOH/g 计	≤0.20
密度(20℃),g/cm^3	0.975～0.985
闪点,℃(开口杯法)	≥252
体积电阻率,Ω.cm·20℃	$\geq 1.0\times 10^{11}$

5 试验方法

5.1 一般规定

5.1.1 试验方法中所用试剂和水,在没有注明其他要求时,均指分析纯试剂和符合 GB/T 6682 规定的三级水。

5.1.2 试验方法中所用标准滴定溶液、杂质测定用标准溶液、试剂及制品,在没有注明其他要求时,均按 GB/T 601、GB/T 602 和 GB/T 603 的规定制备。

5.1.3 试验数据的表示和修约规则应符合 GB/T 8170—2008 中 4.3.3 修约值比较法的有关规定。

5.2 外观的测定

在自然光下目测。

5.3 偏苯三酸三(2 丙基庚)酯含量的测定

按 GB/T 1665—2008 的规定进行。

5.4 色度的测定

按 GB/T 1664 的规定进行。

5.5 酸值的测定

按 GB/T 4472 的规定进行。

5.6 闪点的测定

按 GB/T 1671 的规定进行。

5.7 体积电阻率的测定

按 GB/T 1672 的规定进行。

6 检验规则

6.1 出厂检验

本文件第 4 章规定的全部项目为出厂检验项目。

6.2 组批规则

同一原料、同一工艺、同一反应釜生产的产品为一批。

6.3 采样

本产品按 GB/T 6680 规定的方法进行采样。用清洁干燥的取样管深入包装容器上、中、下部均匀取样，取样量不得少于 1000mL。混合均匀后，分别装入两个清洁、干燥的磨口瓶中。瓶口加封并注明：产品名称、批号、取样日期、取样人。一瓶交质量检验部门进行检验，另一瓶封存三个月以备复查。

6.4 合格判定

检验结果全部符合表 1 的要求时，判定该批产品合格。该批产品检验结果若有不符合项时，应重新从同批产品两倍量的包装件中采样进行全项目复检，复检结果仍有不合格项时，则判定该批产品不合格。

7 标志、包装、运输和贮存

7.1 标志

7.1.1 外包装上应有清晰、牢固的标志，其内容应包括：

a) 产品名称；
b) 文件编号；
c) 生产厂名称和厂址；
d) 批号和生产日期；
e) 净含量；
f) 按 GB/T 191 的规定标明“怕晒”“怕雨”等标志；
g) 保质期。

7.1.2 每批出厂的产品附质量合格证明书，其内容应包括：

a) 产品名称；
b) 文件编号；
c) 生产厂名称；
d) 批号和生产日期；
e) 净含量。

7.2 包装

本产品应装入清洁、干燥的 200L 容量的镀锌铁桶并密封。也可根据用户要求采取其他包装方式。

7.3 运输

运输时要避免日晒、雨淋，应轻装轻卸，防止猛烈撞击、泄露。

7.4 贮存

7.4.1 应贮存于阴凉、通风的仓库内，远离火种、热源，防止阳光直射。

7.4.2 不应与有毒、有害、有腐蚀性、易挥发或有异味的物品同库贮存。

7.4.3 在符合本文件规定的运输、贮存条件下，自生产之日起，保质期为 12 个月。

ICS 71.100.40
CCS G 71

团　体　标　准

T/AQB 47—2023

工业用 S-吲哚啉-2-羧酸

S-indole-2-carboxylic acid for industrial use

2023-11-15 发布　　2023-12-15 实施

安徽省质量品牌促进会　发布

前　言

本文件按照GB/T 1.1—2020《标准化工作导则 第1部分：标准化文件的结构和起草规则》的规定起草。

请注意本文件的某些内容可能涉及专利。本文件的发布机构不承担识别专利的责任。

本文件由安徽世华化工有限公司提出。

本文件由安徽省质量品牌促进会归口。

本文件起草单位：安徽世华化工有限公司、安徽盛华橡塑有限公司、安徽应林塑业有限公司、巢湖香枫塑胶助剂有限公司。

本文件主要起草人：孙徽、孔令航、孔晓伟、王修福、杨林。

工业用 S-吲哚啉-2-羧酸

1 范围

本文件规定了工业用 S-吲哚啉-2-羧酸的要求、试验方法、检验规则、标识、包装、运输和贮存。

本文件适用于以吲哚-2-甲酸为主要原料，经酰化、加氢、拆分等工序制得的工业用 S-吲哚啉-2-羧酸。

分子式：$C_9H_9NO_2$

结构式：

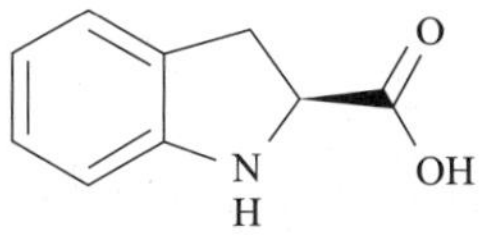

相对分子质量：163.18(按 2023 年国际相对原子质量)

2 规范性引用文件

下列文件中的内容通过文中的规范性引用而构成本文件必不可少的条款。其中，注日期的引用文件，仅该日期对应的版本适用于本文件；不注日期的引用文件，其最新版本(包括所有的修改单)适用于本文件。

GB/T 191 包装储运图示标志

GB/T 601 化学试剂 标准滴定溶液的制备

GB/T 602 化学试剂 杂质测定用标准溶液的制备

GB/T 603 化学试剂 试验方法中所用制剂及制品的制备

GB/T 613 化学试剂 比旋光本领(比旋光度)测定通用方法

GB/T 617 化学试剂 熔点范围测定通用方法

GB/T 6283 化工产品中水分含量的测定 卡尔·费休法(通用方法)

GB/T 6678 化工产品采样总则

GB/T 6679 固体化工产品采样通则

GB/T 6682 分析实验室用水规格和试验方法

GB/T 7531 有机化工产品灼烧残渣的测定

GB/T 8170—2008 数值修约规则与极限数值的表示和判定

HG/T 5616—2019 工业用 S 吲哚啉-2-羧酸

3 术语和定义

本文件没有需要界定的术语和定义。

4 要求

4.1 外观

白色或类白色粉末。

4.2 理化性能

理化性能应符合表1的规定。

表1 理化性能

项目	指标
S-吲哚啉-2-羧酸含量,%	≥98.5
熔点范围,℃	165.0 ～ 170.0
比旋光度 αm(20℃,D),°	−115.0～−125.0
水分,%	≤0.5
灼烧残渣,%	≤0.2

5 试验方法

警示:试验方法规定的一些试验过程可能导致危险情况,操作者应当采取适当的安全和防护措施。

5.1 一般规定

5.1.1 试验方法中所用试剂和水,在没有注明其他要求时,均指分析纯试剂和符合 GB/T 6882 规定的三级水。

5.1.2 试验方法中所用标准滴定溶液、杂质测定用标准溶液、试剂及制品,在没有注明其他要求时,均按 GB/T 601、GB/T 602 和 GB/T 603 的规定制备。

5.1.3 试验数据的表示和修约规则应符合 GB/T 8170—2008 中 4.3.3 修约值比较法的有关规定。

5.2 外观的测定

取适量样品,置于清洁、干燥的白色瓷盘中,在自然光下目测观察。

5.3 S-吲哚啉-2-羧酸含量的测定

按 HG/T 5616—2019 中 4.4 的规定进行。

5.4 熔点范围的测定

按 GB/T 617 的规定进行。

5.5 比旋光度 α_m(20℃,D)测定

按 GB/T 613 的规定进行。

5.6 水分的测定

按 GB/T 6283 的规定进行。

5.7 灼烧残渣的测定

按 GB/T 7531 的规定进行。

6 检验规则

6.1 出厂检验

本文件第4章规定的全部项目为出厂检验项目。

6.2 组批规则

同一原料、同一工艺、同一反应釜生产的产品为一批。

6.3 采样

按 GB/T 6678、GB/T 6679 的规定采样，以批为单位采样，采样量不少于 100g，分装于两个清洁、干燥的采样袋中，密封，贴上标签。标签上应注明：生产厂名称、产品名称、批号、采样日期及采样人姓名，一份由检验部门检验，另一份密封保存备查。

6.4 合格判定

检验结果全部符合表 1 的要求时，判定该批产品合格。该批产品检验结果若有不符合项时，应重新从同批产品两倍量的包装件中采样进行全项目复检，复检结果仍有不合格项时，则判定该批产品不合格。

7 标志、包装、运输和贮存

7.1 标志

7.1.1 外包装上应有清晰、牢固的标志，其内容应包括：

a) 产品名称；

b) 文件编号；

c) 生产厂名称和厂址；

d) 批号和生产日期；

e) 净含量；

f) 按 GB/T191 的规定标明“怕晒”“怕雨”等标志；

g) 保质期。

7.1.2 生产厂应保证每一批出厂的产品都符合本标准的要求，并附有一定格式的质量合格证明书，其内容应包括：

a) 产品名称；

b) 文件编号；

c) 生产厂名称；

d) 批号和生产日期；

e) 净含量。

7.2 包装

应用清洁、干燥的双层黑色塑料袋密封，再装入符合要求的包装桶中，每袋净含量 25kg，每袋净含量允许范围(25±0.25)kg，每批产品平均每袋净含量不低于 25.0kg。也可根据用户要求采取其他包装方式。

7.3 运输

运输过程中要确保包装不泄漏、不倒塌、不坠落、不损坏，运输工具应清洁、卫生，不得与有毒、有害、有腐蚀性、易挥发或有异味的物品混装运输。

7.4 贮存

7.4.1 应贮存于阴凉、通风的仓库内，远离火种、热源，防止阳光直射。

7.4.2 不应与有毒、有害、有腐蚀性、易挥发或有异味的物品同库贮存。

7.4.3 在符合本文件规定的运输、贮存条件下，自生产之日起，保质期 12 个月。

ICS 71.100.40
CCS G 71

团　　　体　　　标　　　准

T/AQB 48—2023

苯甲酸-2-乙基己酯

2-Ethylhexyl benzoate

2023-11-15 发布　　　　2023-12-15 实施

安徽省质量品牌促进会　发布

前　言

本文件按照 GB/T 1.1—2020《标准化工作导则 第1部分：标准化文件的结构和起草规则》的规定起草。

请注意本文件的某些内容可能涉及专利。本文件的发布机构不承担识别专利的责任。

本文件由安徽世华化工有限公司提出。

本文件由安徽省质量品牌促进会归口。

本文件起草单位：安徽世华化工有限公司、安徽盛华橡塑有限公司、安徽应林塑业有限公司、巢湖香枫塑胶助剂有限公司。

本文件主要起草人：孙徽、孔令航、孔晓伟、王修福、杨林。

苯甲酸-2-乙基己酯

1 范围

本文件规定了苯甲酸-2-乙基己酯的技术要求、试验方法、检验规则、包装、标志、运输和贮存。

本文件适用于以苯甲酸-2-乙基己醇为原料制得的苯甲酸-2-乙基己酯。

分子式：$C_{15}H_{22}O_2$

结构式：

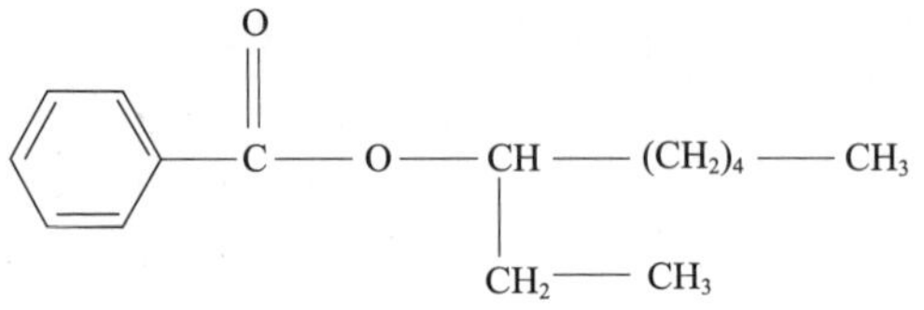

相对分子质量：234.33(按2023年国际相对原子质量)

2 规范性引用文件

下列文件中的内容通过文中的规范性引用而构成本文件必不可少的条款。其中，注日期的引用文件，仅该日期对应的版本适用于本文件；不注日期的引用文件，其最新版本(包括所有的修改单)适用于本文件。

GB/T 191 包装储运图示标志

GB/T 601 化学试剂 标准滴定溶液的制备

GB/T 602 化学试剂 杂质测定用标准溶液的制备

GB/T 603 化学试剂 试验方法中所用制剂及制品的制备

GB/T 1664 增塑剂外观色度的测定

GB/T 1668 增塑剂酸值及酸度的测定

GB/T 1671 增塑剂闪点的测定 克利夫兰开口杯法

GB/T 4472 化工产品密度、相对密度测定通则

GB/T 6680 液体化工产品采样通则

GB/T 6682 分析实验室用水规格和试验方法

GB/T 8170—2008 数值修约规则与极限数值的表示和判定

GB/T 11133 石油产品、润滑油和添加剂中水含量的测定 卡尔费休库仑滴定法

HG/T 5647—2019 增塑剂 苯甲酸-2-乙基己酯

3 术语和定义

本文件没有需要界定的术语和定义。

4 要求

4.1 外观

透明、无可见杂质的油状液体。

4.2 理化性能

理化性能应符合表1的规定。

表1 理化性能

项目	指标
苯甲酸-2-乙基己酯含量(CG法),%	≥99.1
色度(Pt-Co),号	≤35
密度(20℃),g/cm^3	0.961～0.968
酸值(以KOH计),mg/g	≤0.10
闪点(开口杯法),℃	≥130
水分,%	≤0.1

5 试验方法

5.1 一般规定

5.1.1 试验方法中所用试剂和水,在没有注明其他要求时,均指分析纯试剂和符合GB/T 6682规定的三级水。

5.1.2 试验方法中所用标准滴定溶液、杂质测定用标准溶液、试剂及制品,在没有注明其他要求时,均按GB/T 601、GB/T 602和GB/T 603的规定制备。

5.1.3 试验数据的表示和修约规则应符合GB/T 8170—2008中4.3.3修约值比较法的有关规定。

5.2 外观的测定

在自然光下目测。

5.3 苯甲酸2－乙基己酯含量的测定

按HG/T 5647的规定进行。

5.4 色度的测定

按GB/T 1664的规定进行。

5.5 密度的测定

按GB/T 4472的规定进行。

5.6 酸值的测定

按GB/T 1668的规定进行。

5.7 闪点的测定

按GB/T 1671的规定进行。

5.8 水分的测定

按GB/T 11133的规定进行,进样量为1.0mL。

6 检验规则

6.1 出厂检验

本文件第4章规定的全部项目为出厂检验项目。

6.2 组批规则

同一原料、同一工艺、同一反应釜生产的产品为一批。

6.3 采样

按GB/T 6680规定的方法进行采样。用清洁干燥的取样管深入包装容器上、中、下部均匀取,取样量不得少于1000mL,混合均匀后,分别装入两个清洁、干燥的磨口瓶中。瓶口加封并注明:生产厂名、产品名称、批号、取样日期、取样人。一份交检验部门进行检验,另一份封存三个月以备复查。

6.4 合格判定

检验结果全部符合表1的要求时,判定该批产品合格。该批产品检验结果若有不符合项时,应重新从同批产品两倍量的包装件中采样进行全项目复检,复检结果仍有不合格项时,则判定该批产品不合格。

7 标志、包装、运输和贮存

7.1 标志

外包装上应有清晰、牢固的标志,其内容应包括:

a) 产品名称;
b) 文件编号;
c) 生产厂名称和厂址;
d) 批号和生产日期;
e) 净含量;
f) 按GB/T 191的规定标明"怕晒""怕雨"等标志。
g) 保质期。

7.2 包装

本产品应装入清洁、干燥的200L容量的镀锌铁桶并密封。也可根据用户要求采取其他包装方式。

7.3 运输

运输时应轻装轻卸,防止猛烈撞击、泄漏。

7.4 贮存

7.4.1 应贮存于阴凉、通风的仓库内,远离火种、热源,防止阳光直射。

7.4.2 在符合本文件规定的运输、贮存条件下,自生产之日起,保质期为12个月。

ICS 71.100.40
CCS G 71

团 体 标 准

T/AQB 49—2023

工业用邻苯二甲酸二异壬酯(DINP)

Diisononyl phthalate(DINP)for industrial use

2023-11-15 发布 2023-12-15 实施

安徽省质量品牌促进会 发布

前　言

本文件按照GB/T 1.1—2020《标准化工作导则 第1部分:标准化文件的结构和起草规则》的规定起草。

请注意本文件的某些内容可能涉及专利。本文件的发布机构不承担识别专利的责任。

本文件由安徽世华化工有限公司提出。

本文件由安徽省质量品牌促进会归口。

本文件起草单位:安徽世华化工有限公司、安徽盛华橡塑有限公司、安徽应林塑业有限公司、巢湖香枫塑胶助剂有限公司。

本文件主要起草人:孙徽、孔令航、孔晓伟、王修福、杨林。

工业用邻苯二甲酸二异壬酯(DINP)

1 范围

本文件规定了工业用邻苯二甲酸二异壬酯(缩写为“DINP”)的要求、试验方法、检验规则以及标志、包装、运输和贮存。

本文件适用于以邻苯二甲酸酐和异壬醇为主要原料经酯化反应制得的工业用邻苯二甲酸二异壬酯(DINP)。

分子式:$C_{26}H_{42}O_4$

结构式:

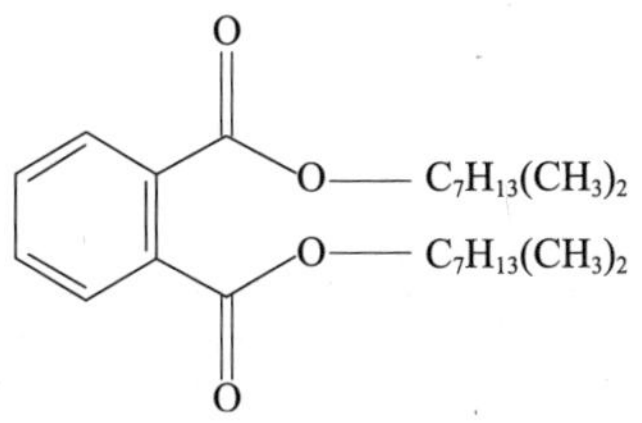

相对分子质量:418.60(按2023年国际相对原子质量)

2 规范性引用文件

下列文件中的内容通过文中的规范性引用而构成本文件必不可少的条款。其中,注日期的引用文件,仅该日期对应的版本适用于本文件;不注日期的引用文件,其最新版本(包括所有的修改单)适用于本文件。

GB/T 191 包装储运图示标志
GB/T 601 化学试剂 标准滴定溶液的制备
GB/T 602 化学试剂 杂质测定用标准溶液的制备
GB/T 603 化学试剂 试验方法中所用制剂及制品的制备
GB/T 1664 增塑剂外观色度的测定
GB/T 1668 增塑剂酸值及酸度的测定
GB/T 1671 增朔剂闪点的测定 克利夫兰开口杯法
GB/T 1672 液体增塑剂体积电阻率的测定
GB/T 4472—2011 化工产品密度、相对密度的测定
GB/T 6283 化工产品中水分含量的测定 卡尔·费休法(通用方法)
GB/T 6680 液体化工产品采样通则
GB/T 6682 分析实验室用水规格和试验方法
GB/T 8170—2008 数字修约规则与极限数值的表示和判定
HG/T 4887—2016 工业邻苯二甲酸二异壬酯(DINP)

3 术语和定义

本文件没有需要界定的术语和定义。

4 要求

4.1 外观

透明、无可见杂质的油状液体。

4.2 理化性能

理化性能应符合表1的规定。

表1 理化性能

项目	指标
邻苯二甲酸二异壬酯含量(GC面积归一法),%	≥99.1
色度(Pt-Co),号	≤30
闪点,℃	≥211
酸值(以KOH计),mg/g	≤0.06
密度(20℃),g/cm^3	0.972~0.977
水分,%	≤0.09
体积电阻率,$10^9\Omega\cdot m$	≥3.0

5 试验方法

5.1 一般规定

5.1.1 试验方法中所用试剂和水,在没有注明其他要求时,均指分析纯试剂和符合GB/T 6682规定的三级水。

5.1.2 试验方法中所用标准滴定溶液、杂质测定用标准溶液、试剂及制品,在没有注明其他要求时,均按GB/T 601、GB/T 602和GB/T 603的规定制备。

5.1.3 试验数据的表示和修约规则应符合GB/T 8170—2008中4.3.3修约值比较法的有关规定。

5.2 外观的测定

在自然光线下目测。

5.3 邻苯二甲酸二异壬酯含量的测定

按HG/T 4887—2016中4.4的规定进行。

5.4 色度的测定

按GB/T 1664的规定进行。

5.5 闪点的测定

按GB/T 1671的规定进行。

5.6 酸值的测定

按GB/T 1668的规定进行。

5.7 密度的测定

按GB/T 4472—2011中2.3.2韦氏天平法的规定进行。

5.8 水分的测定

按 GB/T 6283 的规定进行,进样量为 1.0mL。

5.9 体积电阻率的测定

按 GB/T 1672 的规定进行。

6 检验规则

6.1 出厂检验

本文件第 4 章规定的全部项目为出厂检验项目。

6.2 组批规则

同一原料、同一工艺、同一反应釜生产的产品为一批。

6.3 采样

按 GB/T 6680 的规定采样,以批为单位采样。采样量不应少于 1000mL。分装于两个清洁、干燥的磨口瓶(塑料袋)中,密封。瓶(袋)上粘贴标签,注明:生产厂名称、产品名称、批 号、采样日期及采样人姓名。一份由检验部门检验,另一份密封保存备查。

6.4 合格判定

检验结果全部符合表 1 的要求时,判定该批产品合格。该批产品检验结果若有不符合项时,应重新从同批产品两倍量的包装件中采样进行全项目复检,复检结果仍有不合格项时,则判定该批产品不合格。

7 标志、包装、运输和贮存

7.1 标志

本产品外包装上应有清晰、牢固的标志,其内容包括产品名称、标准号、生产厂名称、地址、生产日期、批号、净含量等,并按 GB/T 191 的规定标明“怕晒”“怕雨”等标志。

7.2 包装

本产品应装入清洁、干燥的 200L 容量的镀锌桶或铁桶中,并密封,防止泄漏。也可根据用户要求采取其他包装方式。

7.3 运输

运输时应避免日晒、雨淋,应防止碰撞、泄露。

7.4 贮存

7.4.1 应贮存于阴凉、通风的仓库内,远离火种、热源,防止阳光直射。

7.4.2 不保持容器密封,应与氧化剂、酸类分开存放。

7.4.3 在符合本文件规定的运输、贮存条件下,自生产之日起,保质期为 12 个月。

ICS 71.100.40
CCS G 71

团　体　标　准

T/AQB 50—2023

环保复合型增塑剂

Environmentally friendly composite plasticizer

2023-11-15 发布　　2023-12-15 实施

安徽省质量品牌促进会　发布

前　言

本文件按照 GB/T 1.1—2020《标准化工作导则　第1部分:标准化文件的结构和起草规则》的规定起草。

请注意本文件的某些内容可能涉及专利。本文件的发布机构不承担识别专利的责任。

本文件由安徽世华化工有限公司提出。

本文件由安徽省质量品牌促进会归口。

本文件起草单位:安徽世华化工有限公司、安徽盛华橡塑有限公司、安徽应林塑业有限公司、巢湖香枫塑胶助剂有限公司。

本文件主要起草人:孙徽、孔令航、孔晓伟、王修福、杨林。

环保复合型增塑剂

1 范围

本文件规定了环保型增塑剂的要求、试验方法、检验规则、标识、包装、运输和贮存。

本文件适用于以氯化石蜡、环氧大豆油、邻苯二甲酸二辛酯为原料生产的环保复合型增塑剂。

2 规范性引用文件

下列文件中的内容通过文中的规范性引用而构成本文件必不可少的条款。其中，注日期的引用文件，仅该日期对应的版本适用于本文件；不注日期的引用文件，其最新版本（包括所有的修改单）适用于本文件。

GB/T 191 包装储运图示标志

GB/T 601 化学试剂 标准滴定溶液的制备

GB/T 602 化学试剂 杂质测定用标准溶液的制备

GB/T 603 化学试剂 试验方法中所用制剂及制品的制备

GB/T 1664 增塑剂外观色度的测定

GB/T 1668 增塑剂酸值及酸度的测定

GB/T 1671 增塑剂闪点的测定 克利夫兰开口杯法

GB/T 4472 化工产品密度、相对密度的测定

GB/T 6283 化工产品中水分含量的测定 卡尔·费休法（通用方法）

GB/T 6680 液体化工产品采样通则

GB/T 8170—2008 数值修约规则与极限数值的表示和判定

HG/T 4887—2016 工业邻苯二甲酸二异壬酯（DINP）

3 术语和定义

本文件没有需要界定的术语和定义。

4 要求

4.1 外观

透明无可见杂质的透明液体。

4.2 理化性能

理化性能应符合表1的规定。

表1 理化性能

项目	指标
合成植物酯含量（GC法），%	≥99.2
色度（Pt-Co），号	≤30
闪点（开口杯法），℃	≥220

续表

项目	指标
酸值(以 KOH 计),mg/g	≤0.10
密度(20℃),g/cm^3	1.150～1.250
水分,%	≤0.1

5 试验方法

5.1 一般规定

5.1.1 试验方法中所用试剂和水,在没有注明其他要求时,均指分析纯试剂和符合 GB/T 6682 规定的三级水。

5.1.2 试验方法中所用标准滴定溶液、杂质测定用标准溶液、试剂及制品,在没有注明其他要求时,均按 GB/T 601、GB/T 602 和 GB/T 603 的规定制备。

5.1.3 试验数据的表示和修约规则应符合 GB/T 8170—2008 中 4.3.3 修约值比较法的有关规定。

5.2 外观的测试

将样品置于透明塑料瓶或烧杯中,在正常光线下,用目测进行检验。

5.3 合成植物酯含量的测定

按 HG/T 4887—2016 中 4.4 的规定进行。

5.4 色度的测定

按 GB/T 1664 的规定进行。

5.5 闪点的测定

按 GB/T 1671 的规定进行。

5.6 酸值的测定

按 GB/T 1668 的规定执行。

5.7 密度的测定

按 GB/T 4472 的规定进行。

5.8 水分的测定

按 GB/T 6283 的规定进行。

6 检验规则

6.1 出厂检验

本文件第 4 章的全部项目为出厂检验项目。

6.2 组批规则

同一原料、同一工艺、同一反应釜生产的产品为一批。

6.3 采样

按 GB/T 6680 的规定采样，以批为单位采样。采样量不应少于 1000mL。分装于两个清洁、干燥的磨口瓶(塑料袋)中，密封。瓶(袋)上粘贴标签，注明：生产厂名称、产品名称、批号、采样日期及采样人姓名。一份由检验部门检验，另一份密封保存备查。

6.4 合格判定

检验结果全部符合表 1 的要求时，判定该批产品合格。该批产品检验结果若有不符合项时，应重新从同批产品两倍量的包装件中采样进行全项目复检，复检结果仍有不合格项时，则判定该批产品不合格。

7 标志、包装、运输和贮存

7.1 标志

7.1.1 外包装上应有清晰、牢固的标志，其内容应包括：

a) 产品名称；

b) 文件编号；

c) 生产厂名称和厂址；

d) 批号和生产日期；

e) 净含量；

f) 按 GB/T 191 的规定标明“怕晒”“怕雨”等标志；

g) 保质期。

7.1.2 生产厂应保证每一批出厂的产品都符合本文件的要求，并附有一定格式的质量合格证明书，其内容应包括：

a) 产品名称；

b) 文件编号；

c) 生产厂名称；

d) 批号和生产日期；

e) 净含量；

f) 保质期。

7.2 包装

应用清洁、干燥的槽罐，1m^3 的 PE 桶，53 加仑铁桶及其他合格容器进行包装。

7.3 运输

运输过程中要确保包装不泄漏、不倒塌、不坠落、不损坏，运输工具应清洁、卫生，不得与有毒、有害、有腐蚀性、易挥发或有异味的物品混装运输。

7.4 贮存

7.4.1 应贮存于阴凉、通风的仓库内，远离火种、热源，防止阳光直射。

7.4.2 不保持容器密封，应与氧化剂、酸类分开存放。

7.4.3 在符合本文件规定的运输、贮存条件下，自生产之日起，保质期为 12 个月。

ICS 71.100.40
CCS G 71

团 体 标 准

T/AQB 51—2023

工业用四氯苯酐

Tetrachlorophthalic anhydride for industrial use

2023-11-15 发布 2023-12-15 实施

安徽省质量品牌促进会 发布

前　　言

本文件按照GB/T 1.1—2020《标准化工作导则 第1部分：标准化文件的结构和起草规则》的规定起草。

请注意本文件的某些内容可能涉及专利。本文件的发布机构不承担识别专利的责任。

本文件由安徽世华化工有限公司提出。

本文件由安徽省质量品牌促进会归口。

本文件起草单位：安徽世华化工有限公司、安徽盛华橡塑有限公司、安徽应林塑业有限公司、巢湖香枫塑胶助剂有限公司。

本文件主要起草人：孙徽、孔令航、孔晓伟、王修福、杨林。

工业用四氯苯酐

1 范围

本文件规定了四氯苯酐的要求、试验方法、检验规则、标志、包装、运输和贮存。

本文件适用于苯酐和氯气为主要原料通过氯化反应制得的工业用四氯苯酐。

分子式：$C_8Cl_4O_3$

结构式：

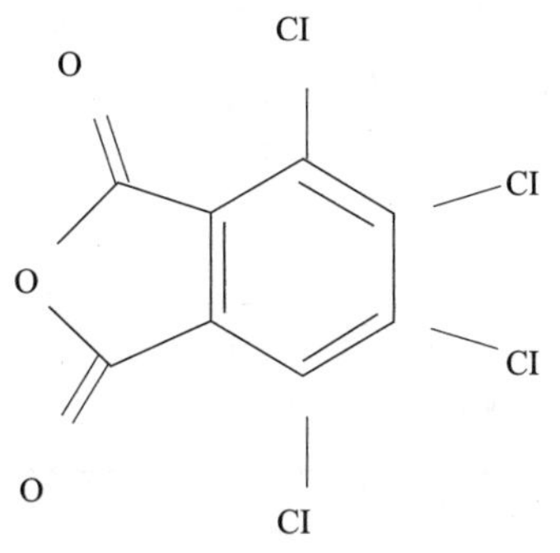

相对分子质量：285.89(按2023年国际相对原子质量)

2 规范性引用文件

下列文件中的内容通过文中的规范性引用而构成本文件必不可少的条款。其中，注日期的引用文件，仅该日期对应的版本适用于本文件；不注日期的引用文件，其最新版本(包括所有的修改单)适用于本文件。

GB/T 191 包装储运图示标志

GB/T 601 化学试剂 标准滴定溶液的制备

GB/T 602 化学试剂 杂质测定用标准溶液的制备

GB/T 603 化学试剂 试验方法中所用制剂及制品的制备

GB/T 617 化学试剂 熔点范围测定通用方法

GB/T 6284 化工产品中水分测定的通用方法 干燥减量法

GB/T 6678 化工产品采样总则

GB/T 6679 固体化工产品采样通则

GB/T 6682 分析实验室用水规格和试验方法

GB/T 8170—2008 数值修约规则与极限数值的表示和判定

HG/T 5617—2019 工业用四氯苯酐

3 术语和定义

本文件没有需要界定的术语和定义。

4 要求

4.1 外观

白色针状晶体或类白色粉末。

4.2 理化性能

理化性能应符合表1的规定。

表1 理化性能

项目	指标		
	优等品	一等品	合格品
四氯苯酐(HPLC面积归一法),%	≥99.6	≥99.2	≥98.5
六氯苯(GC面积归一法),%	≤0.01	≤0.05	≤0.08
四氯邻苯二甲酸(HPLC面积归一法),%	≤0.3	≤0.5	≤1.0
熔点范围,℃	255.0～257.0		
干燥减量,%	≤0.10	≤0.20	≤0.50
游离酸,%	≤0.3		

5 试验方法

警示:试验方法规定的一些试验过程可能导致危险情况,操作者应采取适当的安全和防护措施。

5.1 一般规定

5.1.1 试验方法中所用试剂和水,在没有注明其他要求时,均指分析纯试剂和符合GB/T 6682规定的三级水。

5.1.2 试验方法中所用标准滴定溶液、杂质测定用标准溶液、试剂及制品,在没有注明其他要求时,均按GB/T 601、GB/T 602和GB/T 603的规定制备。

5.1.3 试验数据的表示和修约规则应符合GB/T 8170—2008中4.3.3修约值比较法的有关规定。

5.2 外观的测定

取适量样品,置于清洁、干燥的白色瓷盘中,在自然光线下目测观察。

5.3 四氯苯酐和四氯邻苯二甲酸含量的测定

按HG/T 5617—2019中4.4的测定进行。

5.4 六氯苯含量的测定

5.4.1 试剂

N,N-二甲基甲酰胺(DMF):色谱纯。

5.4.2 色谱柱及色谱操作条件

本文件推荐的色谱柱和色谱操作条件见表2,典型色谱图和各组分的保留时间见附录A中图A.1和表A.1。

表 2　推荐的色谱柱及色谱操作条件

项目	参数
色谱柱型号/规格	DB-5,30m×0.45mm,0.42μ_m
载气	氮气
柱前压	0.04MPa;分流比 10:1
进样量	1μL
柱温	180℃(保持 2min)以 10℃/min 升到 260℃(保持 5min)
进样温度	270℃
FID 检测温度	280℃

5.4.3　分析步骤

5.4.3.1　溶液的制备

5.4.3.1.1　对照品溶液:精密称取六氯苯对照品 0.10g(精确至 0.0001g),置于 10mL 容量瓶中,加 N,N-二甲基甲酰胺(DMF)溶解并稀释至刻度,超声波溶解。

5.4.3.1.2　供试品溶液:精密称取四氯苯酐样品 0.25g(精确至 0.0001g),置于 10mL 容量瓶中,加 N,N-二甲基甲酰胺(DMF)溶解并稀释至刻度,超声波溶解。

5.4.3.2　检测

5.4.3.2.1　检测前待基线恒定后,方可开始检测。

5.4.3.2.2　四氯苯酐对照溶液,并记录色谱图。

5.4.3.2.3　供试品溶液检测:分别将对照品溶液和供试品各进样两次,记录色谱图,按峰面积归一化法计算含量。

5.4.4　结果计算

六氯苯(GC)含量按式(1)计算

$$\omega_2 = \frac{A_1}{A_t} \times 100\% \quad (1)$$

式中:ω_2——六氯苯(GC)含量;

A_1——供试品六氯苯主峰面积;

A_t——供试品溶液总峰面积。

5.5　熔点范围的测定

按 GB/T 617 的规定进行。

5.6　干燥减量的测定

按 GB/T 6284 的规定进行。

5.7　游离酸的测定

精密称取供试品 5.0g 于 250mL 烧杯中,加水 50mL,充分搅拌 10min,过滤,取滤液,加 4～5 滴溴酚蓝指示剂,用 0.1mol/L 氢氧化钠滴定液滴定至蓝色 30s 不变色为终点。

游离酸含量按式(2)计算

$$\omega_5 = \frac{V \times C \times 0.03646}{M} \times 100\% \quad (2)$$

式中:ω_5——游离酸含量;

V——消耗氢氧化钠标准溶液的体积,单位为毫升(mL);

C——氢氧化钠标准溶液的浓度,单位为摩尔每升(mol/L);

M——样品质量，单位为克(g)；

0.03646——与 1.00mL 氢氧化钠标准滴定溶液[$C_{(NaOH)}$ = 1.000mol/L]相当的以克表示的氯化氢的质量。

6 检验规则

6.1 出厂检验

本文件第 4 章的全部项目为出厂检验项目。

6.2 组批规则

同一原料、同一工艺、同一反应釜生产的产品为一批。

6.3 采样

按 GB/T 6678、GB/T 6679 的规定采样，以批为单位采样，采样量不少于 1000g，分装于两个清洁、干燥的采样袋中，密封，贴上标签。标签上应注明：生产厂名称、产品名称、批号、采样日期及采样人姓名，一份由检验部门检验，另一份密封保存备查。

6.4 合格判定

检验结果全部符合表 1 的要求时，判定该批产品合格。该批产品检验结果若有不符合项时，应重新从同批产品两倍量的包装件中采样进行全项目复检，复检结果仍有不合格项时，则判定该批产品不合格。

7 标志、包装、运输和贮存

7.1 标志

7.1.1 外包装上应有清晰、牢固的标志，其内容应包括：

a) 产品名称；

b) 文件编号；

c) 生产厂名称和厂址；

d) 批号和生产日期；

e) 净含量；

f) 按 GB/T 191 的规定标明“怕晒”“怕雨”等标志；

g) 保质期。

7.1.2 生产厂应保证每一批出厂的产品都符合本文件的要求，并附有一定格式的质量合格证明书，其内容应包括：

a) 产品名称；

b) 文件编号；

c) 生产厂名称；

d) 批号和生产日期；

e) 等级；

f) 净含量。

7.2 包装

应用清洁、干燥的单层白色塑料袋密封，再装入符合要求的包装袋中，每袋净含量 25kg，也可根据用户要求采取其他包装方式。

7.3 运输

运输过程中要确保包装不泄漏、不倒塌、不坠落、不损坏，运输工具应清洁、卫生，不得与氧化剂、酸类、食用化学品等物品混装运输，运输车辆应配备泄漏应急处理设备，运输途中应防曝晒、雨淋，防高温。

7.4 贮存

7.4.1 应贮存于阴凉、通风的仓库内，远离火种、热源，防止阳光直射。

7.4.2 不保持容器密封，应与氧化剂、酸类分开存放。

7.4.3 在符合本文件规定的运输、贮存条件下，自生产之日起，保质期为12个月。

附　录　A
（资料性）
典型色谱图及各组分相保留时

A.1　工业用六氯苯含量的测定

A.1.1　典型色谱图

工业用六氯苯含量(GC)测定的典型色谱图见图 A.1。

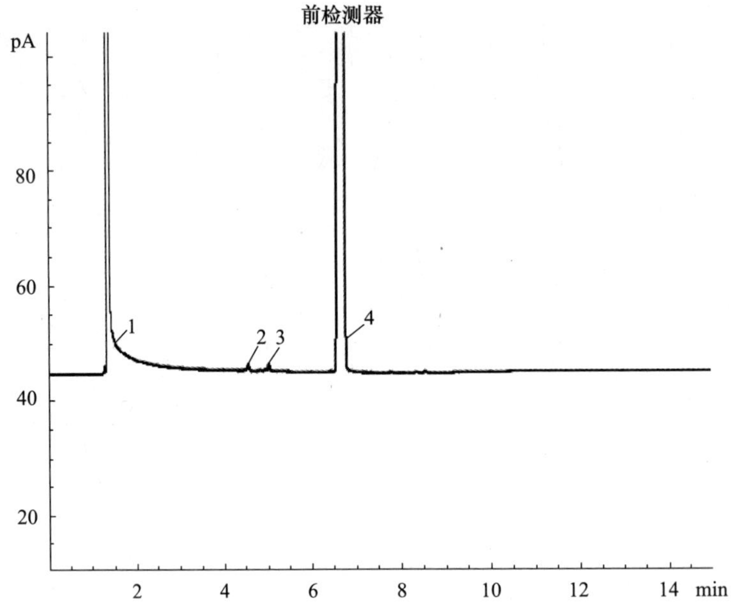

标引序号说明：

1——溶剂；

2——六氯苯；

3——3,4 二氯苯酐；

4——四氯苯酐。

图 A.1　工业用四氯苯酐六氯苯含量测定的典型色谱图

A.1.2　各组分的保留时间

见表 A.1。

表 A.1　各组分的保留时间

峰序号	组分名称	保留时间,min
1	溶剂	1.0
2	六氯苯	4.5
3	3,4 二氯苯酐	5.0
4	四氯苯酐	6.7

A.2 工业用四氯苯酐及四氯邻苯二甲酸含量测定

A.2.1 典型色谱图

工业用四氯苯酐含量(HPLC)及四氯邻苯二甲酸含量(HPLC)测定的典型色谱图见图A.2。

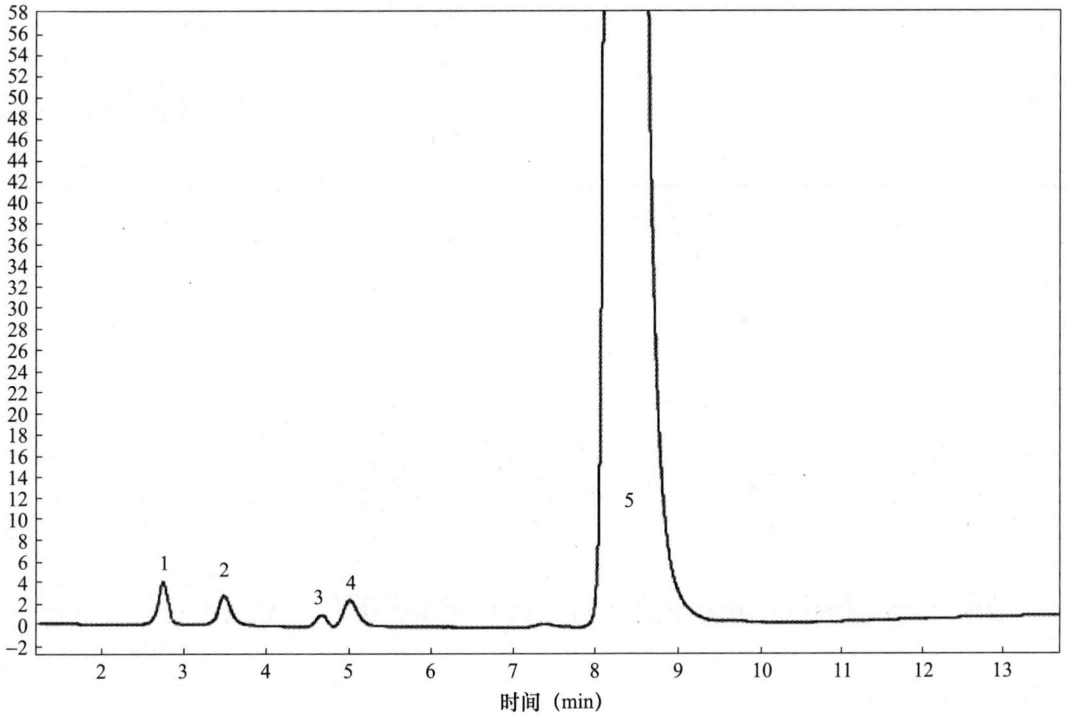

标引序号说明：

1——溶剂；

2——四氯邻苯二甲酸；

3——3,4-二氯苯酐；

4——4,5-二氯苯酐；

5——四氯苯酐。

图A.2 工业用四氯苯酐含量(HPLC)及四氯邻苯二甲酸含量(HPLC)测定的典型色谱图

A.2.2 各组分的保留时间

见表A.2。

表A.2 各组分的保留时间

峰序号	组分名称	保留时间,min
1	溶剂	2.737
2	四氯邻苯二甲酸	3.475
3	3,4-二氯苯酐	4.653
4	4,5-二氯苯酐	4.997
5	四氯苯酐	8.288

ICS 71.100.40
CCS G 71

团 体 标 准

T/AQB 52—2023

工业用L-八氢吲哚-2-羧酸

(2S,3aS,7aS)-indole-2-carboxylic acid for industrial use

2023-11-15 发布 2023-12-15 实施

安徽省质量品牌促进会 发布

前　　言

本文件按照 GB/T 1.1—2020《标准化工作导则　第 1 部分：标准化文件的结构和起草规则》的规定起草。

请注意本文件的某些内容可能涉及专利。本文件的发布机构不承担识别专利的责任。

本文件由安徽世华化工有限公司提出。

本文件由安徽省质量品牌促进会归口。

本文件起草单位：安徽世华化工有限公司、安徽盛华橡塑有限公司、安徽应林塑业有限公司、巢湖香枫塑胶助剂有限公司。

本文件主要起草人：孙徽、孔令航、孔晓伟、王修福、杨林。

工业用 L-八氢吲哚-2-羧酸

1 范围

本文件规定了工业 L-八氢吲哚-2-羧酸的要求、试验方法、检验规则、标识、包装、运输和贮存。

本文件适用于以 S-吲哚啉-2-羧酸为主要原料经氢化反应制得的工业用 L-八氢吲哚-2-羧酸。

分子式：$C_9H_{15}NO_2$

结构式：

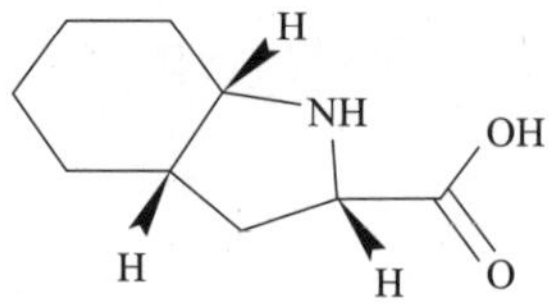

相对分子质量：169.20（按 2023 年国际相对原子质量）

2 规范性引用文件

下列文件中的内容通过文中的规范性引用而构成本文件必不可少的条款。其中，注日期的引用文件，仅该日期对应的版本适用于本文件；不注日期的引用文件，其最新版本（包括所有的修改单）适用于本文件。

GB/T 191 包装储运图示标志

GB/T 601 化学试剂 标准滴定溶液的制备

GB/T 602 化学试剂 杂质测定用标准溶液的制备

GB/T 603 化学试剂 试验方法中所用制剂及制品的制备

GB/T 613 化学试剂 比旋光本领（比旋光度）测定通用方法

GB/T 617 化学试剂 熔点范围测定通用方法

GB/T 6283 化工产品中水分含量的测定 卡尔·费休法（通用方法）

GB/T 6678 化工产品采样总则

GB/T 6679 固体化工产品采样通则

GB/T 6682 分析实验室用水规格和试验方法

GB/T 7531 有机化工产品灼烧残渣的测定

GB/T 8170—2008 数值修约规则与极限数值的表示和判定

HG/T 5276—2017 工业用 L-八氢吲哚-2-羧酸

3 术语和定义

本文件没有需要界定的术语和定义。

4 要求

4.1 外观

白色或类白色粉末。

4.2 理化性能

应符合表1的规定。

表1 理化性能

项目	指标
L-八氢吲哚-2-羧酸含量,%	≥98.5
熔点范围,℃	255.5～264.0
比旋光度 αm(20℃,D),°	−43.0～-48.0
水分,%	≤0.5
灼烧残渣,%	≤0.2

5 试验方法

警示:试验方法规定的一些试验过程可能导致危险情况,操作者应当采取适当的安全和防护措施。

5.1 一般规定

5.1.1 试验方法中所用试剂和水,在没有注明其他要求时,均指分析纯试剂和符合GB/T 6682规定的三级水。

5.1.2 试验方法中所用标准滴定溶液、杂质测定用标准溶液、试剂及制品,在没有注明其他要求时,均按GB/T 601、GB/T 602和GB/T 603的规定制备。

5.1.3 试验数据的表示和修约规则应符合GB/T 8170—2008中4.3.3修约值比较法的有关规定。

5.2 外观的测定

取适量样品,置于清洁、干燥的白色瓷盘中,在自然光下目测观察。

5.3 L-八氢吲哚-2-羧酸含量的测定

按HG/T 5276—2017中4.4的规定进行。

5.4 熔点范围的测定

按GB/T 617的规定进行。

5.5 比旋光度 α_m(20℃,D)的测定

按GB/T 613的规定进行。

5.6 水分的测定

按GB/T 6283的规定进行。

5.7 灼烧残渣的测定

按GB/T 7531的规定进行。

6 检验规则

6.1 出厂检验

本文件第4章规定的全部项目为出厂检验项目。

6.2 组批规则

同一原料、同一工艺、同一反应釜生产的产品为一批。

6.3 采样

按 GB/T 6678、GB/T 6679 的规定采样，以批为单位采样，采样量不少于 100g，分装于两个清洁、干燥的采样袋中，密封，贴上标签。标签上应注明：生产厂名称、产品名称、批号、采样日期及采样人姓名，一份由检验部门检验，另一份密封保存备查。

6.4 合格判定

检验结果全部符合表 1 的要求时，判定该批产品合格。该批产品检验结果若有不符合项时，应重新从同批产品两倍量的包装件中采样进行全项目复检，复检结果仍有不合格项时，则判定该批产品不合格。

7 标志、包装、运输和贮存

7.1 标志

7.1.1 外包装上应有清晰、牢固的标志，其内容应包括：

a） 产品名称；

b） 文件编号；

c） 生产厂名称和厂址；

d） 批号和生产日期；

e） 净含量；

f） 按 GB/T 191 的规定标明“怕晒”“怕雨”等标志；

g） 保质期。

7.1.2 生产厂应保证每一批出厂的产品都符合本标准的要求，并附有一定格式的质量合格证明书，其内容应包括：

a） 产品名称；

b） 文件编号；

c） 生产厂名称；

d） 批号和生产日期；

e） 净含量。

7.2 包装

应用清洁、干燥的双层黑色塑料袋密封，再装入符合要求的包装桶中，每袋净含量 25kg，每袋净含量允许范围(25±0.25)kg，每批产品平均每袋净含量不低于 25.0kg。也可根据用户要求采取其他包装方式。

7.3 运输

运输过程中要确保包装不泄漏、不倒塌、不坠落、不损坏，运输工具应清洁、卫生，不得与有毒、有害、有腐蚀性、易挥发或有异味的物品混装运输。

7.4 贮存

7.4.1 应贮存于阴凉、通风的仓库内，远离火种、热源，防止阳光直射。

7.4.2 不应与有毒、有害、有腐蚀性、易挥发或有异味的物品同库贮存。

7.4.3 在符合本文件规定的运输、贮存条件下，自生产之日起，保质期 12 个月。

ICS 71.100.40
CCS G 71

团 体 标 准

T/AQB 53—2023

己二酸二(2-丙基庚)酯

Dipropyl(2-propylheptyl)adiate

2023-11-15 发布

2023-12-15 实施

安徽省质量品牌促进会 发布

前　言

本文件按照 GB/T 1.1—2020《标准化工作导则　第 1 部分：标准化文件的结构和起草规则》的规定起草。

请注意本文件的某些内容可能涉及专利。本文件的发布机构不承担识别专利的责任。

本文件由安徽世华化工有限公司提出。

本文件由安徽省质量品牌促进会归口。

本文件起草单位：安徽世华化工有限公司、安徽盛华橡塑有限公司、安徽应林塑业有限公司、巢湖香枫塑胶助剂有限公司。

本文件主要起草人：孙徽、孔令航、孔晓伟、王修福、杨林。

己二酸二(2-丙基庚)酯

1 范围

本文件规定了己二酸二(2-丙基庚)酯的要求、试验方法、检验规则及标志、包装、运输与贮存。

本文件适用于以己二酸与2-丙基庚醇为原料,经酯化法制得的己二酸二(2-丙基庚)酯。

分子式:$C_{26}H_{5}O_{4}$

结构式:

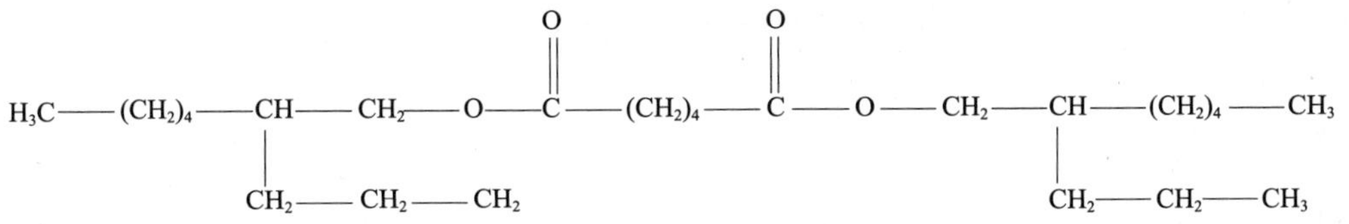

相对分子质量:426.70(按2023年国际相对原子质量)

2 规范性引用文件

下列文件中的内容通过文中的规范性引用而构成本文件必不可少的条款。其中,注日期的引用文件,仅该日期对应的版本适用于本文件;不注日期的引用文件,其最新版本(包括所有的修改单)适用于本文件。

GB/T 191 包装储运图示标志

GB/T 601 化学试剂 标准滴定溶液的制备

GB/T 602 化学试剂 杂质测定用标准溶液的制备

GB/T 603 化学试剂 实验方法中所用制剂及制品的制备

GB/T 1664 增塑剂外观色度的测定

GB/T 1668 增塑剂酸值及酸度的测定

GB/T 1671 增塑剂闪点的测定 克利夫兰开口杯法

GB/T 4472 化工产品密度、相对密度测定通则

GB/T 6680 液体化工产品采样通则

GB/T 6682 分析实验室用水规格和试验方法

GB/T 8170—2008 数值修约规则与极限数值的表示和判定

GB/T 11133—2015 石油产品、润滑油和添加剂中水含量的测定 卡尔费休库仑滴定法

HG/T 5648—2019 增塑剂 己二酸二(2-丙基庚)酯

3 术语和定义

本文件没有需要界定的术语和定义。

4 要求

4.1 外观

透明无可见杂质的油状液体。

4.2 理化性能

应符合表1的规定。

表1 理化性能

项目	指标
己二酸二(2-丙基庚)酯含量(GC法),%	≥99.1
色度(Pt-Co),号	≤35
闪点(开口杯法)/℃	≥210
酸值(以KOH计),mg/g	≤0.10
密度(20℃)/(g/cm^3)	0.914～0.920
水分,%	≤0.1

5 试验方法

5.1 一般规定

5.1.1 试验方法中所用试剂和水,在没有注明其他要求时,均指分析纯试剂和符合GB/T 6682规定的三级水。

5.1.2 试验方法中所用标准滴定溶液、杂质测定用标准溶液、试剂及制品,在没有注明其他要求时,均按GB/T 601、GB/T 602和GB/T 603的规定制备。

5.1.3 试验数据的表示和修约规则应符合GB/T 8170—2008中4.3.3修约值比较法的有关规定。

5.2 外观的测定

在自然光下目测。

5.3 己二酸二(2-丙基庚)酯含量的测定

按HG/T 5648—2019中4.8的规定进行。

5.4 色度的测定

按GB/T 1664的规定进行。

5.5 闪点的测定

按GB/T 1671的规定进行。

5.6 酸值的测定

按GB/T 1668的规定进行。

5.7 密度的测定

按GB/T 4472的规定进行。

5.8 水分的测定

按GB/T 11133—2015中第10章的规定进行,进样量为1.0mL。

6 检验规则

6.1 出厂检验

本文件第4章的全部项目为出厂检验项目。

6.2 组批规则

同一原料、同一工艺、同一反应釜生产的产品为一批。

6.3 采样

按GB/T 6680的规定采样,以批为单位采样。采样量不应少于1000mL。分装于两个清洁、干燥的磨口瓶(塑料袋)中,密封。瓶(袋)上粘贴标签,注明:生产厂名称、产品名称、批号、采样日期及采样人姓名。一份由检验部门检验,另一份密封保存备查。

6.4 合格判定

检验结果全部符合表1的要求时,判定该批产品合格。该批产品检验结果若有不符合项时,应重新从同批产品两倍量的包装件中采样进行全项目复检,复检结果仍有不合格项时,则判定该批产品不合格。

7 标志、包装、运输和贮存

7.1 标志

外包装上应有清晰、牢固的标志,其内容应包括:

a) 产品名称;
b) 文件编号;
c) 生产厂名称和厂址;
d) 批号和生产日期;
e) 净含量;
f) 按GB/T 191的规定标明"怕晒""怕雨"等标志;
g) 保质期。

7.2 包装

本产品应装入清洁、干燥的200L容量的镀锌铁桶并密封。也可根据用户要求采取其他包装方式。

7.3 运输

运输时要避免日晒、雨淋,应轻装轻卸,防止猛烈撞击、泄露。

7.4 贮存

7.4.1 应贮存于阴凉、通风的仓库内,远离火种、热源,防止阳光直射。

7.4.2 不保持容器密封,应与氧化剂、酸类分开存放。

7.4.3 在符合本文件规定的运输、贮存条件下,自生产之日起,保质期为12个月。

ICS 97.180
CCS Y 89

团　体　标　准

T/AQB 54—2023

电钻清洁刷

Cleaning brush for electric drill

2023-12-20 发布　　2024-01-20 实施

安徽省质量品牌促进会　发布

前　言

本文件按照GB/T 1.1—2020《标准化工作导则　第1部分：标准化文件的结构和起草规则》的规定起草。

请注意本文件的某些内容可能涉及专利。本文件的发布机构不承担识别专利的责任。

本文件由潜山市市场监督管理检验所提出。

本文件由安徽省质量品牌促进会归口。

本文件起草单位：安徽好思买科技有限公司、安徽友川刷业有限公司、安徽保之林刷业有限公司、安徽维睿斯科技有限公司、安徽力洁刷业有限公司、安徽源潭柯林沃德刷业科技有限公司、安徽振达刷业有限公司、安徽鑫协科技有限公司、潜山市市场监督检验所、安徽省刷制品质量监督检验中心、安徽省产品质量监督检验研究院、安徽省万联标准化研究中心、安徽省刷业商会。

本文件主要起草人：徐华兵、葛元臻、谢晓丽、韩军、汪馨、江涛、孙宏奎、郑丽丽、林玉娇、王奎、吴磊、陆晓彦、俞靖雯、洪笑雯、徐强应、田仁元、丁跃进、张时俊、储德节、姚宏、张复厚、胡朝义。

电钻清洁刷

1 范围

本文件规定了电钻清洁刷的术语和定义、分类及型号规格、要求、试验方法、检验规则、标志、包装、运输和贮存。

本文件适用于国内外销售(含跨境电商)的电钻清洁刷。

2 规范性引用文件

下列文件中的内容通过文中的规范性引用而构成本文件必不可少的条款。其中,注日期的引用文件,仅该日期对应的版本适用于本文件;不注日期的引用文件,其最新版本(包括所有的修改单)适用于本文件。

GB/T 191 包装储运图示标志

GB/T 1034 塑料 吸水性的测定

GB/T 2411 塑料和硬橡胶 使用硬度计测定压痕硬度(邵氏硬度)

GB/T 4955 金属覆盖层 覆盖层厚度测量 阳极溶解库仑法

GB/T 10125 人造气氛腐蚀试验 盐雾试验

T/AQB 19 刷制品通用术语

3 术语和定义

T/AQB 19 界定的以及下列术语和定义适用于本文件。

3.1

电钻清洁刷 cleaning brush for electric drill

以聚丙烯、尼龙等为刷丝材料,以聚丙烯为刷载体材料制成的,安装在电钻上的清洁刷。结构示意图见图 1。

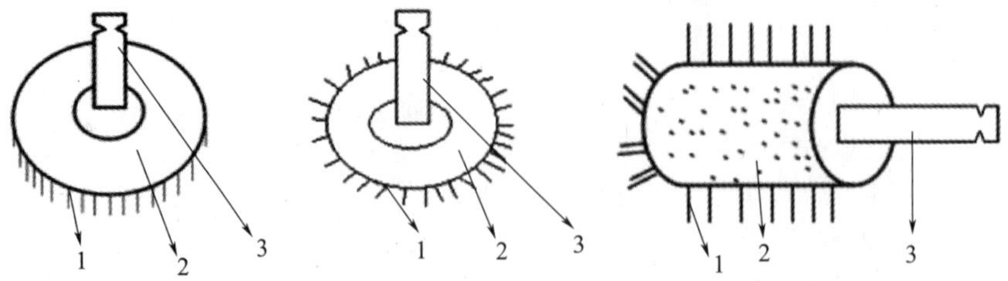

a) 圆盘刷1　　b) 圆盘刷2　　c) 球头刷

标引序号说明:

1——刷丝;

2——刷载体;

3——六角连接杆。

图 1 电钻清洁刷结构示意图

3.2

刷载体 brush carrier

以聚丙烯为主要材料,经注塑工艺制成的用于固定刷丝的部件。

3.3

六角连接杆 hexagonal connecting rod

以铜铁合金等材质为基体,以镍、锡等材质为镀层制成的用于连接电钻和刷载体的部件。

4 分类及型号规格

4.1 分类

4.1.1 按形状分为圆盘刷、球头刷。

4.1.2 按刷丝材料分为聚丙烯刷、尼龙刷。

4.2 型号规格

型号规格表示方法示例如下:

XX-XX

- 刷丝材料,聚丙烯刷用PP表示,尼龙刷用PA表示
- 形状,圆盘刷用YP表示,球头刷用QT表示

示例:YP-PP 表示刷丝材质为聚丙烯的圆盘电钻清洁刷。

5 要求

5.1 外观

5.1.1 刷丝

无乱丝,刷丝分布均匀,无明显杂质,色泽均匀。

5.1.2 刷载体

表面平整、无裂纹,不应有明显白色斑点,中轴不应有明显错位,植毛孔分布均匀。

5.1.3 六角连接杆

表面光亮,色泽均匀,镀层无凹陷、划痕、锈迹、起皮等缺陷。

5.2 尺寸及偏差

5.2.1 电钻清洁刷尺寸由供需双方协商确定。

5.2.2 刷载体直径偏差应为±2mm,刷载体高度偏差应为±1mm。

5.3 质量及偏差

产品的公称质量由供需双方协商确定,质量偏差应为±3%。

5.4 物理性能

应符合表1的规定。

表 1 电钻清洁刷的物理性能

序号	项目	要求
1	刷丝吸水率(23℃±2℃,24h),%	≤5.0
2	单根刷丝抗拉强度[a],N	≥5
3	单束刷丝与刷载体的拉脱力[a],N	≥50
4	六角连接杆与刷载体的拉脱力[b],N	≥800
5	刷丝耐高温性(80℃±2℃,24h)	无明显开裂、破碎、脱落现象
6	六角连接杆耐腐蚀性(中性盐雾,24h)	无起皱、脱落、生锈现象
7	六角连接杆镀层厚度,μm	≥5
8	刷载体邵氏 D 硬度	≥50

[a] 仅适用于刷丝长度大于 25mm。

[b] 仅适用于不可拆卸的六角连接杆。

6 试验方法

6.1 外观

目测。

6.2 尺寸及偏差

用分度值不低于 0.02mm 的量具测量。

6.3 质量及偏差

用分度值不低于 1g 的天平测量,按式(1)计算质量偏差。

$$W=\frac{m_c-m_0}{m_0}\times 100\% \tag{1}$$

式中:W——质量偏差,%;

m_c——实测质量,单位为克(g);

m_0——标称质量,单位为克(g)。

6.4 物理性能

6.4.1 刷丝吸水率

按 GB/T 1034 的规定执行。

6.4.2 单根刷丝抗拉强度

随机抽取 5 根刷丝,刷丝两端固定在拉力机的夹具上,保持对刷丝的垂直拉伸力,以(50±5)mm/min 的拉伸速度进行拉伸,直至刷丝断裂,取 5 根刷丝的最小值。

6.4.3 单束刷丝与刷载体的拉脱力

随机选取 5 束刷丝,刷丝固定在拉力试验机拉伸夹具的一端,另一端固定刷载体,保持对刷丝的垂直拉伸力,以(25±5)mm/min 的拉伸速度进行拉伸,直至刷丝从刷载体上拉脱,取 5 束刷丝的最小值。

6.4.4 六角连接杆与刷载体的拉脱力

随机选取 3 个电钻清洁刷,将六角连接杆固定在拉力试验机拉伸夹具的一端,另一端固定刷载体,保持对刷载体的垂直拉伸力,以(25±5)mm/min 的拉伸速度进行拉伸,直至六角连接杆从刷载体上拉脱,取 3 个六角连接杆的最小值。

6.4.5 刷丝耐高温性

将电钻清洁刷置于最大允许误差±2℃的恒温箱内，温度控制在80℃±2℃，保持24h，试验结束后，取出样品放置至室温，目测观察样品外观。

6.4.6 六角连接杆耐腐蚀性

将电钻清洁刷置于盐雾箱内，按GB/T 10125规定的中性盐雾方法进行试验，试验24h后取出目测六角连接杆的表面情况。

6.4.7 六角连接杆镀层厚度

按GB/T 4955的规定执行。

6.4.8 刷载体邵氏D硬度

按GB/T 2411的规定执行。

7 检验规则

7.1 缺陷分类

当被检项目不符合第5章规定要求的均称缺陷，按其对产品质量特性影响的重要程度分为A类缺陷（严重）和B类缺陷（一般），具体分类见表2。

表2 检验项目和缺陷分类

序号	检验项目	缺陷分类	出厂检验	型式检验
1	外观	B	√	√
2	尺寸偏差	B	√	√
3	质量偏差	B	√	√
4	刷丝吸水率	B	—	√
5	单根刷丝抗拉强度	A	—	√
6	单束刷丝与刷载体的拉脱力	A	—	√
7	六角连接杆与刷载体的拉脱力	A	—	√
8	刷丝耐高温性	A	—	√
9	六角连接杆耐腐蚀性	A	—	√
10	六角连接杆镀层厚度	A	—	√
11	刷载体邵氏D硬度	A	—	√
注："√"表示需要检验，"—"表示不需要检验。				

7.2 出厂检验

7.2.1 出厂检验项目见表2。

7.2.2 出厂检验为抽样检验，抽样方式为：当一个批次不大于500件产品时，在同一批次中随机抽取3件样品，当一个批次大于500件产品时，在同一批次中随机抽取5件样品。出厂检验项目合格方可允许出厂。

7.3 型式检验

7.3.1 检验条件

电钻清洁刷在下列情况之一时，应进行型式试验：

a) 新产品定型鉴定；

b) 正式生产后，如结构、材料、工艺有较大改变，可能影响产品质量时；

c) 产品停产一年以上,恢复生产时。

7.3.2 检验项目

型式检验项目为第5章全部内容。

7.3.3 抽样

当一个批次不大于500件产品时,在同一批次中随机抽取3件样品,当一个批次大于500件产品时,在同一批次中随机抽取5件样品。

7.3.4 判定

7.3.4.1 当样品数为3件时,单项判定数组为3(0,1),当样品数为5件时,单项判定数组为5(1,2)。

7.3.4.2 当检验结果出现一项A类缺陷,判产品不合格。

7.3.4.3 当检验结果出现两项及以上B类缺陷,判产品不合格。

8 标志、包装、运输和贮存

8.1 标志

标志应包括制造单位名称、厂址、产品名称和型号、执行标准号、出厂日期等。

8.2 包装

8.2.1 产品应妥善包装,包装储运标志应符合GB/T 191的要求。

8.2.2 包装内应附有产品质量检验合格证或(和)说明书。

8.3 运输

产品在运输防止碰撞、变形,在长途运输中应有防锈蚀措施。

8.4 贮存

产品应在通风、干燥、无腐蚀性气体和避光的库房中贮存。

ICS 83.140.30
CCS G 33

团 体 标 准

T/AQB 55—2024

埋地用防脱防渗有机增强增韧管材

Anti detachment and anti-seepage organic reinforced and toughened pipes for underground use

2024-01-25 发布　　2024-02-24 实施

安徽省质量品牌促进会　发布

前　言

本文件按照 GB/T 1.1—2020《标准化工作导则　第 1 部分：标准化文件的结构和起草规则》的规定起草。

请注意本文件的某些内容可能涉及专利。本文件的发布机构不承担识别专利的责任。

本文件由安徽安塑管业有限公司提出。

本文件由安徽省质量品牌促进会归口。

本文件起草单位：安徽安塑管业有限公司、安徽杰蓝特新材料有限公司、安徽全柴动力股份有限公司欧波管业厂、中国市政工程中南设计研究总院有限公司、安徽省产品质量监督检验研究院、安徽省万联标准化研究中心。

本文件主要起草人：董莉、沈国兵、陈玉宝、华建斌、刘俊峰、汪进南、陈平、冉升、潮保亭、王俊海、俞靖雯、洪笑雯。

埋地用防脱防渗有机增强增韧管材

1 范围

本文件规定了埋地用防脱防渗有机增强增韧管材(以下简称“管材”)的术语和定义、符号和缩略语、产品分类和标记方式、材料、管材结构与连接方式、要求、试验方法、检验规则、标志、运输、贮存。

本文件适用于以聚烯烃树脂为主要原料,加入适量的助剂加工而成的内壁光滑、外壁为封闭波纹型的管材。主要用于长期温度不超过60℃的交通、市政、农业农村排水排污、旱厕改造等工程,也可用于工业排水、排污等工程。

2 规范性引用文件

下列文件中的内容通过文中的规范性引用而构成本文件必不可少的条款。其中,注日期的引用文件,仅该日期对应的版本适用于本文件;不注日期的引用文件,其最新版本(包括所有的修改单)适用于本文件。

GB/T 1040.2 塑料 拉伸性能的测定 第2部分:模塑和挤塑塑料的试验条件

GB/T 1043.1 塑料 简支梁冲击性能的测定 第1部分:非仪器化冲击试验

GB/T 1633—2000 热塑性塑料维卡软化温度(VST)的测定

GB/T 2828.1 计数抽样检验程序 第1部分:按接收质量限(AQL)检索的逐批检验抽样计划

GB/T 2918 塑料 试样状态调节和试验的标准环境

GB/T 3280—2015 不锈钢冷轧钢板和钢带

GB/T 8806 塑料管道系统 塑料部件 尺寸的测定

GB/T 9341 塑料 弯曲性能的测定

GB/T 9345.1 塑料 灰分的测定 第1部分:通用方法

GB/T 9647 热塑性塑料管材 环刚度的测定

GB/T 14152—2001 热塑性塑料管材耐外冲击性能试验方法 时针旋转法

GB/T 18042 热塑性塑料管材蠕变比率的试验方法

GB/T 19278 热塑性塑料管材、管件与阀门通用术语及其定义

GB/T 19466.6 塑料 差示扫描量热法(DSC)第6部分:氧化诱导时间(等温OIT)和氧化诱导温度(动态OIT)的测定

GB/T 19472.1—2019 埋地用聚乙烯(PE)结构壁管道系统 第1部分:聚乙烯双壁波纹管材

GB/T 19472.2—2017 埋地用聚乙烯(PE)结构壁管道系统 第2部分:聚乙烯缠绕结构壁管材

GB/T 21873 橡胶密封件 给、排水管及污水管道用接口密封圈 材料规范

3 术语和定义

GB/T 19278界定的术语和定义适用于本文件。

4 符号和缩略语

下列符号和缩略语适用于本文件。

4.1 符号

DN:公称尺寸。
DN/OD:以外径表示的公称尺寸。
DN/ID:以内径表示的公称尺寸。
d_e:外径。
d_{em}:平均外径。
d_i:内径。
d_{im}:平均内径。
e:层压壁厚。
e_1:内层壁厚。
e_2:外层壁厚。
SN:公称环刚度。

4.2 缩略语

TIR:真实冲击率(True Impact Rate)。

5 产品分类和标记方式

5.1 分类

5.1.1 管材按环刚度进行等级分类,见表1。

表1 公称环刚度等级

等级	SN8	SN10	SN12.5	SN16
环刚度(kN/m^2)	8	10	12.5	16

5.1.2 管材按尺寸分为内径系列和外径系列,内径系列的管材尺寸用公称内径DN/ID表示,外径系列的管材尺寸用公称外径DN/OD表示。

5.2 标记方式

标记方法符合如下要求:

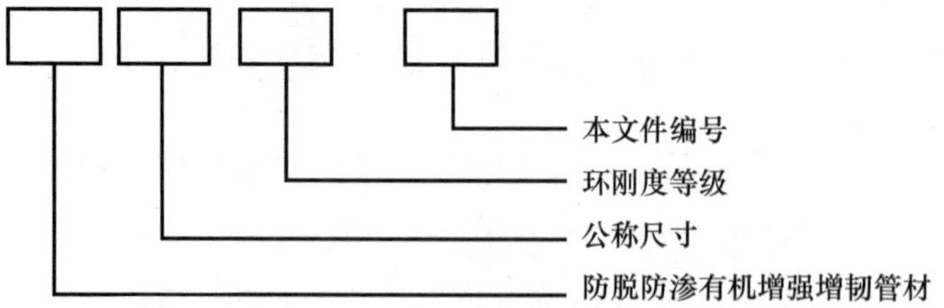

示例:公称内径为500mm,环刚度等级为SN8的防脱防渗有机增强增韧管材的标记为:埋地用防脱防渗有机增强增韧管材DN/ID 500 SN8 T/AQB 55—2024。

6 材料

6.1 原材料

6.1.1 所用的原材料应以聚烯烃树脂为主要原料,可加入为提高管材加工和力学性能的其他材料。
6.1.2 聚烯烃树脂材料的性能应满足表2的要求。

表 2　聚烯烃树脂材料的性能

项目	要求	试验方法
拉伸强度，MPa	≥25	GB/T 1040.2
断裂伸长率，%	≥350	GB/T 1040.2
简支梁缺口冲击强度(23℃、A 型缺口)，kJ/m^2	≥45	GB/T 1043.1
弯曲模量，MPa	≥1200	GB/T 9341
氧化诱导时间(200℃)，min	≥30	GB/T 19466.6
维卡软化温度(外壁、A_{50} 法)，℃	≥140	GB/T 1633—2000
灰分，%	≤1	GB/T 9345.1

6.2　回用料

仅允许使用来自原管材生产企业生产的同种管材的清洁回用料，回用料添加量(质量分数)不应超过 5%。

6.3　不锈钢卡箍

不锈钢卡箍应使用符合 GB/T 3280—2015 标准规定的牌号不低于 06Cr19Ni10 的不锈钢材料进行加工。

6.4　螺纹紧固件

螺纹紧固件应使用不锈钢材质的螺栓。

6.5　弹性密封圈

弹性密封圈应符合 GB/T 21873 的要求。

7　管材结构与连接方式

7.1　管材结构

管材采用无扩口结构，如图 1 所示。

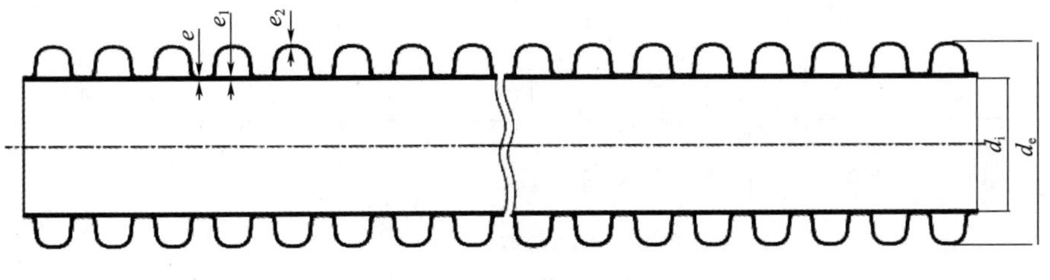

说明：

d_e——管材的外径；

d_i——管材的内径；

e——层压壁厚；

e_1——内层壁厚；

e_2——外层壁厚。

图 1　管材结构示意图

7.2　连接方式

管材采用防脱防渗全包覆不锈钢卡箍装置连接方式，如图 2 所示。

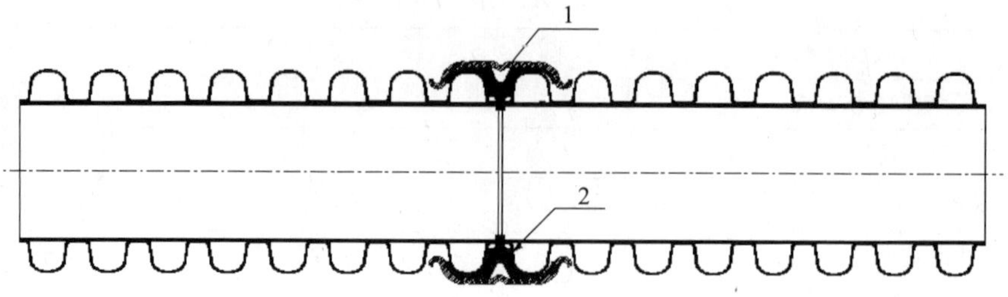

说明：
1——全包覆不锈钢卡箍；
2——弹性密封圈。

图 2 连接示意图

8 要求

8.1 颜色

管材的内外层各自的颜色应均匀一致，内外层颜色为蓝色，其他颜色由供需双方协商确定。

8.2 外观

管材内外壁不允许有气泡、凹陷、明显的杂质和不规则波纹等缺陷。管材的两端应平整并与轴线垂直。管材波谷区内外壁应紧密熔接，不应出现脱开现象。

8.3 规格尺寸

8.3.1 长度

管材总长度为 6m 或 9m，其他长度由供需双方协商确定，管材长度不允许有负偏差。

8.3.2 尺寸

8.3.2.1 外径系列管材的尺寸应符合表 3 的规定。

表 3 外径系列管材的尺寸

单位：毫米

公称外径 DN/OD	最小平均外径 $d_{em,min}$	最大平均外径 $d_{em,max}$	最小平均内径 $d_{im,min}$	最小层压壁厚 e_{min}	最小内层壁厚 $e_{1,min}$	最小外层壁厚 $e_{2,min}$
110	109.4	110.4	90	1.0	0.6	0.7
160	159.1	160.5	134	1.2	0.6	0.8

8.3.2.2 内径系列管材的尺寸应符合表 4 的规定。

表 4 内径系列管材的尺寸

单位：毫米

公称内径 DN/ID	最小平均内径 $d_{im,min}$	最小层压壁厚 e_{min}	最小内层壁厚 $e_{1,min}$	最小外层壁厚 $e_{2,min}$
200	193	1.4	1.0	0.9
225	220	1.6	1.0	0.9
300	292	2.0	1.0	0.9
400	390	2.1	1.5	1.2
500	487	2.5	1.7	1.5
600	585	3.3	2.0	2.1
800	782	4.0	2.2	2.4

8.4 物理力学性能

管材的物理力学性能应符合表5的规定。

表5 管材的物理力学性能

项目		要求
环刚度/(kN/m²)	SN8	≥8
	SN10	≥10
	SN12.5	≥12.5
	SN16	≥16
冲击性能(TIR)/%		≤10
环柔性		管材无破裂,两壁无脱开,试验结束后1h时,内径保持率≥90%
烘箱试验		无分层、无开裂
维卡软化温度(外壁)/℃		≥140
灰分/%		≤1
氧化诱导时间/min		≥30
蠕变比率		≤4

8.5 系统的适用性

系统的适用性应符合表6的要求。

表6 系统的适用性要求

项目	试验条件	要求
密封性能	内部静液压(15min)0.08MPa	不泄漏
	内部负气压(15min)−0.05MPa	≤−0.047MPa
角度偏转性能 DN≤300mm:2° 300mm<DN≤600mm:1.5° 600mm<DN:1°	内部静液压(15min)0.08MPa	不泄漏
	内部负气压(15min)−0.05MPa	≤−0.047MPa

9 试验方法

9.1 状态调节和试验环境

除另有规定外,试样应按GB/T 2918的规定,在(23±2)℃环境中进行状态调节和试验,状态调节时间应不少于24h。其中,公称尺寸大于600mm的管材试样,状态调节时间应不少于48h。

9.2 颜色、外观

目测,必要时可用光源照射。

9.3 规格尺寸

9.3.1 长度

按GB/T 8806的规定进行,用精度不低于1mm的量具测量。

9.3.2 平均外径

按GB/T 8806的规定进行。

9.3.3 平均内径

按 GB/T 8806 的规定进行，分别测量管材同一断面相互垂直的两内径，以两内径的算术平均值作为管材的平均内径。

9.3.4 壁厚

按 GB/T 8806 的规定进行，将管材沿圆周进行不少于四等份的切割，测量层压壁厚、内层壁厚和外层壁厚，读取最小值。

9.4 环刚度

按 GB/T 9647 的规定进行，取样时切割点应在波谷的中间。

9.5 冲击性能

9.5.1 试样

管材公称尺寸不大于 500mm 时，按 GB/T 14152—2001 的规定取样；公称尺寸大于 500mm 时，可切块进行试验，试块尺寸为：长度(200±10)mm，内弦长(300±10)mm，试验时试样块应外表面圆弧向上，两端水平放置在底板上，冲击点应保证为波纹的顶端。

9.5.2 试验步骤

试验按 GB/T 14152—2001 的规定进行，试验温度为(0±1)℃，落锤质量和冲击高度见表 7。

表 7 落锤质量和冲击高度

公称尺寸/mm	落锤质量/kg	冲击高度/mm
DN≤110	1.0	1600
110<DN≤160	2.0	2000
160<DN≤200	3.2	2000
DN>200	7.5	2000

9.5.3 判定

目测，试样经冲击产生裂纹、裂缝或试样破碎为试样破坏。根据试样破坏数对照 GB/T 14152—2001 的图 2 或表 5 判定 TIR 值。

9.6 环柔性

按 GB/T 9647 的规定进行，取样时切割点应在波谷的中间。试样的两条合模线所在平面应垂直于压缩方向，当试样在垂直方向外径变形量为原外径的 40%时立即卸荷，观察试样有无破裂，两壁有无脱开。试验结束后 1h 时，测量试样压缩方向内径，计算内径保持率。

9.7 烘箱试验

按 GB/T 19472.1—2019 中 8.7 的规定进行。

9.8 维卡软化温度

按 GB/T 1633—2000 中 A_{50} 法的规定进行，取样位置为管材外壁。

9.9 灰分

按 GB/T 19472.2—2017 中 8.6 的规定进行，试验温度为(850±50)℃。

9.10 氧化诱导时间

按 GB/T 19466.6 的规定进行，试验温度为 200℃。制样时，应分别从管材内、外壁切取试样，然后将原始表面朝上进行试验。试样数量为 3 个(其中内壁 1 个，外壁 1 个，第 3 个试样任意选取)，试验结果取最小值。

9.11 蠕变比率

按 GB/T 18042 的规定进行，试验条件为(23±2)℃，计算并外推至两年的蠕变比率。

9.12 系统的适用性

按 GB/T 19472.1—2019 中附录 C 的规定进行。

10 检验规则

10.1 组批

同一批原料、同一配方和工艺情况下生产的同一规格管材为一批，管材公称尺寸不大于 500mm 时，每批数量不超过 60t，如生产数量少，生产 7 天尚不足 60t，则以 7 天产量为一批；管材公称尺寸大于 500mm 时，每批数量不超过 300t，如生产数量少，生产 30 天尚不足 300t，则以 30 天产量为一批。

10.2 出厂检验

10.2.1 出厂检验项目为 8.1～8.3 条和表 5 中的环刚度、冲击性能、环柔性、灰分和氧化诱导时间。

10.2.2 8.1～8.3 条中除层压壁厚、内层壁厚和外层壁厚外检验按 GB/T 2828.1 进行抽样，采用一次正常抽样方案，取一般检验水平 I，接收质量限(AQL)4.0，抽样方案见表 8。

表 8 抽样方案

单位：根

批量 N	样本大小 n	接收数 Ac	拒收数 Re
2～15	2	0	1
16～25	3	0	1
26～90	5	0	1
91～150	8	1	2
151～280	13	1	2
281～500	20	2	3
501～1200	32	3	4
1201～3200	50	5	6
3201～10000	80	7	8

10.2.3 在按 10.2.2 抽样检查合格的样品中，随机抽取样品，进行 8.4 条中的环刚度、冲击性能、环柔性、灰分和氧化诱导时间试验；并按 9.3.4 要求分别不少于三次对 8.3 条中的层压壁厚、内层壁厚和外层壁厚进行测量，取最小值。

10.2.4 判定规则

8.1～8.3 条中除层压壁厚、内层壁厚和外层壁厚外，任一项不符合表 8 的规定时，判该批为不合格。8.3 条中的层压壁厚、内层壁厚和外层壁厚，8.4 条中的环刚度、冲击性能、环柔性、灰分和氧化诱导时间有一项达不到指标时，再按 10.2.2 抽取方案抽取的合格样品中再抽取双倍样品进行该项的复检，如仍不合格，判该批为不合格批。

10.3 型式检验

型式检验项目为第8章规定的全部技术要求项目。一般情况下，每两年进行一次型式检验，若有下列情况之一，也应进行型式检验：

a) 新产品或老产品转厂生产的试制定型鉴定；

b) 结构、材料、工艺有较大变动，可能影响产品性能时；

c) 停产一年以上恢复生产时；

d) 出厂检验结果与上次型式检验结果有较大差异时。

11 标志、运输、贮存

11.1 标志

每根管材在波峰上至少有一处永久性标志，标志应包含以下内容：产品名称、公称尺寸、环刚度等级、本文件编号、生产厂名（厂名可缩写）。

11.2 运输

管材在装卸运输时，不应受到剧烈撞击、抛摔和重压。

11.3 贮存

管材存放场地应平整，堆放应整齐，堆放高度不应超过4m，远离热源，不得暴晒。

ICS 83.140.30
CCS G 33

团　　　　体　　　　标　　　　准

T/AQB 56—2024

防脱防渗全包覆不锈钢卡箍装置（哈夫结构）

Anti detachment and anti-seepage fully wrapped stainless steel clamp device (Huff structure)

2024-01-25 发布　　　　2024-02-24 实施

安徽省质量品牌促进会　发布

前　言

本文件按照 GB/T 1.1—2020《标准化工作导则　第 1 部分:标准化文件的结构和起草规则》的规定起草。

请注意本文件的某些内容可能涉及专利。本文件的发布机构不承担识别专利的责任。

本文件由安徽安塑管业有限公司提出。

本文件由安徽省质量品牌促进会归口。

本文件起草单位:安徽安塑管业有限公司、安徽杰蓝特新材料有限公司、安徽全柴动力股份有限公司欧波管业厂、中国市政工程中南设计研究总院有限公司、安徽省产品质量监督检验研究院、安徽省万联标准化研究中心。

本文件主要起草人:董莉、华建斌、沈国兵、陈玉宝、刘俊峰、汪进南、陈平、冉升、潮保亭、王俊海、俞靖雯、洪笑雯。

防脱防渗全包覆不锈钢卡箍装置（哈夫结构）

1 范围

本文件规定了防脱防渗全包覆不锈钢卡箍装置（哈夫结构）（以下简称“卡箍装置”）的术语和定义、材料、要求、试验方法、检验规则、标志、运输、贮存。

本文件适用于以不锈钢卡箍、螺纹紧固件、弹性橡胶密封圈为部件加工而成的不锈钢卡箍装置，主要用于排水用波纹管的连接，适用于长期温度不超过60℃的交通、市政、农业农村排水排污、旱厕改造等工程，也可用于工业排水、排污等工程。

2 规范性引用文件

下列文件中的内容通过文中的规范性引用而构成本文件必不可少的条款。其中，注日期的引用文件，仅该日期对应的版本适用于本文件；不注日期的引用文件，其最新版本（包括所有的修改单）适用于本文件。

GB/T 222 钢的成品化学成分允许偏差

GB/T 2828.1 计数抽样检验程序 第1部分：按接收质量限（AQL）检索的逐批检验抽样计划

GB/T 2918 塑料 试样状态调节和试验的标准环境

GB/T 3280—2015 不锈钢冷轧钢板和钢带

GB/T 19278 热塑性塑料管材、管件与阀门通用术语及其定义

GB/T 19472.1—2019 埋地用聚乙烯（PE）结构壁管道系统 第1部分：聚乙烯双壁波纹管材

GB/T 21873 橡胶密封件 给、排水管及污水管道用接口密封圈 材料规范

3 术语和定义

GB/T 19278 界定的术语和定义适用于本文件。

4 材料

4.1 不锈钢卡箍

不锈钢卡箍应使用符合 GB/T 3280—2015 标准规定的牌号不低于 06Cr19Ni10 的不锈钢材料进行加工。

4.2 螺纹紧固件

螺纹紧固件应使用不锈钢材质的螺栓。

4.3 弹性密封圈

弹性密封圈应符合 GB/T 21873 的要求。

5 要求

5.1 外观

卡箍装置表面应光滑、整洁,无明显毛刺、划伤、焊渣、焊瘤等缺陷。

5.2 化学成分

不锈钢卡箍的化学成分(熔炼分析)应不低于 GB/T 3280—2015 表 16 中牌号 06Cr19Ni10 的规定,成品化学成分允许偏差应符合 GB/T 222 的规定。

5.3 力学性能

不锈钢卡箍应符合 GB/T 3280—2015 表 21 中相应牌号的力学性能规定。

5.4 系统防脱性

系统防脱性(拉脱力)应符合表 1 的要求。

表 1 系统防脱性(拉脱力)要求

公称尺寸	DN<200	DN200	DN225	DN300	DN≥400
拉脱力(kN)	≥1.5	≥3	≥4	≥6	≥9

5.5 系统的适用性

系统的适用性应符合表 2 的要求。

表 2 系统的适用性要求

项目	试验条件	要求
密封性能	内部静液压(15min)0.08MPa	不泄漏
	内部负气压(15min)-0.05MPa	≤-0.047MPa
角度偏转性能 DN≤300mm:2° 300mm<DN≤600mm:1.5° 600mm<DN:1°	内部静液压(15min)0.08MPa	不泄漏
	内部负气压(15min)-0.05MPa	≤-0.047MPa

6 试验方法

6.1 外观

目测,手感。

6.2 化学成分

按 GB/T 3280—2015 中 7.1 的规定进行。

6.3 力学性能

按 GB/T 3280—2015 中 7.2 的规定进行。

6.4 系统防脱性

试验装置示意图如图 1 所示。

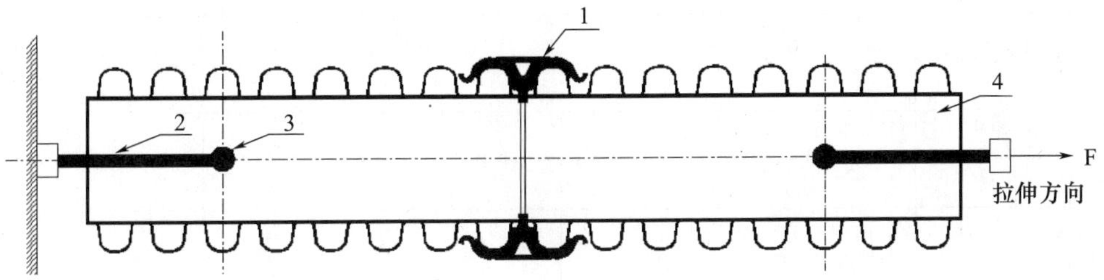

说明：
1——不锈钢卡箍装置；
2——拉伸杆；
3——固定杆；
4——管材

图 1　系统防脱性试验装置示意图

6.4.1　**试样**

取两段与卡箍装置配套使用的管材试样，每段管材长度至少包含 8 个波纹，试验前先将两段管材开孔，孔径为 16mm，开孔位置位于管材轴向中心剖面的对称位置，距离管材端口 15cm 到 30cm 处，且位于波峰上。使用卡箍装置将两段管材进行连接，并用螺纹紧固件进行紧固。试样应按 GB/T 2918 的规定，在(23±2)℃环境中进行状态调节和试验，状态调节时间应不少于 24h。其中，公称尺寸大于 600mm 的管材试样，状态调节时间应不少于 48h。

6.4.2　**试样步骤**

将固定杆穿过孔洞，拉伸杆与固定杆进行连接，并将固定杆两端使用螺母进行固定，防止在拉伸过程中固定杆脱落。试样安装好后，使用电子万能试验机进行系统防脱性(拉脱力)试验，拉伸速度为 25mm/min，试验至管材与卡箍装置完全脱离，记录试验过程中的最大力值。

试验过程中若未出现管材与卡箍装置脱离、管材试样严重破坏现象，且试验过程中的最大力值符合本文件表 1 的要求，则判定为合格。

试验过程中若出现管材与卡箍装置脱离、管材试样严重破坏现象，或试验过程中的最大力值不符合本文件表 1 的要求，则试验结果无效。

6.5　系统的适用性

按 GB/T 19472.1—2019 中附录 C 的规定进行。

7　检验规则

7.1　组批

同一批原料、同一配方和工艺情况下生产的同一规格卡箍装置为一批，每批数量不超过 500 个，如生产数量少，生产 7 天尚不足 500 个，则以 7 天产量为一批。

7.2　出厂检验

7.2.1　出厂检验项目为外观、力学性能和系统防脱性。

7.2.2　外观检验按 GB/T 2828.1 进行抽样，采用一次正常抽样方案，取一般检验水平 I，接收质量限(AQL)4.0，抽样方案见表 3。

表 3　抽样方案

单位：个

批量 N	样本大小 n	接收数 Ac	拒收数 Re
2～15	2	0	1
16～25	3	0	1
26～90	5	0	1
91～150	8	1	2
151～280	13	1	2
281～500	20	2	3

7.2.3　在按 7.2.2 抽样检查合格的样品中，随机抽取样品，进行力学性能和系统防脱性试验。

7.2.4　判定规则

外观、力学性能和系统防脱性有一项达不到指标时，再按 7.2.2 抽取方案抽取的合格样品中再抽取双倍样品进行该项的复检，如仍不合格，判该批为不合格批。

7.3　型式检验

型式检验项目为第 6 章规定的全部技术要求项目。一般情况下，每两年进行一次型式检验，若有下列情况之一，也应进行型式检验：

a)　新产品或老产品转厂生产的试制定型鉴定；

b)　结构、材料、工艺有较大变动，可能影响产品性能时；

c)　停产一年以上恢复生产时；

d)　出厂检验结果与上次型式检验结果有较大差异时。

8　标志、运输、贮存

8.1　标志

卡箍装置外表面至少有一处永久性标志，标志应包含以下内容：产品名称、公称尺寸、本文件编号、生产厂名(厂名可缩写)。

8.2　运输

卡箍装置在装卸运输时，不应受到剧烈撞击、抛摔和重压。

8.3　贮存

卡箍装置存放场地应平整、通风、干燥，远离热源，不得暴晒。

ICS 03.080.01
CCS A 12

团　　体　　标　　准

T/AQB 57—2024

诚信经营企业评价管理规范

Specification for the identification of consumer confidence demonstration unit

2024-01-29 发布　　2024-02-05 实施

安徽省质量品牌促进会　发布

前　言

本文件按照GB/T 1.1—2020《标准化工作导则　第1部分:标准化文件的结构和起草规则》的规定起草。

请注意本文件的某些内容可能涉及专利。本文件的发布机构不承担识别专利的责任。

本文件由安徽省消费者权益保护委员会提出。

本文件由安徽省质量品牌促进会归口。

本文件起草单位:安徽省消费者权益保护委员会、安徽省万联标准化研究中心、合肥市消费者权益保护委员会、淮北市消费者权益保护委员会、亳州市消费者权益保护委员会、宿州市消费者权益保护委员会、蚌埠市消费者权益保护委员会、阜阳市消费者权益保护委员会、淮南市消费者权益保护委员会、滁州市消费者权益保护委员会、六安市消费者权益保护委员会、马鞍山市消费者权益保护委员会、芜湖市消费者权益保护委员会、宣城市消费者权益保护委员会、铜陵市消费者权益保护委员会、池州市消费者权益保护委员会、安庆市消费者权益保护委员会、黄山市消费者权益保护委员会。

本文件主要起草人:周玉战、吴瑞卿、刘心德、李明、张路明、丁云、朱伟、黄华纯、喻薇莉、陈妍妍、俞靖雯、王文博、韩峻、冯微微、董杰、谢小雪。

诚信经营企业评价管理规范

1 范围

本文件确立了诚信经营企业评价工作的基本原则,并规定了基本原则、评价机制、申报条件、评价指标、评价程序、日常管理、标识、牌匾式样等。

本文件适用于诚信经营企业评价管理工作。

2 规范性引用文件

本文件没有规范性引用文件。

3 术语和定义

下列术语和定义适用于本文件。

3.1

诚信经营企业 integrity enterprise

尊法守法、诚实守信,在本地区、本行业起到示范作用,按本规范认定的经营者。包括为消费者提供其生产、销售的商品或服务的各类市场主体。

4 基本原则

遵循自愿、公平、公正、公开、免费和动态管理的原则。

5 评价机制

5.1 诚信经营企业分为省、市、县三级,分别由省、市、县(区)消保委组织实施和管理。

5.2 每年一次,有效期限3年。

5.3 鼓励消保委成员单位、行业协(商)会推荐、培育参评企业。

5.4 鼓励大型企业集团组织内部企业参与评价,将评价要求纳入企业管理考核机制。

6 申报条件

6.1 主体资格合法。应依法取得相关证、照等资质。

6.2 申报县级诚信经营企业的须持续经营2年以上,申报市级的须持续经营3年以上,申报省级的须持续经营5年以上。

6.3 落实相关制度和承诺。落实《消费纠纷处理制度》等,履行守信践诺、质量可靠、安全保障、价格公道、绿色低碳五项承诺。

7 评价指标

评选标准表值见附录 A。

8 评价程序

8.1 组织申报

8.1.1 县级消保委公开发布县级诚信经营企业申报通知，申报企业到所在地消保委申报。未成立县级消保委组织的区域内企业可向市级消保委申报。

8.1.2 市级消保委公开发布市级诚信经营企业申报通知，县级消保委向市级消保委提交推荐名单及材料。

8.1.3 省消保委公开发布省级诚信经营企业申报通知，市级消保委向省消保委提交推荐名单及材料。

8.1.4 申报材料包括：

a）《诚信企业申报表》见附录 B；

b）《诚信经营承诺书》见附录 C。

8.2 材料初审

对申报材料的完整性、规范性等进行审核。

8.3 征求意见

对初审合格的申报企业征求相关成员单位意见。

8.4 现场查验

各级消保委对申报企业按照县级 100%、市级不低于 50%、省级不低于 30%的比例开展现场查验。可根据需要邀请消费者代表等参与。

8.5 专家评审

组织有成员单位、消费者代表、行业领域专家（学者）、人大代表、政协委员等参加的评审会议，依据申报材料对申报企业进行评审，确定拟认定名单。

8.6 异议公示

通过消保委官方网站等向社会公示拟认定名单，接受社会监督，公示期不少于 5 个工作日。

8.7 公告授牌

8.7.1 公示无异议，认定为“诚信企业”。

8.7.2 诚信企业认定结果应发文并通过消保委官网公告。

8.7.3 各级消保委对认定的“诚信企业”授牌宣传。

9 日常管理

9.1 诚信企业评价实行全过程痕迹化管理，各级消保委应建立台账档案，做到“一户一档”。“诚信企业”相关信息录入省消保委网站对外公开。

9.2 “诚信企业”牌匾和公开承诺标识在经营场所展示，接受消费者监督。

9.3 发现存在下列情形之一的,应撤销诚信企业资格,予以摘牌并公告:

a) 申报、认定中弄虚作假或隐瞒真实情况的;
b) 因失信违法行为被列入有关部门“黑名单”的;
c) 因未尽到经营者法定责任导致商品质量、服务质量、食品安全等重大安全责任事故,产生社会不良影响的;
d) 因严重侵害消费者权益行为被行政处罚或追究刑事责任的;
e) 消费纠纷频发且处理不主动不及时的,发生重大或群体性事件影响社会稳定的;
f) 破产、注销或被吊销营业执照、许可证的;
g) 连续2年未报送和解数据的;
h) 其他应当予以取消或撤销的情形。

被撤销诚信企业资格的经营者2年内不得申报诚信企业。

9.4 有效期到期的企业,可在下个年度申报相应等级的评价。

10 标识、牌匾式样

10.1 “诚信企业”公开承诺标识式样见附录D。

10.2 牌匾式样

“诚信企业”牌匾式样及制作标准见附录E。

附　录　A
（规范性）
评选标准表

A.1　评选标准表，见表 A.1。

表 A.1　评选标准表

一级指标	二级指标	三级指标	评价内容及标准	计分方法	评分依据	材料时限
基本情况（10）	属性信息（4）	登记注册（4）	企业名称是否准确；统一社会信用代码是否真实有效；是否在评价行政区域内登记注册；企业是否正常存续	每项1分	企业提供以及评价单位能收集、检索、对接到的相关官方信息	评审前
	发展信息（6）	规模及地位（6）	职工总数、营业总收入、纳税总额、在省内同行业中的地位	提供一项得1.5分，未提供不得分	企业提供	评审前上一年度
信用状况（10）	诚信度（10）	企业信用（6）	企业公共信用信息、央行征信信息、司法执行信息等无不良记录，存在失信行为的完成修复，并消除不良影响	提供一项得2分，未提供不得分	企业提供	评审前
		高管个人信用（4）	法定代表人、总经理等主要管理层人员近2年个人信用记录状况，无严重失信行为记录	自愿提供，未提供不得分	个人通过中国人民银行及“中国执行信息公开网”自主查询，由申报企业统一报送	评审前
诚信建设（70）	组织领导（20）	建章立制（10）	制定诚信建设工作职责、计划方案、目标任务和相关制度规章等。将诚信建设与企业经营、文化建设、品质建设等有机结合	提供相关文件；未提供不得分	企业提供	评审前
		开展活动（10）	开展主题鲜明、载体多样、内容丰富的活动，诚信建设工作氛围浓厚，并融入员工教育、培训、考核等制度中	开展1次加5分，加满为止	企业提供相关图片	评审前
	诚信管理（50）	质量管理（10）	商品和服务质量管理规范。严格执行国家相关法律法规，自觉执行绿色低碳要求，对经营的商品和服务有质量、计量等管控要求，并符合国家有关质量计量标准和行业管理规范等	提供相应证明材料得满分，未提供不得分	企业提供	评审前
		安全管理（10）	安全管理责任落实。提供的商品和服务及场所、设施等符合安全要求，对经营和服务环节可能出现的公共安全事故，有健全的应急处置制度和预案	提供相应证明材料得满分，未提供不得分	企业提供	评审前
		价格管理（10）	实行明码标价。标价内容真实明确，没有歧义，价格变动及时调整	提供相应证明材料得满分，未提供不得分	企业提供	评审前

续表

一级指标	二级指标	三级指标	评价内容及标准	计分方法	评分依据	材料时限
诚信建设（70）	诚信管理（50）	售后管理（10）	落实“三包”规定或售后承诺；力争执行线下无理由退货制度，并在经营场所醒目位置明示	提供相应证明材料得满分，未提供不得分	企业提供	
		维权管理（10）	建立消费纠纷先行和解制度。有投诉处理制度和机构人员、投诉受理方式、办理流程、台账记录等，力争投诉不出店；定期向属地消保委报送和解信息	提供相应证明材料得满分，未提供不得分	企业提供	评审前
社会影响（10）	获得荣誉	专项奖励	获得政府及相关部门授予的荣誉、资质认证等。如：政府质量奖、高新技术企业、高精特新小巨人、农民专业合作社示范社、示范家庭农场、文化产业示范基地等，国家、省、市级每项分别为5、3、1分，每个企业累计不超过10分	提供相关证明材料	企业提供以及评价单位能收集、检索、对接到的相关官方信息	评审前

附　录　B
（资料性）
诚信企业申报表

B.1　诚信企业申报表，见表B.1。

表B.1　（省、市、县）级诚信企业申报表

单位名称 （盖章）			统一社会信用代码/注册号		
单位地址					
单位负责人		职务		固话	
				手机	
投诉处理专员		职务		固话	
				手机	
申报单位 自评简述					
（分会、县级、市级） 消保委意见 （盖章）					
（县级、市级、省级） 消保委意见 （盖章）					
申报企业承诺	本次申报所提交的文件、资料和数据等全部真实、合法、有效，不存在弄虚作假的行为，否则，我单位对一切后果负责。				

附　录　C
（资料性）
诚信经营承诺书

我单位自愿参加“诚信经营企业评价”活动，郑重作出如下承诺：

（1）严格执行国家有关的法律法规，依法经营，近3年无严重违法失信行为。

（2）秉承对消费者负责的态度，积极履行消费纠纷第一责任人的义务，认真做好消费纠纷处理工作。

（3）建立健全消费纠纷受理和处理程序，明确受理、处理、审核、反馈、归档等基本工作程序。对消费者诉求，主动协调沟通，及时和解消费纠纷，力争纠纷不出店。

（4）对消费者直接投诉到有关行政部门、消费者权益保护委员会的投诉，积极主动配合，及时妥善处理，并向相关部门报告处理结果。

（5）加强和完善内部经营管理，建立长效管理机制，切实履行消费维权社会责任。

（6）定期向辖区消保委报送消费纠纷和解数据。

（7）提供的格式条款、通知、声明、店堂告示等，没有侵害消费者自主选择权、公平交易权等内容。

申报单位（盖章）：

法定代表人签字：

日期：

（以上是承诺基本内容，各申报企业可结合本单位实际进一步完善）

附 录 D
(资料性)
“诚信企业”公开承诺标识

D.1 “诚信企业”公开承诺标识如图 D.1 所示。

a) 横版　　b) 竖版

图 D.1 “诚信企业”公开承诺标识

附 录 E
（资料性）
示范单位牌匾式样和制作要求

E.1 牌匾样式

E.1.1 省级诚信企业牌匾式样如图 E.1 所示。

图 E.1 省级诚信企业牌匾

E.1.2 市级诚信企业牌匾式样如图 E.2 所示。

图 E.2 市级诚信企业牌匾式样

E. 1. 3　县级诚信企业牌匾式样如图 E. 3 所示。

图 E. 3　县级诚信企业牌匾式样

E. 2　牌匾制作要求

各级诚信企业牌匾制作应符合表 E. 1 的规定。

表 E. 1　牌匾制作要求

序号	项目		省级	市级	县级
1	整体材质		—	拉丝铜材质	—
2	整体排版		除编号、二维码之外整体居中		
3	制作工艺		文字、标识部分铜字阳刻 底色腐蚀做旧	文字阴刻烤漆工艺	文字、标识部分铜字阳刻 底色绿色烤漆工艺
4	颜色		—	除 LOGO 外 c0m0y0k100	烤漆色值 c100y100k50
5	整体尺寸		400mm×600mm		
6	二维码尺寸		50mm×50mm		
7	“安徽省放心消费创建”专用标识	尺寸	60mm×70. 13mm		
		颜色	—	c100m0y100k0	—
8	×××诚信企业示范单位		字体汉仪方隶简，135 号字，行间距 145，字间距 0		
9	Consumer confidence demonstration unit		字体 Arial，58 号字，字间距 0		
10	授牌单位名称		×××消费者权益保护委员会，字体微软雅黑，40 号字，字间距 138		
11	有效期限		××年××月—××年××月，字体微软雅黑，37 号字，字间距 100		
12	编号		NO：×××××，字体微软雅黑，31 号字，字间距 0		

参考文献

[1] 《中华人民共和国消费者权益保护法》
[2] 《安徽省消费者权益保护条例》
[3] 《国务院办公厅关于进一步释放消费潜力促进消费持续恢复的意见》(国办发〔2022〕9号)
[4] 中共中央办公厅 国务院办公厅印发《关于推进社会信用体系建设高质量发展促进形成新发展格局的意见》的通知(中办发〔2022〕25号)
[5] 安徽省"十四五"促进消费规划
[6] 安徽省市场监管局公共服务清单、服务指南(2022年版)

ICS 91.100.01
CCS G 40

团　　体　　标　　准

T/AQB 58—2024
代替 T/AQB 40—2023

装配式 PP/PVC 内壁钢筋混凝土排水管

2024-04-03 发布　　2024-04-15 实施

安徽省质量品牌促进会
安 徽 省 管 材 业 商 会　发布

目　次

前言 …… 400
1 范围 …… 401
2 规范性引用文件 …… 401
3 术语和定义 …… 402
4 分类和标记 …… 402
5 一般规定 …… 405
6 技术要求 …… 408
7 试验方法 …… 410
8 检验规则 …… 411
9 标志、运输、贮存 …… 415
10 产品合格证 …… 415

前　言

本文件按照 GB/T 1.1—2020《标准化工作导则第1部分：标准化文件的结构和起草规则》的规定起草。

本文件代替 T/AQB 40—2023《装配式 PP/PVC 内壁钢筋混凝土排水管》，与 T/AQB 40—2023 相比，除结构调整和编辑性改动外，主要技术变化如下：

——增加了引用标准 GB/T 11836—2023 混凝土和钢筋混凝土排水管；

——增加了内壁装配式组件的最小壁厚(见 5.4.1)；

——增加了 PP 或 PVC 内壁装配式组件技术要求(见 5.4.2)；

——增加了管体接口处理方式(见 5.5.2)；

——增加了内壁装配式组件硬度技术要求(见 6.10)；

——增加了内壁装配式组件硬度检测方法(见 7.11)。

请注意本文件的某些内容可能涉及专利。本文件的发布机构不承担识别专利的责任。

本文件由安徽华奇管业有限公司提出。

本文件由安徽省质量品牌促进会和安徽省管材业商会归口。

本文件起草单位：安徽华奇管业有限公司、安徽启路建设工程有限公司、安庆安一建筑材料有限公司、安徽省产品质量监督检验研究院、潜山市市场监督管理局市场监督检验所、潜山市潜润投资控股集团有限公司、安徽省潜山经济开发区投资发展有限公司、安徽省管材业商会、安徽省新型建材与水泥制品工业协会、中国市政工程中南设计研究总院有限公司、安徽省建筑材料科学技术研究所有限公司、六安市产品质量监督检验所、安庆市诚风工程质量检测有限责任公司、岳西县现代建设院有限公司、潜山市国星建材销售有限公司、湖北九霄鹏(武汉)建设有限公司、安徽仲宏建设有限公司、安徽泰朗建设工程有限公司、山东高唐县鼎力建筑机械有限公司、安徽南巽建筑规划设计院有限公司、湖北黄石精华塑料模具有限公司、安徽博森挤出装备有限公司、江西邦盈水泥制品有限公司、滁州市源顺水泥制品有限责任公司、江苏扬州弘圆机械有限公司。

本文件主要起草人：彭余根、彭少魁、彭少星、张潜河、叶恒、徐子岩、朱彩霞、黄信、余靖、洪飞、余灿春、黄才仁、陈波、罗俊、张舒、胡玮炜、吴翔、朱世佳、黄健、吴传授、汪平、孙会波、王炜、杨文辉、王志刚、袁旭、戴荣明、孟春莲。

装配式PP/PVC内壁钢筋混凝土排水管

1 范围

本文件规定了装配式PP/PVC内壁钢筋混凝土排水管(以下统称“管子”)的术语和定义、分类和标记、一般规定、技术要求、试验方法、检验规则、标志、运输和贮存以及产品合格证。

本文件适用于雨水、污水、引水及农田排灌等重力流管线用的管子,生产其他用途的管子,参照本标准执行。

2 规范性引用文件

下列文件中的内容通过文中的规范性引用而构成本文件必不可少的条款。其中,注日期的引用文件,仅该日期对应的版本适用于本文件;不注日期的引用文件,其最新版本(包括所有的修改单)适用于本文件。

GB 175 通用硅酸盐水泥

GB/T 748 抗硫酸盐硅酸盐水泥

GB/T 1499.1 钢筋混凝土用钢 第1部分:热轧光圆钢筋

GB/T 1499.2 钢筋混凝土用钢 第2部分:热轧带肋钢筋

GB/T 1596 用于水泥和混凝土中的粉煤灰

GB/T 3274 碳素结构钢和低合金结构钢热轧钢板和钢带

GB 8076 混凝土外加剂

GB/T 11836—2023 混凝土和钢筋混凝土排水管

GB/T 13788 冷轧带肋钢筋

GB/T 14684 建设用砂

GB/T 14685 建设用卵石、碎石

GB/T 16752 混凝土和钢筋混凝土排水管试验方法

GB/T 18046 用于水泥、砂浆和混凝土中的粒化高炉矿渣粉

GB/T 18173.3 高分子防水材料 第3部分:遇水膨胀橡胶

GB/T 20472 硫铝酸盐水泥

GB/T 39937 塑料制品 聚丙烯(PP)挤塑板材 要求和试验方法

GB 50010 混凝土结构设计规范

GB/T 50081 混凝土物理力学性能试验方法标准

GB/T 50082 混凝土长期性能和耐久性能试验方法标准

GB/T 50107 混凝土强度检验评定标准

GB 50164 混凝土质量控制标准

GB 50204 混凝土结构工程施工质量验收规范

GB 50212 建筑防腐蚀工程施工规范

GB/T 50476 混凝土结构耐久性设计标准

GB 55008 混凝土结构通用规范

JC/T 540 混凝土制品用冷拔低碳钢丝

JC/T 946 混凝土和钢筋混凝土排水管用橡胶密封圈

JC/T 2280—2014 内衬PVC片材混凝土和钢筋混凝土排水管

JGJ 18　钢筋焊接及验收规程

JGJ 55　普通混凝土配合比设计规程

JGJ 63　混凝土用水标准

JGJ 95　冷轧带肋钢筋混凝土结构技术规程

3　术语和定义

下列术语和定义适用于本文件。

3.1

装配式 PP/PVC 内壁钢筋混凝土排水管　Prefabricated PP/PVC inner wall reinforced concrete drainage pipe

以钢筋混凝土排水管为基体，成型过程中内壁嵌入 PP/PVC 装配式组件的钢筋混凝土排水管。

4　分类和标记

4.1　分类

4.1.1　管子按施工方法分为开槽施工用装配式 PP/PVC 内壁钢筋混凝土排水管(PP/PVC-RCP)和顶进施工用装配式 PP/PVC 内壁钢筋混凝土排水管(PP/PVC-DRCP)。

4.1.2　管子按外压荷载等级分为Ⅰ、Ⅱ、Ⅲ三级。其规格、外压荷载和内水压力检验指标见表 1。

表 1　装配式 PP/PVC 内壁钢筋混凝土排水管规格、外压荷载和内水压力检验指标

公称内径 D_o/mm	设计有效长度 L/mm ≥	设计壁厚 t/mm ≥	Ⅰ级管			Ⅱ级管			Ⅲ级管		
			裂缝荷载/(kN/m)	破坏荷载/(kN/m)	内水压力/MPa	裂缝荷载/(kN/m)	破坏荷载/(kN/m)	内水压力/MPa	裂缝荷载/(kN/m)	破坏荷载/(kN/m)	内水压力/MPa
300	1000	50	15	23	0.06	19	29	0.10	27	41	0.10
400		50	17	26		27	41		35	53	
500		55	21	32		32	48		44	68	
600		60	25	38		40	60		53	80	
700		70	28	42		47	71		62	93	
800		80	33	50		54	81		71	107	
900	2000	90	37	56		61	92		80	120	
1000		100	40	60		67	100		89	134	
1100		110	44	66		74	110		98	147	
1200		120	48	72		80	120		107	161	
1350		135	55	83		90	135		122	183	
1400		140	57	86		93	140		126	189	
1500		150	60	90		100	150		135	203	
1600		160	64	96		106	160		144	216	
1650		165	66	99		110	165		148	222	
1800		180	72	108		120	180		162	243	
2000		200	80	120		134	200		180	270	
2200		220	88	132		146	220		196	294	

续表

公称内径 D_o/mm	设计有效长度 L/mm ≥	设计壁厚 t/mm ≥	Ⅰ级管			Ⅱ级管			Ⅲ级管		
			裂缝荷载/(kN/m)	破坏荷载/(kN/m)	内水压力/MPa	裂缝荷载/(kN/m)	破坏荷载/(kN/m)	内水压力/MPa	裂缝荷载/(kN/m)	破坏荷载/(kN/m)	内水压力/MPa
2400	2000	230	90	144	0.06	158	238	0.10	212	318	0.10
2600		245	104	156		172	258		228	342	
2800		255	112	168		185	278		244	366	
3000		275	120	180		198	298		260	390	
3200		290	128	192		211	317		276	414	
3400		310	136	204		221	332		292	438	
3500		320	140	210		228	342		300	450	
3600		330	—	—		234	351		306	459	
3800		340	—	—		242	363		320	480	
4000		350	—	—		250	375		332	498	

4.1.3 管子连接方式均为柔性接口管，管内壁为装配式 PP/PVC 组件，示意图见图 1。

a) 柔性接口承插口管，分为 A 型、B 型，分别见图 1、图 2。

b) 柔性接口钢承口管，分为 A 型、B 型、C 型、D 型，分别见图 3、图 4、图 5、图 6。

c) 柔性接口企口管，见图 7。

d) 柔性接口双插口管，见图 8。

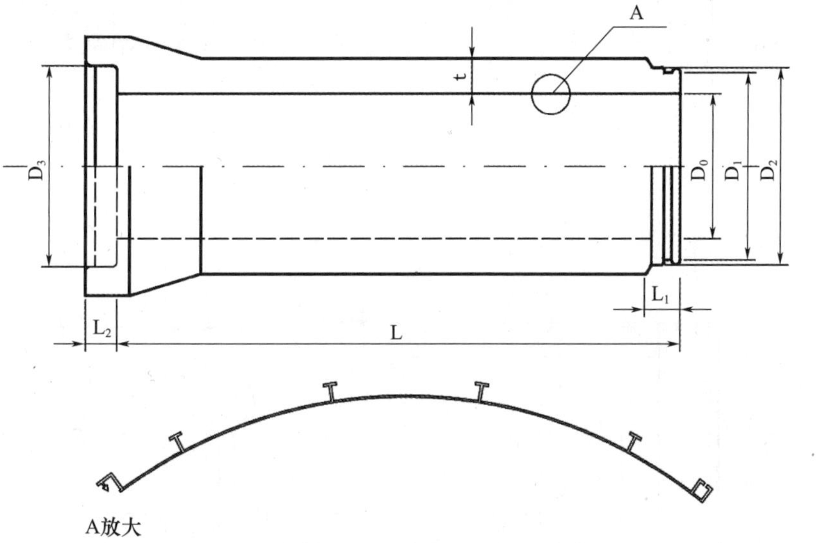

图 1 柔性接头 A 型承插口管

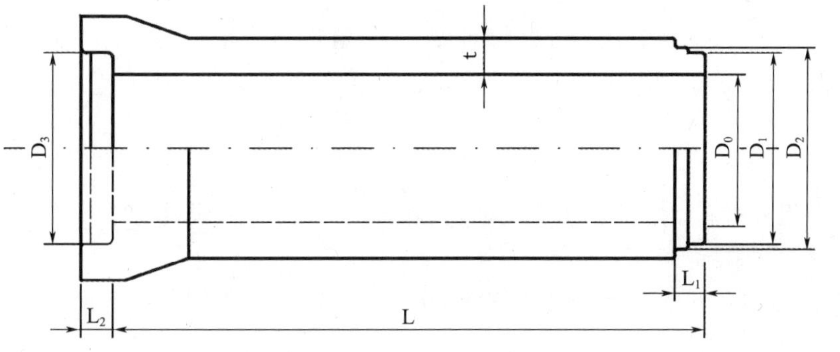

图 2 柔性接头 B 型承插口管

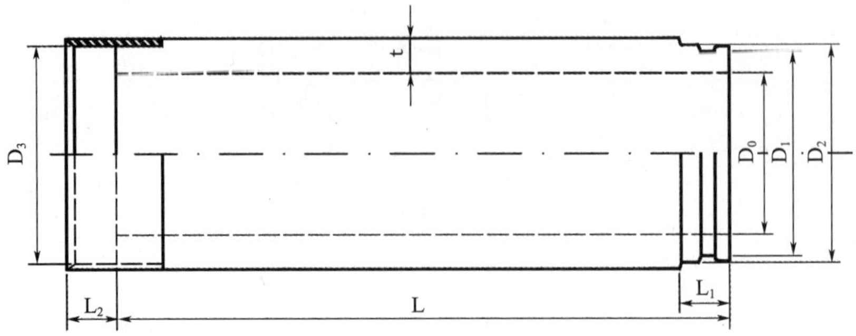

图 3　柔性接头 A 型钢承口管

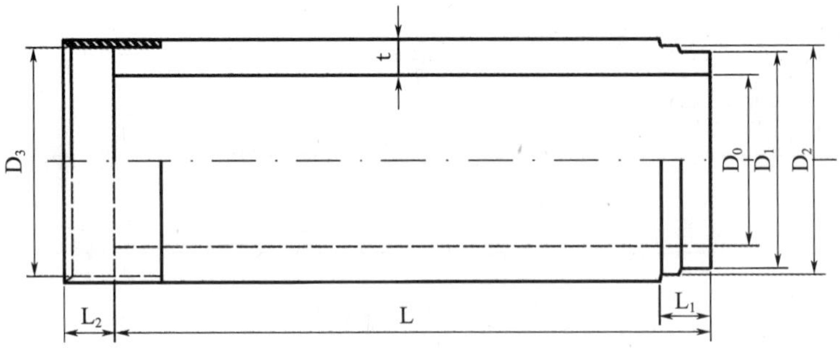

图 4　柔性接头 B 型钢承口管

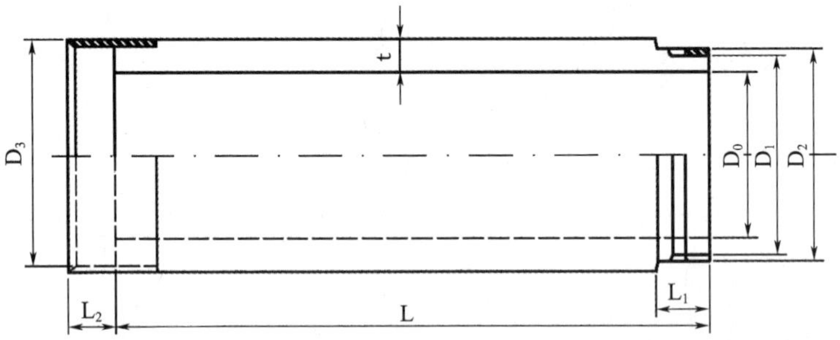

图 5　柔性接头 C 型钢承口管

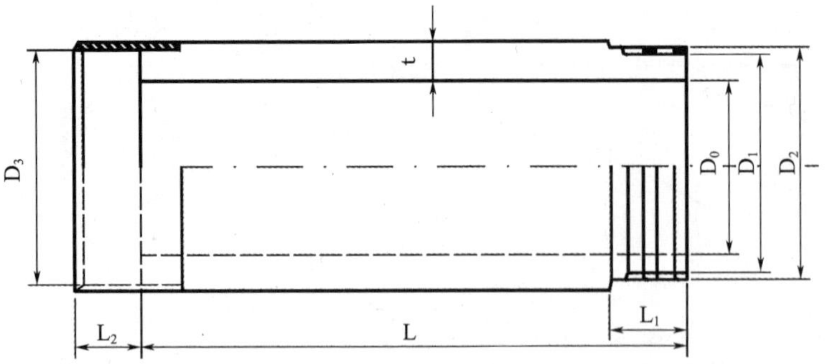

图 6　柔性接头 D 型钢承口管

4.1.4　管子接口细部尺寸可参照 GB/T 11836—2023 附录 A。

4.2　标记

标记按管子内壁组件材料、代号、外压荷载级别、规格(公称内径×设计有效长度)和本文件编号顺序进行标记。

示例 1:公称内径为 1000mm、有效长度为 2000mm、开槽施工法用的Ⅱ级装配式 PVC 内壁钢筋混凝土排水管,其标记如下:

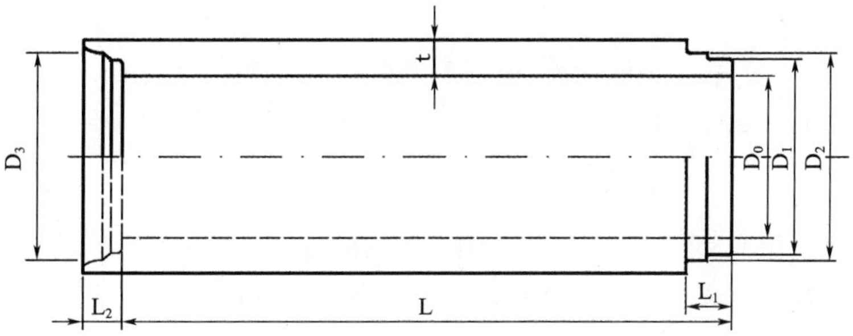

图7 柔性接头企口管

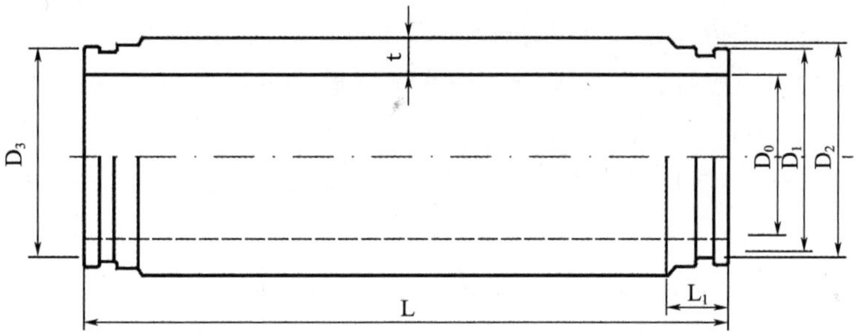

图8 柔性接头双插口管

PVC－RCPⅡ 1000×2000

示例2：公称内径为1500mm、有效长度为2500mm、顶进施工法用的Ⅱ级装配式PP内壁钢筋混凝土排水管，其标记如下：

PP－DRCPⅡ 1500×2500

5 一般规定

5.1 原材料

5.1.1 水泥

水泥宜采用强度等级不低于42.5级的硅酸盐水泥、普通硅酸盐水泥、矿渣硅酸盐水泥，也可采用抗硫酸盐硅酸盐水泥、硫铝酸盐水泥。水泥质量应分别符合GB 175、GB/T 748、GB/T 20472的规定。

5.1.2 骨料

5.1.2.1 细骨料宜采用细度模数为3.3～2.0的砂。砂的其他质量指标应符合GB/T 14684的规定。

5.1.2.2 粗骨料宜采用碎石，也可采用卵石。石子的最大粒径不应大于壁厚的1/3，并不应大于环筋净距的3/4。石子的其他质量指标应符合GB/T 14685的规定。

5.1.3 外加剂

外加剂品种应通过试配后确定，外加剂质量应符合GB 8076的规定，不应使用对钢筋有腐蚀作用的外加剂。

5.1.4 掺合料

5.1.4.1 粉煤灰的质量不应低于GB/T 1596中Ⅱ级的有关规定，且宜采用F类粉煤灰。

5.1.4.2 矿渣粉的质量不应低于GB/T 18046中S95级的有关规定。

5.1.4.3 其他掺合料不应对产品质量产生有害影响，使用前应进行试验验证，并符合相应标准的规定。

5.1.5 水

混凝土拌合用水应符合JGJ 63的规定。

5.1.6 钢筋

钢筋宜采用冷轧带肋钢筋、热轧带肋钢筋，也可采用热轧光圆钢筋、冷拔低碳钢丝。钢筋性能应分别符合 GB/T 13788、GB/T 1499.1、GB/T 1499.2、JC/T 540 的规定。

5.1.7 钢板、钢带

5.1.7.1 承口用钢板宜采用 Q355B、Q235B 钢。钢板的性能应符合 GB/T 3274 的规定。

5.1.7.2 管体其他部位用钢板或钢带宜采用 Q235B 钢。钢板钢带的性能应符合 GB/T 3274 的规定。

5.1.8 接口密封材料

5.1.8.1 橡胶密封圈的材质宜采用天然橡胶或合成橡胶。橡胶的防霉等级宜优于二级，抗老化性能应符合管子使用寿命要求，其他性能指标应符合设计或 JC/T 946 的有关规定。

5.1.8.2 遇水膨胀胶条的材质应符合设计要求。遇水膨胀胶条的防霉等级宜优于二级，其他性能指标应符合 GB/T 18173.3 的有关规定。

5.1.8.3 采用其他密封材料时，其性能应符合相应标准要求，并不应对产品质量产生有害影响。

5.1.9 衬垫板

5.1.9.1 衬垫板材质应质地均匀、富有弹性，宜采用多层胶合板、天然木板、橡胶板等。

5.1.9.2 衬垫板的厚度、受压状态下的应力与应变关系均应符合设计要求。

5.2 混凝土

5.2.1 混凝土配合比

混凝土配合比应按 JGJ 55 的规定进行设计，并经试配调整后确定。

5.2.2 混凝土抗渗等级

5.2.2.1 混凝土抗渗等级应符合设计要求，且不宜低于 P8。

5.2.2.2 当初次投入生产、混凝土原材料或配合比有变动时，应进行混凝土抗渗性能试验。

5.2.2.3 混凝土抗渗性能试验按 GB/T 50082 中的逐级加压法的规定进行。

5.2.3 混凝土质量

混凝土的质量控制应符合 GB 50164、GB 55008 的规定。

5.3 钢筋骨架

5.3.1 钢筋骨架的环筋用量应由设计计算确定。环筋直径不宜小于 4.0mm。环筋净距宜为 35mm～120mm。当环筋需要双筋并筋或等强代换时，应符合 GB 50010 的规定。

5.3.2 钢筋骨架两端的环筋宜采用单筋加密 1 圈～2 圈。

5.3.3 钢筋骨架的纵筋直径不应小于 4.0mm。纵筋的环向间距不应大于 400mm。纵筋根数不应少于 6 根，宜为 6 或 8 的倍数。

5.3.4 壁厚小于或等于 100mm 的管子，宜采用单层配筋，配筋位置宜在距管内壁 2/5 处；壁厚大于 100mm 的管子，应采用双层配筋。

5.3.5 用于顶进施工的管子宜在距管端 200mm～300mm 范围内增加环筋的数量，沿管端纵筋配置 U 型箍筋或其他型式加强筋。

5.3.6 钢筋骨架制作：环筋直径小于或等于 12mm 时，应采用滚焊成型；环筋直径大于 12mm 时，可采用滚焊成型或人工焊接成型。纵筋端头露出环筋的长度不宜大于 25mm。钢筋的连接处理及焊接质量应符合 GB 50204、JGJ 95、JGJ 18 的规定。

5.3.7 钢筋骨架连接点应牢固，钢筋骨架应无明显的扭曲变形。

5.3.8 钢筋骨架制作尺寸偏差应符合表 2 的规定。

表 2　钢筋骨架制作尺寸偏差

单位:毫米

序号	项目	允许偏差
1	骨架直径	±5
2	骨架总长度	0 −10
3	环筋间距(连续 10 环平均值)	±5
4	纵筋间距	±10

5.3.9　应采用保护层垫圈、定位卡等措施保证钢筋骨架在管体结构中的设计位置。

5.4　内壁装配式组件

5.4.1　内壁装配式组件应采用 PP 或 PVC 原材料制作而成,厚度为 1.8~2.5(mm),其截面如图 9 所示。

图 9　内壁装配式组件截面图

5.4.2　根据使用环境情况选择合适的 PP 或 PVC 内壁装配式组件,不应使用再生料生产 PP 或 PVC 内壁装配式组件。PP 装配式组件应符合 GB/T 39937 标准的规定,硬度应大于或等于 D/1:70(邵氏硬度,检测方法 GB/T 2411—2008);PVC 装配式组件物理性能和耐化学试剂性能分别符合表 3 和表 4 的要求。

表 3　PVC 片材物理学性能指标

物理实验项目	指标值	试验方法
拉伸强度(纵、横键位方向)	≥17.25MPa	GB/T 528—2009
延伸率(断裂时实测)	≥225%	
水溶性物质含量(24h)	≤0.05%	GB/T 1034—2008
吸水率(75mm×25mm,24h)	≤0.10%	
拉裂力度(纵、横键位方向)	≥80N/mm	GB/T 16578.1—2008
老化试验	≤1.0%	JC/T 2280—2014 附录 B
硬度(邵氏硬度)	≥D/1:70	GB/T 2411—2008

表 4　PVC 片材耐化学试剂性能

各种浓度化学药液	质量变化率	试验方法
20%硫酸	≤0.12%	GB/T 11547—2008 (7d,20℃)
5%氢氧化钠	≤0.20%	
5%氨水	≤0.40%	
1%硝酸	≤0.20%	
1%氯化铁	≤0.60%	
5%氯化钠	≤0.15%	
1%次氯酸钠	≤0.20%	
2%肥皂液和洗涤剂	≤0.40%	

5.5　管体接口处理方式

5.5.1　粘接

采用粘接形式时,管体端面接口处粘接 PP/PVC 环形垫片,示意图如图 10 所示。

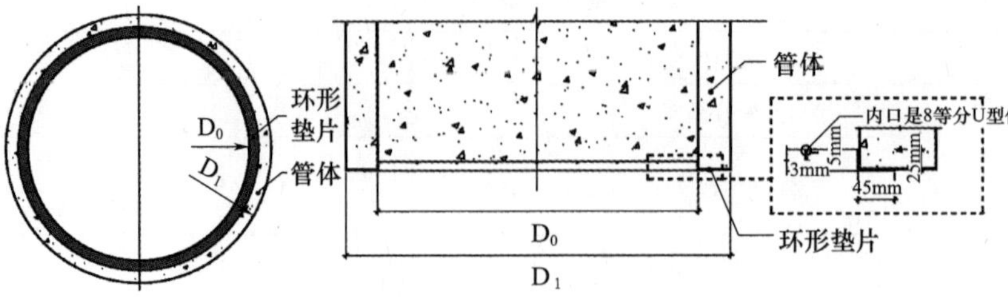

图 10　接口环形垫片示意图

5.5.2　**对接**

采用对接形式时，管体端面接口处进行防腐处理，防腐材料应采用环氧煤沥青，防腐层厚度不小于0.2mm，涂覆防腐材料时应符合 GB 50212 的规定。

6　技术要求

6.1　混凝土抗压强度

6.1.1　用于制作开槽施工管子的混凝土强度等级：当管子公称内径小于或等于 1000mm 时，不应低于 C35；当管子公称内径大于 1000mm 时，不应低于 C40。

6.1.2　用于制作顶进施工管子的混凝土强度等级：不应低于 C45。

6.1.3　出厂时的混凝土抗压强度不应低于设计的混凝土强度等级值。

6.2　外观质量

6.2.1　装配式 PP/PVC 内壁钢筋混凝土排水管外表面应平整，管子应无粘皮、麻面、蜂窝、露筋、空鼓、端面碰伤，局部凹坑深度不应大于 5 mm，模具合缝处不应漏浆。内壁颜色应一致，无鼓起、破损或出现针孔现象。

6.2.2　装配式 PP/PVC 内壁钢筋混凝土排水管外表面不应有裂缝，头尾端面裂缝宽度应不超过 0.05mm。表面龟裂和砂浆层的干缩不在此限制范围内。

6.3　尺寸偏差

管子各部位的尺寸偏差应符合表 5 的规定。

表 5　管子各部位的尺寸偏差　　单位：毫米

序号	检验项目			允许偏差
1	管体尺寸	D_0	300～800	+4 −8
			900～1500	+6 −10
			1600～2400	+8 −12
			2600～4000	+10 −14
2		t	$300 \leqslant D_0 \leqslant 800$	+8 −2
			$900 \leqslant D_0 \leqslant 1500$	+10 −3

续表

序号	检验项目				允许偏差
2	管体尺寸	t	$1600 \leqslant D_0 \leqslant 2400$		+12 −4
			$2600 \leqslant D_0 \leqslant 4000$		+14 −5
3		L	$300 \leqslant D_0 \leqslant 800$		+18 −10
			$900 \leqslant D_0 \leqslant 4000$		+18 −12
4	接口尺寸	D_1、D_2、D_3	$300 \leqslant D_0 \leqslant 4000$		±2
		L_1、L_2			±3
5	弯曲度				$\leqslant 0.3\% L$
6	端面倾斜		开槽施工	$D_0 < 1000$	$\leqslant 10$
				$D_0 \geqslant 1000$	$\leqslant 1\% D_0$，且$\leqslant 15$
			顶进施工	$D_0 < 1200$	$\leqslant 3$
				$1200 \leqslant D_0 < 3000$	$\leqslant 4$
				$D_0 \geqslant 3000$	$\leqslant 5$

6.4 内水压力

6.4.1 管子内水压力检验值应不低于表1规定的内水压力要求。

6.4.2 管子在进行内水压力检验时：在规定的内水压力检验值下允许有潮片，但潮片面积不应大于总外表面积的5%，且不应有水珠流淌。

6.4.3 壁厚大于或等于150mm的雨水管，可不做内水压力检验。

6.5 外压荷载

6.5.1 管子外压荷载检验值不应低于表1规定的外压荷载要求。

6.5.2 管子在进行外压荷载检验时：在规定的裂缝荷载检验值下，管壁出现的裂缝宽度不应大于0.20mm；在规定的破坏荷载检验值下，管子不应失去承载能力。

6.6 保护层厚度

环筋的内、外混凝土保护层厚度不应小于20mm；纵筋的内混凝保护层厚度不应小于15mm。对有特殊防腐要求的管子，应根据设计和相关标准要求确定保护层厚度。

6.7 管体混凝土吸水率

6.7.1 管体混凝土吸水率不应大于6.0%。

6.7.2 当初次投入生产、混凝土原材料或配合比有变动、成型工艺参数有变动及型式检验时，应进行管体混凝土吸水率检验。

6.8 抗拉拔强度

管子抗拉拔强度不低于14N/mm。

6.9 电火花绝缘性能

检测电压应不低于10kV，在PP/PVC内壁装配式组件表面进行电火花绝缘检测时应符合规定要求。

6.10 硬度(邵氏硬度)

检测内壁装配式组件硬度(邵氏硬度)不低于70HD。

7 试验方法

7.1 试验设备

试验用主要仪器设备和量具应符合GB/T 16752、GB/T 50081、JC/T 2280的规定。

7.2 混凝土抗压强度

7.2.1 混凝土拌合物应在搅拌站或喂料工序中随机取样,制作立方体抗压强度试件。

7.2.2 相同配合比的混凝土,每天取样不应少于一次,3个试件为一组,每次至少成型3组试件。1组试件经与管子同条件养护脱模后再进行标准养护,其余试件与管子同条件养护。

7.2.3 一组经与管子同条件养护脱模后再进行标准养护的试件用于检验评定28d混凝土抗压强度,其余与管子同条件养护的试件分别用于检验脱模强度、出厂强度和备用。

7.2.4 混凝土抗压强度试验方法应符合GB/T 50081的规定。

7.3 外观质量

按GB/T 16752的规定执行。

7.4 尺寸偏差

按GB/T 16752的规定执行。

7.5 内水压力

按GB/T 16752的规定执行。

7.6 外压荷载

按GB/T 16752的规定执行。

7.7 保护层厚度

按GB/T 16752的规定执行。

7.8 管体混凝土吸水率

按GB/T 11836—2023附录C的规定执行。

7.9 抗拉拔强度

按JC/T 2280—2014附录D的规定执行。

7.10 电火花绝缘性能

按JC/T 2280—2014附录C的规定执行。

7.11 硬度(邵氏硬度)

按GB/T 2411—2008的规定执行。

8 检验规则

8.1 检验分类和检验项目

8.1.1 检验分类

检验分出厂检验和型式检验。

8.1.2 检验项目

出厂检验和型式检验项目见表6。检验项目分为A类和B类指标。

表6 检验项目及类别

序号	质量指标	检验项目		类别	出厂检验	型式检验
1	混凝土性能	混凝土抗压强度		A	√	√
2		管体混凝土吸水率		A	—	
3	外观质量	粘皮		B	√	√
4		麻面		B		
5		局部凹坑		B		
6		蜂窝		A		
7		露筋		A		
8		空鼓		A		
9		裂缝		A		
10		端面碰伤		A		
11		模具合缝处漏浆		A		
12		内壁颜色		A		
13		鼓起		A		
14		破损		A		
15		针孔		A		
16	尺寸偏差	管体尺寸	D_0	B	√	√
17			t	B		
18			L	B		
19		接口尺寸	D_1	A		
20			D_2	A		
21			D_3	A		
22			L_1	B		
23			L_2	B		
24		弯曲度		B		
25		端面倾斜		B/A		
26		保护层厚度		A	—	
27	物理、力学性能	内水压力		A	√	√
28		裂缝荷载		A		
29		破坏荷载		A		
30		抗拉拔强度		A		
31		电火花绝缘性能		A		
32		硬度		A		

注1：裂缝要求按6.2.2的规定检验。

注2：开槽施工时，管子的端面倾斜项目类别为B类；顶进施工时，管子的端面倾斜项目类别为A类。

注3："√"表示需进行此项检验；"—"表示不需进行此项检验。

8.2 出厂检验

8.2.1 组批规则

由相同原材料、相同生产工艺制作的同一种规格、同一种接口型式、同一种外压荷载级别、生产量满足表5规定的管子组成一个受检批，但正常生产3个月内生产量不足表7规定时，也可作为一个受检批。

表7 出厂检验批量

产品品种	公称内径 D_0/mm	批量/根
装配式PP/PVC内壁钢筋混凝土排水管	300～500	≤2500
	600～1400	≤2000
	1500～2200	≤1500
	2400～4000	≤1000

8.2.2 抽样、检验

8.2.2.1 混凝土抗压强度

检查受检批混凝土抗压强度或抗压强度试验记录。

8.2.2.2 外观质量、尺寸偏差

从受检批中采用随机抽样的方法抽取10根管子，逐根进行外观质量和尺寸偏差检验。

8.2.2.3 内水压力、外压荷载

从混凝上抗压强度、外观质量和尺寸偏差检验合格的管子中抽取2根管子：1根检验管子的内水压力，另1根检验管子的裂缝荷载。

8.2.2.4 抗拉拔强度

从混凝土抗压强度、外观质量和尺寸检验合格的管子中抽取1根管子检验组件抗拉拔强度。

8.2.2.5 电火花绝缘性能

从受检批中采用随机抽样的方法抽取10根管子，逐根进行电火花绝缘性能检测。

8.2.2.6 硬度

从受检批中采用随机抽样的方法抽取10根管子，逐根进行内壁装配式组件硬度检测。

8.2.3 判定规则

8.2.3.1 混凝土抗压强度

28d混凝土抗压强度按GB/T 50107检验评定。混凝抗压强度符合6.1的规定时，则判该批产品的混凝土抗压强度合格。

8.2.3.2 外观质量

10根受检管子中，单项A类项目10根全部符合6.2的规定为该单项合格，单项B类项目不少于8根符合6.2的规定为该单项合格。A类项目全部合格，B类项目的不合格项不超过2项，则判该批产品的外观质量合格。

8.2.3.3 尺寸偏差

10根受检管子中，单项A类项目10根全部符合6.3的规定为该单项合格，单项B类项目不少于8根符合6.3的规定为该单项合格。A类项目全部合格，B类项目的不合格项不超过2项，则判该批产品的尺寸偏差合格。

8.2.3.4 内水压力

内水压力检验按以下规则判定。

a) 当管子内水压力符合6.4的规定时，则判该批产品内水压力合格；

b) 当管子内水压力不符合6.4的规定时，允许从同批产品中再抽取2根管子进行复验。复验结果如全部符合6.4的规定，则剔除原不符合的1根管子，判该批产品内水压力合格。复验结果如仍有1

根或 2 根管子不符合 6.4 的规定则判该批产品内水压力不合格。

8.2.3.5 **外压荷载**

外压荷载检验按以下规则判定。

a) 当管子外压荷载符合 6.5 的规定时，则判该批产品外压荷载合格；

b) 当管子外压荷载不符合 6.5 的规定时，允许从同批产品中再抽取 2 根管子进行复验。复验结果如全部符合 6.5 的规定，则剔除原不符合的 1 根管子，判该批产品外压荷载合格。复验结果如仍有 1 根或 2 根管子不符合 6.5 的规定则判该批产品外压荷载不合格。

8.2.3.6 **抗拉拔强度**

抗拉拔强度检验按以下规则判定：

a) 1 根管子组件抗拉拔强度达到规定要求时，则判定该项合格。

b) 1 根管三个测点，被测的 3 点均符合 6.8 的规定时，则判该批产品抗拉拔强度合格。

c) 3 点中有 1 点或 1 点以上不符合标准规定时，允许从同批产品中抽取 2 根管子进行复检。

d) 复检的二根管共 6 个测点检测结果全部符合标准规定时，则剔除原不合格的 1 根，判该批产品抗拉拔强度合格。

e) 复检的二根管 6 个测点结果如仍有 1 点或 1 点以上不符合标准规定时，则判该批产品抗拉拔强度不合格。

8.2.3.7 **电火花绝缘性能**

10 根电火花绝缘性能均达到规定要求时，则判定该项合格。

8.2.3.8 硬度

10 根内壁装配式组件硬度指标均达到规定要求时，则判定该项合格。

8.2.4 **总判定**

当混凝土抗压强度、外观质量、尺寸偏差、内水压力、外压荷载、抗拉拔强度、电火花绝缘性能、硬度均符合本文件要求时，则判该批产品为合格。

8.3 型式检验

8.3.1 检验条件

当有下列情况之一时，应进行型式检验：

a) 新产品或老产品转厂生产的试制定型鉴定；

b) 正式生产后如产品结构、原材料、生产工艺和管理有较大改变，可能影响产品性能时；

c) 产品长期停产后，恢复生产时；

d) 出厂检验结果与上一次型式检验结果有较大差异时；

e) 国家或地方质量监督检验机构提出进行型式检验的要求时；

f) 正常生产 6 个月或生产量达到表 8 规定时。

表 8 型式检验批量

产品品种	公称内径 D_0/mm	批量/根
装配式 PP/PVC 内壁钢筋混凝土排水管	300～500	≤7500
	600～1400	≤5000
	1500～2200	≤3000
	2400～4000	≤2000

8.3.2 抽样、检验

8.3.2.1 **混凝土抗压强度**

检查受检批混凝土抗压强度试验记录。

8.3.2.2 外观质量、尺寸偏差

同 8.2.2.2。

8.3.2.3 内水压力、外压荷载

从混凝土抗压强度、外观质量和尺寸偏差检验合格的管子中，抽取 4 根管子；2 根检验管子的内水压力，2 根检验管子的裂缝荷载和破坏荷载。

8.3.2.4 保护层厚度

抽取 1 根检验外压荷载后的管子，进行保护层厚度检验。

8.3.2.5 管体混凝土吸水率

检查管体混凝土吸水率试验记录或抽取 1 根检验外压荷载后的管子，进行管体混凝土吸水率检验。

8.3.2.6 抗拉拔强度

从混凝土抗压强度、外观质量和尺寸检验合格的管子中抽取 1 根管子检验组件抗拉拔强度。

8.3.2.7 电火花绝缘性能

从受检批中采用随机抽样的方法抽取 10 根管子，逐根进行电火花绝缘性能检测。

8.3.3 判定规则

8.3.3.1 混凝土抗压强度

28d 混凝土抗压强度按 GB/T 50107 检验评定合格，则判该批产品的混凝土抗压强度合格。

8.3.3.2 外观质量

同 8.2.3.2。

8.3.3.3 尺寸偏差

同 8.2.3.3。

8.3.3.4 内水压力

内水压力检验按以下规则判定。

a) 当 2 根管子内水压力均符合 6.4 的规定时，则判该批产品内水压力合格；
b) 当 2 根管子中内水压力仅有 1 根管子不符合 6.4 的规定时，允许从同批产品中再抽取 2 根管子进行复验。复验结果如全部符合 6.4 的规定，则剔除原不符合的 1 根管子，判该批产品内水压力合格。复验结果如仍有 1 根或 2 根管子不符合 6.4 的规定则判该批产品内水压力不合格。
c) 当 2 根管子内水压力均不符合 6.4 的规定时，不准许复验，则判该批产品内水压力不合格。

8.3.3.5 外压荷载

外压荷载检验按以下规则判定：

a) 当 2 根管子外压荷载均符合 6.5 的规定时，则判该批产品外压荷载合格；
b) 当 2 根管子中外压荷载仅有 1 根管子不符合 6.5 的规定时，允许从同批产品中再抽取 2 根管子进行复验。复验结果如全部符合 6.5 的规定，则剔除原不符合的 1 根管子，判该批产品外压荷载合格。复验结果如仍有 1 根或 2 根管子不符合 6.5 的规定，则判该批产品外荷载不合格；
c) 当 2 根管子外压荷载均不符合 6.5 的规定时，不准许复验则判该批产品外压荷载不合格。

8.3.3.6 保护层厚度

保护层厚度检验按以下规则判定：

a) 当被测的 3 点保护层厚度均符合 6.6 的规定时，则判该批产品保护层厚度合格；
b) 当 3 点中仅有 1 点保护层厚度不符合 6.6 的规定时，允许从同批产品中再抽取 2 根管子进行复验。复验结果如全部符合 6.6 的规定，则剔除原不符合的 1 根管子，判该批产品保护层厚度合格。复验结果如仍有 1 点或 1 点以上保护层厚度不符合 6.6 的规定，则判该批产品保护层厚度不合格；
c) 当 3 点中有 2 点或 3 点保护层厚度不符合 6.6 的规定时，不准许复验，则判该批产品保护层厚度不合格。

8.3.3.7 管体混凝土吸水率

当用于管体混凝土吸水率检验的 3 个试件均符合 6.7 的规定时，判该批产品管体混凝土吸水率合格。

8.3.3.8 **抗拉拔强度**

同8.2.3.6。

8.3.3.9 **电火花绝缘性能**

同8.2.3.7。

8.3.3.10 **硬度**

同8.2.3.8。

8.3.4 **总判定**

当混凝土抗压强度、外观质量、尺寸偏差、内水压力、外压荷载、保护层厚度、管体混凝土吸水率、抗拉拔强度、电火花绝缘性能、硬度均符合本文件要求时，则判该批产品为合格。

9 标志、运输、贮存

9.1 标志

9.1.1 每根合格的管子表面应有标志，具体内容包括：企业名称、商标、产品标记、生产日期等。推荐使用数码标签或电子芯片。

9.1.2 管子表面应有"严禁碰撞"的标识。

9.2 运输

9.2.1 管子起吊应轻起轻落，不应直接用钢丝绳穿心吊。装卸时管子不应自由滚动和随意抛掷，运输途中不应碰撞。

9.2.2 为防止在运输过程中管子损坏，管子两端可用软质物品包扎，或在管子之间放置软垫。

9.3 贮存

9.3.1 管子堆放场地应坚实平整。

9.3.2 管子应按品种、规格、接口型式、外压荷载级别及生产日期分别堆放，并采取安全防护措施。当采用卧式堆放时，堆放层数不宜超过表9的规定；对公称内径大于1800mm的管子宜采用立式堆放，堆放层数不宜超过2层。

表9 管子卧式堆放层数

公称内径 D_0/mm	300～400	450～600	700～900	1000～1400	1500～1800	≥2000
层数	6	5	4	3	2	1

9.3.3 承插口管卧式堆放时，应采取措施避免因承插口与管身受力不均匀影响管子质量。

10 产品合格证

管子出厂时，应随带企业统一编号的产品合格证，其内容应包括：

a) 企业名称、商标、厂址、电话；

b) 生产日期、出厂日期；

c) 执行标准；

d) 产品品种、规格、外压荷载级别；

e) 出厂检验报告；

f) 企业检验部门及检验人员鉴章。

ICS 71.060.50
CCS G 12

团体标准

T/AQB 59—2024

氨解法副产氯化铵

Ammonium chloride by product of ammonolysis

2024-08-15 发布　　2024-08-30 实施

安徽省质量品牌促进会　发布

前　言

本文件按照 GB/T 1.1—2020《标准化工作导则　第 1 部分：标准化文件的结构和起草规则》的规定起草。

请注意本文件的某些内容可能涉及专利。本文件的发布机构不承担识别专利的责任。

本文件由安徽东至广信农化有限公司提出。

本文件由安徽省质量品牌促进会归口。

本文件起草单位：安徽东至广信农化有限公司、安徽广信农化股份有限公司、湖北鄂东肥业有限公司、安徽省质量品牌促进会、安徽省万联标准化研究中心。

本文件主要起草人：杨镭、金斐、王争强、龚鹏、俞靖雯、洪笑雯。

氨解法副产氯化铵

1 范围

本文件规定了氨解法副产氯化铵的要求、试验方法、检验规则、标识、包装、运输和贮存。

本文件适用于硝基氯苯经氨解还原反应得到的氯化铵盐水，经吸附、浓缩结晶、离心烘干制得的副产氯化铵，主要作为生产复合肥原料的副产氯化铵的质量控制。

2 规范性引用文件

下列文件中的内容通过文中的规范性引用而构成本文件必不可少的条款。其中，注日期的引用文件，仅该日期对应的版本适用于本文件；不注日期的引用文件，其最新版本（包括所有的修改单）适用于本文件。

GB/T 601　化学试剂 标准滴定溶液的制备

GB/T 603　化学试剂 试验方法中所用制剂及制品的制备

GB/T 2946—2018　氯化铵

GB/T 6682　分析实验室用水规格和试验方法

GB/T 8170　数值修约规则与极限数值的表示和判定

GB 18382　肥料标识 内容和要求

GB/T 23349　肥料中砷、镉、铬、铅、汞含量的测定

3 术语和定义

本文件没有需要界定的术语和定义。

4 要求

4.1 外观

白色结晶状固体。

4.2 质量要求

应符合表1的规定。

表1　氨解法副产氯化铵的质量要求

序号	项目	要求
1	氯化铵的质量分数(以干基计)/%	≥99.0
2	氮(N)的质量分数(以干基计)/%	≥24.5
3	水的质量分数/%	≤0.5
4	pH值(200g/L溶液)	4.0～5.8
5	邻硝基苯胺的质量分数/%	≤0.0010

4.3 限量要求

应符合表2的规定。

表 2 氨解法副产氯化铵的限量要求

序号	项目	要求
1	砷及化合物的质量分数(以 As 计)/%	≤0.0020
2	镉及化合物的质量分数(以 Cd 计)/%	≤0.0005
3	铅及化合物的质量分数(以 Pb 计)/%	≤0.0100
4	铬及化合物的质量分数(以 Cr 计)/%	≤0.0025
5	汞及化合物的质量分数(以 Hg 计)/%	≤0.0005

5 试验方法

5.1 一般规定

本文件所用试剂和水，在没有任何其他要求时，均指分析纯试剂和 GB/T 6682 中规定的三级水。试验中所需标准溶液、指示液等在没有注明其他要求时，均按 GB/T 601、GB/T 603 的规定制备。

5.2 外观

在自然光下，于白色衬底的表面皿或白瓷板上用目视法判定外观。

5.3 氯化铵的质量分数、氮的质量分数的测定

按 GB/T 2946—2018 中附录 B 的规定执行。

5.4 水的质量分数的测定

按 GB/T 2946—2018 中附录 C 的规定执行。

5.5 pH 值的测定

按 GB/T 2946—2018 中附录 J 的规定执行。

5.6 邻硝基苯胺的质量分数的测定

按附录 A 的规定执行。

5.7 砷、镉、铅、铬、汞及化合物的测定

按 GB/T 23349 的规定执行。

6 检验规则

6.1 本文件表 1、表 2 中的所有项目均为出厂检验项目。

6.2 副产氯化铵按批检验，以生产一天的数量为一批。

6.3 采样和样品缩分按 GB/T 2946—2018 中 6.3、6.4 的规定执行，将所采的样品混匀后分装于两个清洁、干燥的瓶或自封袋中密封并粘贴标签，注明：产品名称、批号、采样日期和采样者姓名。一份用于检测，另一份作为留样保存，保留三个月。

6.4 检验结果按 GB/T 8170 修约值比较法进行。出厂检验结果中如有指标不符合本文件要求，应从同批产品重新自两倍量的包装件中取样对不符合项进行复验，复验结果仍有不符合项，判该批产品为不合格。

7 标识、包装、运输、贮存

7.1 每个包装袋正面应有清晰牢固、符合 GB18382 要求的标识，应标明主要成分、每袋净含量。

7.2 产品用吨袋包装，每袋净含量(500±5)kg，平均每袋净含量不应低于 500kg。或由供需双方协定其他包装形式和规格。

7.3 在运输过程中应防雨、防潮、防晒，包装不得受污染。

7.4 产品应贮存于阴凉、干燥、通风良好的库房或货棚内，需加不小于 10cm 的垫层，离墙距离不小于 50cm。

附　录　A
（资料性）
邻硝基苯胺的质量分数的测定

A.1　方法提要

试样用水溶解，以甲醇＋水＋氨水为流动相，以C18为填料的不锈钢柱对试样中的邻硝基苯胺进行反相高效液相色谱分离，用紫外检测器在波长250nm下对试样中的邻硝基苯胺进行测定，外标法定量。

A.2　试剂和仪器设备

甲醇：色谱纯；
氨水：分析纯；
邻硝基苯胺：质量分数≥99.0％；
高效液相色谱仪：具有紫外可变波长检测器；
色谱柱：150mm×3.9mm（内径）不锈钢柱，内装C18、5μm填充物（或具等同效果的色谱柱）；
过滤器：滤膜孔径0.45μm；
电子天平：0.1mg；
超声波清洗器：功率100W、超声频率40kHz。

A.3　高效液相色谱操作条件

流动相：（甲醇：水：氨水）＝60：40：0.13（体积比），经过滤器过滤，并进行超声脱气；
流速：1.0mL/min；
紫外检测器波长：250nm；
进样量：10μL；
柱温：30℃。

A.4　标样溶液的制备

称取0.01g（精确至0.0001g）邻硝基苯胺标样，置于100mL容量瓶中，加水超声溶解，待冷却后用水定容至100mL刻度线并摇匀，此为标准溶液母液，浓度约为100mg/L。移取1mL上述标准溶液母液于50mL容量瓶内，加水定容至50mL刻度线，摇匀。此为标准使用液，浓度约为2mg/L。

A.5　试样溶液的制备

称取5.0g（精确至0.0001g）氯化铵试样至50mL容量瓶，加水超声溶解后，待冷却用水稀释至50mL刻度线，摇匀。

A.6　测定

在上述操作条件下，待仪器稳定后，按标样溶液、试样溶液、试样溶液、标样溶液的顺序进样分析。

A.7　分析结果的计算

以质量百分数表示邻硝基苯胺的质量分数，按公式（A.1）计算。

$$\omega=\frac{A_2\times m_1\times\omega_1}{A_1\times m_2\times 100} \tag{A.1}$$

式中：ω——邻硝基苯胺的质量分数，以%表示；

A_2——试样溶液中，邻硝基苯胺峰面积的平均值；

m_1——标样的质量，单位为克(g)；

ω_1——标样中邻硝基苯胺的质量分数，以%表示；

A_1——标样溶液中，邻硝基苯胺峰面积的平均值；

m_2——试样的质量，单位为克(g)。

A.8 允许差

邻硝基苯胺的质量分数两次平行测定结果的相对差应不大于20%，取其算术平均值作为测定结果。

A.9 色谱示意图

样品中邻硝基苯胺高效液相色谱图见图A.1。

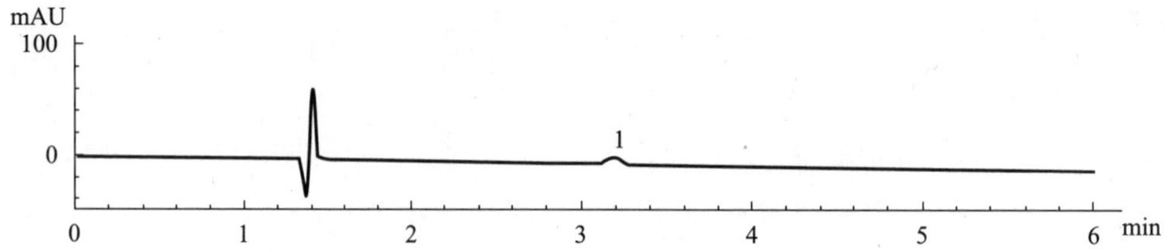

标引序号说明：

1——邻硝基苯胺。

图A.1 样品中邻硝基苯胺高效液相色谱图

ICS 71.100.01
CCS G 10

团 体 标 准

T/AQB 60—2024

硝基氯苯间位低油

Nitrochlorobenzene meta low oil

2024-08-15 发布 2024-08-30 实施

安徽省质量品牌促进会 发布

前　言

本文件按照GB/T 1.1—2020《标准化工作导则　第1部分:标准化文件的结构和起草规则》的规定起草。

请注意本文件的某些内容可能涉及专利。本文件的发布机构不承担识别专利的责任。

本文件由安徽东至广信农化有限公司提出。

本文件由安徽省质量品牌促进会归口。

本文件起草单位:安徽东至广信农化有限公司、安徽广信农化有限公司、安徽壹锐化学有限公司、扬州瑞丰化工有限公司、安徽省质量品牌促进会、安徽省万联标准化研究中心。

本文件主要起草人:谢君、葛仲庭、陈巨奎、胡亚东、朱建国、俞靖雯、洪笑雯。

硝基氯苯间位低油

警告——该产品可燃，燃烧时分解成有毒氯化物、氮氧化物气体，能通过人的呼吸系统及皮肤引起中毒。如发生意外，应及时就医。使用时，应穿戴劳动保护用品，严格注意安全。使用本文件的人员应有正规实验室工作的实践经验。本文件并未指出所有可能的安全问题。使用者有责任采取适当的安全和健康措施，并保证符合国家有关法规规定的条件。

1 范围

本文件界定了硝基氯苯间位低油（以下简称"间位低油"）的术语和定义，并规定了要求、试验方法、检验规则以及标志、标签、随行文件、包装、运输、贮存。

本文件适用于间位低油的质量控制。

2 规范性引用文件

下列文件中的内容通过文中的规范性引用而构成本文件必不可少的条款。其中，注日期的引用文件，仅该日期对应的版本适用于本文件；不注日期的引用文件，其最新版本（包括所有的修改单）适用于本文件。

GB 190 危险货物包装标志

GB/T 2386—2014 染料及染料中间体 水分的测定

GB/T 6680 液体化工产品采样通则

GB/T 8170 数值修约规则与极限数值的表示和判定

GB 12463 危险货物运输包装通用技术条件

GB 15258 化学品安全标签编写规定

GB 15603 危险化学品仓库储存通则

HG/T 5292—2017 间硝基氯苯

3 术语和定义

下列术语和定义适用于本文件。

3.1

硝基氯苯间位低油 nitrochlorobenzene meta low oil

以氯苯为原料经硝化反应生产邻、对硝基氯苯过程中产生的含间、邻、对硝基氯苯的混合物。

4 要求

4.1 外观

棕褐色油状液体或熔铸体。

4.2 质量要求

应符合表1的规定。

表 1 间位低油的质量要求

序号	项目	要求
1	间硝基氯苯纯度/%	≥30.00
2	邻、对硝基氯苯纯度/%	≤68.00
3	低沸物的质量分数/%	≤0.40
4	高沸物的质量分数/%	≤0.10
5	2,4-二硝基氯苯的质量分数/%	≤0.05
6	水的质量分数/%	≤0.20

5 试验方法

5.1 一般规定

本文件所使用的试剂，在没有注明其他要求时，均指分析纯试剂。

5.2 外观

按 HG/T 5292—2017 中 6.2 的规定执行。

5.3 间硝基氯苯纯度、邻、对硝基氯苯纯度、低沸物的质量分数、高沸物的质量分数、2,4-二硝基氯苯的质量分数的测定

按 HG/T 5292—2017 中 6.3 的规定执行。

间位低油典型色谱图见附录 A。

5.4 水的质量分数的测定

按 GB/T 2386—2014 中 3.4 的规定执行，取平行测定结果的算术平均值为测定结果，两次测定结果的绝对差值不大于 0.05%。

6 检验规则

6.1 本文件要求中的所有项目均为出厂检验项目。

6.2 间位低油按批检验。生产企业以每一成品储槽或每一生产周期生产的产品为一批；用户以每次收到的同一批次的间位低油为一批。

6.3 间位低油从槽车或者储罐采样时，采用 GB/T 6680 中规定的适宜的取样器自上、中、下三处采取等量的有代表性的样品。生产企业可将槽车或储罐内的间位低油混匀后于采样口采取有代表性的样品。

6.4 所采样品总量应不少于 500 mL。将采取的样品充分混匀后，分装于两个清洁、干燥及密封良好的容器中，粘贴标签，注明产品名称、批号、生产厂名称、采样日期、地点。一份用于检测，另一份作为留样保存，保留三个月。

6.5 检验结果按 GB/T 8170 修约值比较法进行。如果检验结果中有指标不符合本标准的规定，应重新自同批产品中抽取两倍量样品对不符合项进行复验，复验结果仍有不符合项，判该批产品不合格。

7 标志、标签、随行文件、包装、运输、贮存

7.1 每批出厂装有间位低油的槽车上都应有清晰的符合 GB 190 规定的“毒性物质”标志。

7.2 产品应有标签，标签上应注明产品生产日期和批号、合格证明、执行标准编号。标签应符合 GB 15258

的规定。

7.3　每批出厂的间位低油应由生产企业的质量检验部门按本文件的要求进行检验，并附有质量证明文件。质量证明文件内容应包括：生产企业名称及地址、产品名称、质量指标、批号和生产日期、产品执行标准编号。

7.4　间位低油使用槽车包装，其他包装可与用户协商确定。产品包装应符合 GB 12463 及危险化学品包装的相关规定。

7.5　间位低油运输过程中应防止曝晒、碰撞和雨淋。

7.6　间位低油应按 GB 15603 的规定进行贮存，贮存时应远离火源，放置于阴凉、干燥、通风处。

附　录　A
（资料性）
间位低油典型色谱图

间位低油典型色谱图如图 A.1 所示。

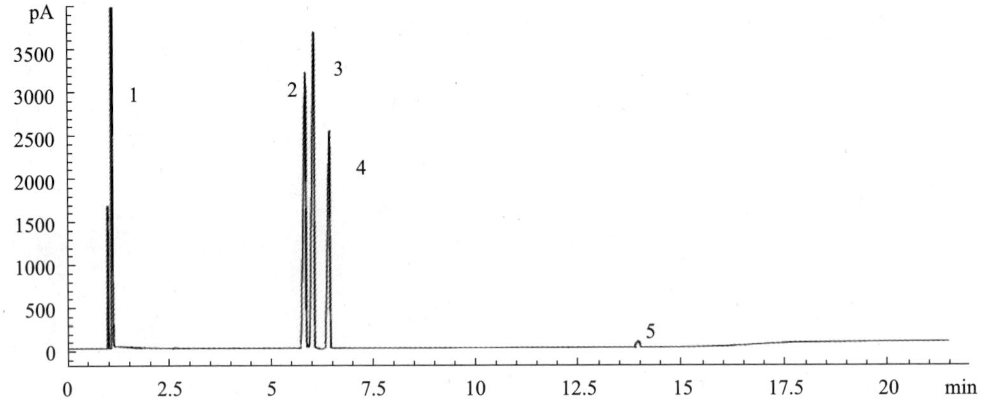

标引序号说明：

1——溶剂（三氯甲烷）；

2　间硝基氯苯；

3——对硝基氯苯；

4——邻硝基氯苯；

5——2,4-二硝基氯苯。

注 1：低沸物为溶剂峰后间硝基氯苯峰前所有流出组分。

注 2：高沸物为邻硝基氯苯峰后除 2,4-二硝基氯苯以外所有流出组分。

图 A.1　间位低油典型色谱图

ICS 71.060.30
CCS G 11

团 体 标 准

T/AQB 61—2024

草甘膦副产亚磷酸溶液

Glyphosate by-product phosphoric acid solution

2024-08-15 发布 2024-08-30 实施

安徽省质量品牌促进会 发布

前　言

本文件按照 GB/T 1.1—2020《标准化工作导则　第 1 部分：标准化文件的结构和起草规则》的规定起草。

请注意本文件的某些内容可能涉及专利。本文件的发布机构不承担识别专利的责任。

本文件由安徽东至广信农化有限公司提出。

本文件由安徽省质量品牌促进会归口。

本文件起草单位：安徽东至广信农化有限公司、蚌埠澜海商贸有限公司、芜湖市银峰化工有限公司、淄博天丹化工有限公司、安徽省质量品牌促进会、安徽省万联标准化研究中心。

本文件主要起草人：徐小兵、董家辉、江美玲、陈娟、赵俊、陈栋梁、武德龙、俞靖雯、洪笑雯。

草甘膦副产亚磷酸溶液

警告——该产品属于第 8 类腐蚀性物质，操作时应小心谨慎。使用本文件的人员应有正规实验室工作的实践经验。本文件并未指出所有可能的安全问题。使用者有责任采取适当的安全和健康措施，并保证符合国家有关法规规定的条件。

1 范围

本文件规定了草甘膦副产亚磷酸溶液的要求、试验方法、检验规则及标志、随行文件、包装、运输和贮存。

本文件适用于以甲醇与三氯化磷反应生成亚磷酸二甲酯过程中产生的副产亚磷酸溶液的质量控制。

2 规范性引用文件

下列文件中的内容通过文中的规范性引用而构成本文件必不可少的条款。其中，注日期的引用文件，仅该日期对应的版本适用于本文件；不注日期的引用文件，其最新版本（包括所有的修改单）适用于本文件。

GB 190 危险货物包装标志

GB/T 601 化学试剂 标准滴定溶液的制备

GB/T 603 化学试剂 试验方法中所用制剂及制品的制备

GB/T 6283—2008 化工产品中水分含量的测定 卡尔·费休法（通用方法）

GB/T 6680 液体化工产品采样通则

GB/T 6682 分析实验室用水规格和试验方法

HG/T 2520—2023 工业亚磷酸

3 术语和定义

本文件没有需要界定的术语和定义。

4 要求

4.1 外观

砖红色或深棕色液体。

4.2 质量要求

应符合表 1 的规定。

表 1 草甘膦副产亚磷酸溶液的质量要求

序号	项目	要求
1	亚磷酸的质量分数/%	≥70.0
2	亚磷酸二甲酯的质量分数/%	≤10.0
3	水的质量分数/%	≤0.50

5 试验方法

5.1 一般规定

本文件所用的试剂和水，在没有注明其他要求时，均指分析纯试剂和 GB/T 6682 中规定的三级水。试验中所用的标准滴定溶液、指示液等，在没有注明其他规定时，均按 GB/T 601、GB/T 603 的规定制备。

5.2 外观

在自然光下，于白色衬底的表面皿或白瓷板上，用目视法判定外观。

5.3 亚磷酸的质量分数的测定

预先在锥形瓶内装约 25mL 水，置于电子天平上去皮称重(精确到 0.0001g)，量取约 1.5mL 试样加入锥形瓶中混匀并称量(精确到 0.0001g)，用胶头滴管加 3 滴百里香酚酞指示液，后续步骤按 HG/T 2520—2023 中 6.3 的规定执行。

5.4 亚磷酸二甲酯的质量分数的测定

按附录 A 的规定执行。

5.5 水的质量分数的测定

按 GB/T 6283—2008 第 8 章的规定执行。取平行测定结果的算术平均值为测定结果，两次测定结果的绝对差值不大于 0.05%。

6 检验规则

6.1 本文件表 1 中的所有项目均为出厂检验项目。

6.2 草甘膦副产亚磷酸溶液按批检验。生产企业以每一成品储槽或每一生产周期生产的产品为一批。

6.3 草甘膦副产亚磷酸溶液从槽车或者储罐采样时，采用 GB/T 6680 中规定的适宜的取样器自上、中、下三处采取等量的有代表性的样品。生产企业可将槽车或储罐内的草甘膦副产亚磷酸溶液混匀后于采样口采取有代表性的样品。

6.4 所采样品总量应不少于 500mL。将所采的样品混匀后分装于两个清洁、干燥的瓶中密封。瓶上粘贴标签，注明：生产厂名、产品名称、批号、采样日期和采样者姓名。一份用于检测，另一份作为留样保存，保留三个月。

6.5 检验结果按 GB/T 8170 修约值比较法进行。检验结果如有指标不符合本文件要求时，应重新自同批产品中抽取两倍量样品对不符合项进行复验，复验结果仍有不符合项，判该批产品为不合格。

7 标志、随行文件、包装、运输和贮存

7.1 出厂装有草甘膦副产亚磷酸溶液的槽车上都应有清晰的符合 GB 190 规定的“腐蚀性物质”标志。

7.2 出厂的草甘膦副产亚磷酸溶液应由生产企业的质量检验部门按本文件的要求进行检验，并附有质量证明文件。质量证明文件内容应包括：生产企业名称及地址、产品名称、质量指标、批号和生产日期、产品执行标准编号。

7.3 草甘膦副产亚磷酸溶液应用不锈钢材质等耐腐蚀容器包装。

7.4 草甘膦副产亚磷酸溶液用槽车运输，运输过程中应保持槽罐车密封性，防止曝晒、雨淋、受潮，并严禁与碱性、易燃物、氧化剂类货物共运。

7.5 草甘膦副产亚磷酸溶液贮存过程中应防潮、防雨、防晒，不应与碱性、易燃物、氧化剂类货物混贮。

附　录　A
（资料性）
亚磷酸二甲酯的质量分数的测定

A.1　方法提要

先用碱中和副产亚磷酸溶液中的酸性物质，再加入过量的碱，亚磷酸二甲酯在碱性条件下水解，消耗等量的碱，通过测定消耗的碱量计算亚磷酸二甲酯的质量分数。

A.2　试剂

氢氧化钠标准滴定溶液：c_1(NaOH)＝1mol/L；
盐酸标准滴定溶液：c_2(HCl)＝1mol/L；
百里香酚酞指示液：1g/L；
甲基红指示液：1g/L。

A.3　分析步骤

用滴瓶称量1.5g试样（约1.5mL），称量加到锥形瓶前、后两次称滴瓶的质量（精确到0.0001g），两次称重之差为试样质量。向已加试样的锥形瓶中滴加3滴甲基红指示液，混匀后用氢氧化钠标准滴定溶液滴定至溶液呈橙红色，不记消耗的氢氧化钠标准滴定溶液的体积。继续在上述溶液中准确加入20.00mL氢氧化钠标准滴定溶液，充分摇匀，以盐酸标准滴定溶液滴定至溶液呈粉红色为终点，记下消耗的盐酸标准滴定溶液的体积V_2。

A.4　分析结果的表述与计算

以质量百分数表示亚磷酸二甲酯含量（以$C_2H_7O_3P$计），按公式（1）计算

$$\omega=\frac{(c_1\times 20-c_2V_2)\times 0.11005}{m}\times 100 \tag{1}$$

式中：

ω——试样中亚磷酸二甲酯的质量分数，以%表示；
c_1——氢氧化钠标准滴定溶液的实际浓度，单位为摩尔每升(mol/L)；
c_2——盐酸标准溶液滴定实际浓度，单位为摩尔每升(mol/L)；
V_2——消耗盐酸标准滴定溶液实际体积浓度，单位为毫升(mL)；
0.11005——亚磷酸二甲酯的毫摩尔质量，单位为克每毫摩尔(g/mmol)；
m——试样的质量，单位为克(g)。

A.5　允许差

取平行测定结果的算术平均值为测定结果，两次平行测定的绝对差值不大于0.2%。

ICS 83.140.30
CCS G 33

团 体 标 准

T/AQB 62—2025

排水排污用聚乙烯(PE)置换管材

Polyethylene(PE)replacement pipes for drainage and sewerage

2025-01-14 发布 2025-01-20 实施

安徽省质量品牌促进会 发布

前　言

本文件按照 GB/T 1.1—2020《标准化工作导则　第1部分：标准化文件的结构和起草规则》的规定起草。

请注意本文件的某些内容可能涉及专利。本文件的发布机构不承担识别专利的责任。

本文件由安徽皖通管业制造有限公司提出。

本文件由安徽省质量品牌促进会归口。

本文件起草单位：安徽皖通管业制造有限公司、安徽省产品质量监督检验研究院、中国电建集团华东勘测设计研究院有限公司、合肥安诺塑胶科技有限公司、江苏百通塑业发展有限公司、江西浩龙塑胶有限公司、安徽万方管业集团有限公司、安徽塑沣电子科技有限公司。

本文件主要起草人：刘正林、王晓芸、解明、何建军、张兵、陈华、张浩、方文学、王俊海、袁良月、郭晓兰、刘宏胜、张贵。

排水排污用聚乙烯(PE)置换管材

1 范围

本文件规定了排水排污用聚乙烯(PE)置换管材(以下简称"管材")的术语和定义、符号和缩略语、材料、产品分类、管材结构与连接方式、要求、试验方法、检验规则、标志、运输、贮存。

本文件适用于输送介质温度不超过40℃,采用卡扣带弹性密封圈连接方式的城镇排水排污置换用聚乙烯管材。

2 规范性引用文件

下列文件中的内容通过文中的规范性引用而构成本文件必不可少的条款。其中,注日期的引用文件,仅该日期对应的版本适用于本文件;不注日期的引用文件,其最新版本(包括所有的修改单)适用于本文件。

GB/T 1033.1 塑料 非泡沫塑料密度的测定 第1部分:浸渍法、液体比重瓶法和滴定法

GB/T 1040.2 塑料 拉伸性能的测定 第2部分:模塑和挤塑塑料的试验条件

GB/T 1845.2 塑料 聚乙烯(PE)模塑和挤出材料 第2部分:试样制备和性能测定

GB/T 2828.1 计数抽样检验程序 第1部分:按接收质量限(AQL)检索的逐批检验抽样计划

GB/T 2918 塑料 试样状态调节和试验的标准环境

GB/T 3682.1 塑料 热塑性塑料熔体质量流动速率(MFR)和熔体体积流动速率(MVR)的测定 第1部分:标准方法

GB/T 6111 流体输送用热塑性塑料管道系统 耐内压性能的测定

GB/T 6671—2001 热塑性塑料管材 纵向回缩率的测定

GB/T 8804.3 热塑性塑料管材 拉伸性能测定 第3部分:聚烯烃管材

GB/T 8806 塑料管道系统 塑料部件 尺寸的测定

GB/T 9345.1—2008 塑料 灰分的测定 第1部分:通用方法

GB/T 9647 热塑性塑料管材 环刚度的测定

GB/T 13663.1—2017 给水用聚乙烯(PE)管道系统 第1部分:总则

GB/T 14152—2001 热塑性塑料管材耐外冲击性能试验方法 时针旋转法

GB/T 19278 热塑性塑料管材、管件与阀门通用术语及其定义

GB/T 19466.6 塑料 差示扫描量热法(DSC)第6部分:氧化诱导时间(等温OIT)和氧化诱导温度(动态OIT)的测定

GB/T 21873 橡胶密封件 给、排水管及污水管道用接口密封圈 材料规范

SH/T 1770 塑料 聚乙烯水分含量的测定

3 术语和定义

GB/T 19278、GB/T 13663.1—2017界定的术语和定义适用于本文件。

3.1

置换管材 replacement pipe

用于替换或修复原有管道系统的管材。

4 符号和缩略语

4.1 符号

下列符号适用于本文件。

$d_{em,max}$：最大平均外径。

$d_{em,min}$：最小平均外径。

d_n：公称外径。

e_{min}：最小壁厚。

SN：公称环刚度。

4.2 缩略语

下列缩略语适用于本文件。

PE：聚乙烯(polyethylene)。

TIR：真实冲击率(true impact rate)。

5 材料

5.1 聚乙烯材料

生产管材的材料应以聚乙烯(PE)树脂为主要原料，聚乙烯树脂材料的性能应满足表1的要求。

表1 材料的性能

序号	项目	要求	试验参数		试验方法
1	密度	≥930kg/m³	试验温度	23℃	GB/T 1033.1 A法
2	熔体质量流动速率	(0.15～1.40)g/10min 且偏差应不超过标称值的±20%	试验温度 负荷质量	190℃ 5.0kg	GB/T 3682.1
3	氧化诱导时间	≥20min	试验温度	200℃	GB/T 19466.6
4	挥发分含量	≤350mg/kg	—	—	GB/T 13663.1—2017 附录E
5	水分含量	≤300mg/kg (相当于≤0.03%，质量分数)	—	—	SH/T 1770
6	拉伸标称应变	≥350%	试验速度	50mm/min	GB/T 1040.2 GB/T 1845.2
7	拉伸屈服应力	≥20MPa			

5.2 回用料和回收料

可少量使用本厂生产的同类产品的清洁回用料，不应使用外部回收料。回用料添加量(质量分数)不应大于5%。

5.3 弹性密封圈

弹性密封圈应符合GB/T 21873的要求。

6 产品分类

管材按环刚度进行等级分类，见表2。

表 2　公称环刚度等级

等级	SN 12.5	SN 16	SN 32	SN 64
环刚度(kN/m^2)	12.5	16	32	64

7　管材结构与连接方式

7.1　管材结构

管材结构如图 1 所示。

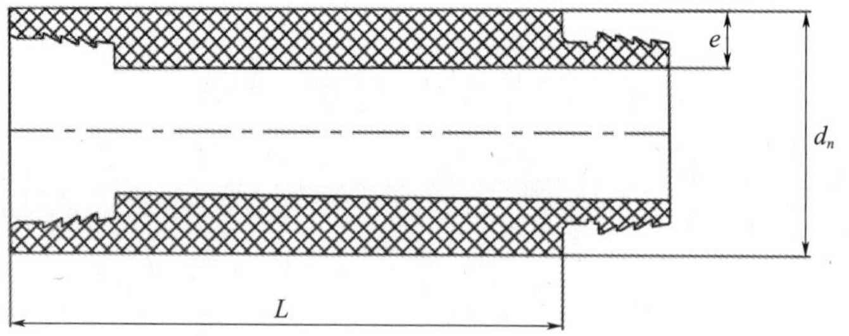

标引序号说明：

d_n——管材外径；

e——管材壁厚；

L——管材有效长度。

图 1　管材结构示意图

7.2　连接方式

管材采用自锁齿和 O 型弹性密封圈承插连接方式，如图 2 所示。

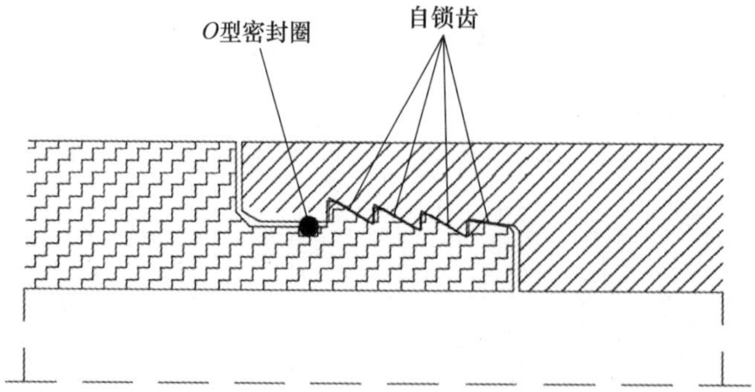

图 2　连接示意图

8　要求

8.1　颜色

管材的颜色一般为黑色，其他颜色由供需双方协商确定。

8.2　外观

管材的内外表面应清洁、光滑，不应有气泡、明显的划伤、凹陷、杂质、颜色不均等缺陷。管材两端应切割平整，并应与管材轴线垂直。

8.3　规格尺寸

8.3.1　长度

管材的有效长度一般为 0.5m，其他长度由供需双方协商确定，长度不应有负偏差。

8.3.2 平均外径、最小壁厚和不圆度

管材的平均外径、最小壁厚、不圆度应符合表 3 的规定。

表 3 管材平均外径、最小壁厚、不圆度

单位:毫米

公称外径 d_n	最小平均外径 $d_{em,min}$	最大平均外径 $d_{em,max}$	最小壁厚 e_{min}	最大不圆度[a,b]
180	180.0	181.1	14.0	3.6
200	200.0	201.2	14.0	4.0
225	225.0	226.4	14.0	4.5
250	250.0	251.5	15.0	5.0
280	280.0	281.7	16.6	9.8
315	315.0	316.9	18.7	11.1
355	355.0	357.2	21.1	12.5
400	400.0	402.4	23.7	14.0
450	450.0	452.7	26.7	15.6
500	500.0	503.0	29.7	17.5
560	560.0	563.4	33.2	19.6
630	630.0	633.8	37.4	22.1
710	710.0	716.4	42.1	—
800	800.0	807.2	47.4	—
900	900.0	908.1	53.3	—
1000	1000.0	1009.0	59.3	—

[a] 应在生产地点测量不圆度。

[b] 对于公称外径大于或等于 710mm 的管材,不圆度的最大值由供需双方协商确定。

8.4 物理力学性能

管材的物理力学性能应符合表 4 的规定。

表 4 管材的物理力学性能

项目		要求
环刚度/(kN/m²)	SN 12.5	≥12.5
	SN 16	≥16
	SN 32	≥32
	SN 64	≥64
环柔性		无反向弯曲,无破裂
拉伸屈服应力/MPa		≥20
断裂伸长率/%		≥350
抗冲击性能(TIR)/%		≤10
氧化诱导时间/min		≥20
纵向回缩率		≤3%,表面无破坏
灰分/%		≤3

8.5 密封性能

管材连接后的密封性能应符合表 5 的要求。

表5 密封性能要求

项目	试验条件	要求
密封性能	试验压力:0.05MPa,试验温度:20℃,试验时间:15min	不泄漏

9 试验方法

9.1 状态调节和试验环境

应在管材生产至少24h后取样。除另有规定外,按GB/T 2918的规定,将试样在温度为(23±2)℃下进行状态调节至少24h,并在此条件下进行试验。

9.2 颜色、外观

目测,必要时可用光源照射。

9.3 尺寸

按GB/T 8806的规定测量。

9.4 环刚度

按GB/T 9647的规定进行。

9.5 环柔性

按GB/T 9647的规定进行,试验压力应连续增加,当试样在垂直方向外径变形量达到原外径的50%时,立即卸荷,观察试样有无反向弯曲,是否破裂。

9.6 拉伸屈服应力

按GB/T 8804.3的规定进行。

9.7 断裂伸长率

按GB/T 8804.3的规定进行。

9.8 抗冲击性能

9.8.1 试样

管材公称外径小于等于500mm时,按照GB/T 14152—2001的规定取样;管材公称外径大于500 mm时,可切块进行试验。试块尺寸为:长度(200±10)mm,内弦长(300±10)mm,试验时试块应外表面圆弧向上,两端水平放置在底板上,冲击点应保证在圆弧的顶端。

9.8.2 试验步骤

试验按GB/T 14152—2001的规定进行,试验温度为(0±1)℃,落锤质量和冲击高度见表6。

表6 落锤质量和冲击高度

公称外径/mm	落锤质量/kg	冲击高度/mm
$d_n \leqslant 200$	1.6	2000
$200 < d_n \leqslant 250$	2.0	2000
$250 < d_n \leqslant 315$	2.5	2000
$d_n > 315$	3.2	2000

9.8.3 判定

经目测，冲击后试样产生裂纹、裂缝或试样破碎判定为试样破坏。根据试样破坏数对照 GB/T 14152—2001 中的图 2 或表 5 判断 TIR 值。

9.9 氧化诱导时间

按 GB/T 19466.6 的规定进行，试验温度为 200℃。制样时，应分别从管材内表面、外表面及中间部分切取试样，内、外表面试样需将原始表面朝上进行试验，试验结果取最小值。

9.10 纵向回缩率

按 GB/T 6671—2001 中方法 B 的规定进行。

9.11 灰分

按 GB/T 9345.1—2008 中方法 A 的规定进行，试验温度为(850±50)℃。

9.12 密封性能

取 2 段管材试样进行连接，按 GB/T 6111 的规定进行试验，试验条件按表 5 的规定进行，试样的内外介质均为水，采用 A 型接头。

10 检验规则

10.1 检验分类

检验分为出厂检验和型式检验。

10.2 组批与分组

10.2.1 组批

同一原材料、同一设备和工艺连续生产的同一规格管材作为一批，每批数量不超过 100t。如生产 7d 尚不足 100t，则以 7d 产量为一批。

10.2.2 分组

应按表 7 对管材尺寸进行分组。

表 7 管材的尺寸分组

单位：毫米

组号	1	2	3
公称外径	$d_n<250$	$250\leqslant d_n\leqslant 630$	$d_n>630$

10.3 出厂检验

10.3.1 出厂检验项目为第 8 章中的 8.1、8.2、8.3 和表 4 中的环刚度、环柔性、拉伸屈服应力、抗冲击性能。

10.3.2 管材颜色、外观和尺寸检验按 GB/T 2828.1 规定采用正常检验一次抽样方案，取一般检验水平 I，接收质量限(AQL)4.0，抽样方案见表 8。

表 8 抽样方案

单位：根

批量范围 N	样本量 n	接收数 Ac	拒收数 Re
≤150	8	0	1
151～280	13	1	2

续表

批量范围 N	样本量 n	接收数 Ac	拒收数 Re
281～500	20	1	2
501～1200	32	2	3
1201～3200	50	3	4
3201～10000	80	5	6

10.3.3 在颜色、外观和尺寸检验合格的样品中，随机抽取足够的样品，进行环刚度、环柔性、拉伸屈服应力、抗冲击性能试验。

10.4 型式检验

型式检验项目为第8章规定的全部技术要求项目。按表7的尺寸规格分组，每个尺寸组选取任一规格进行试验，每次型式检验的规格在尺寸组内轮换。一般情况下每3年进行一次型式检验，若有下列情况之一，也应进行型式检验：

a) 新产品或老产品转厂生产的试制定型鉴定时；

b) 结构、材料、工艺有变动，可能影响产品性能时；

c) 停产1年以上，恢复生产时；

d) 出厂检验结果与上次型式检验结果有较大差异时。

10.5 判定规则

颜色、外观、尺寸按表8进行判定，其他指标有不符合要求时，则从原批次中随机抽取双倍样品对不符合项进行复验，如复验仍不合格，则判该批产品不合格。

11 标志、运输、贮存

11.1 标志

11.1.1 标志内容应打印或直接成型在管材上，标志不应引发管材破裂或其他形式的失效；并且在正常的贮存、气候老化、加工及允许的安装、使用后，在管材的整个寿命周期内，标记字迹应保持清晰可辨。

11.1.2 采用打印标志时，标志的颜色应区别于管材的颜色。

11.1.3 标志目视应清晰可辨，每根管材应至少有一处完整标志。

11.1.4 标志应至少包括表9所列内容。

表9 管材标志内容

内容	标志或符号
制造商	制造商名称
产品名称	排水排污用聚乙烯(PE)置换管材
公称外径	d_n
公称环刚度	SN
生产时间或生产批号	××××
执行标准	T/AQB 62—2025

示例：

制造商	排水排污用聚乙烯(PE)置换管材	公称外径	公称环刚度	生产时间或生产批号	标准编号
×××	排水排污用聚乙烯(PE)置换管材	d_n 200	SN 16	××××	T/AQB 62—2025

11.2 运输

11.2.1 运输时不应受到划伤、抛摔、剧烈的撞击、曝晒、雨淋、油污和化学品的污染。

11.2.2 管材搬运时应小心轻放,不应抛、摔、滚、拖。当采用机械设备吊装时,应采用非金属绳(带)吊装。

11.2.3 管材运输时应水平放置,并应采用非金属绳(带)捆扎、固定。堆放处不应有可能损伤管材的尖凸物,并应有防晒措施。

11.3 贮存

11.3.1 管材应贮存在通风良好的库房或棚内,并远离热源;露天存放应有防晒措施。

11.3.2 管材不应与油类或化学品混合存放,库区应有防火措施和消防设施。

11.3.3 管材应水平堆放在平整的支撑物或地面上,堆放总高度不宜大于 3m,并应有防倒塌、防管材变形措施。

11.3.4 管材贮存时,应按不同规格尺寸和不同类型分别存放,并应遵守先进先出原则。